Ute Clement
Ehrbare Berufe für coole Jungs

W0078863

Ute Clement

Ehrbare Berufe für coole Jungs

Wie Ausbildung für schwache Jugendliche gelingen kann

Ute Clement, Jg. 1964, Prof. Dr. phil., ist Professorin am Institut
für Berufsbildung der Universität Kassel. Ihre Arbeitsschwerpunkte
sind Struktur und Organisation beruflicher Bildung und Internationale
Berufsbildungsforschung.

Für Nicolas und seine Freunde

Bibliografische Information der Deutschen Nationalbibliothek
Die Deutsche Nationalbibliothek verzeichnet diese Publikation in der
Deutschen Nationalbibliografie; detaillierte bibliografische Daten sind
im Internet über http://dnb.d-nb.de abrufbar.

Das Werk einschließlich aller seiner Teile ist urheberrechtlich geschützt.
Jede Verwertung außerhalb der engen Grenzen des Urheberrechtsgesetzes
ist ohne Zustimmung des Verlags unzulässig und strafbar. Das gilt
insbesondere für Vervielfältigungen, Übersetzungen, Mikroverfilmungen
und die Einspeicherung und Verarbeitung in elektronischen Systemen.

© 2012 Beltz Juventa · Weinheim und Basel
www.beltz.de · www.juventa.de
Druck und Bindung: Beltz Druckpartner GmbH & Co. KG, Hemsbach
Printed in Germany

ISBN 978-3-7799-2255-1

Inhalt

Einleitung

„Industrie- und Handelskammern [...] obliegt es, [...]
für Wahrung von Anstand und Sitte des ehrbaren Kaufmanns zu wirken."
(IHK-Gesetz § 1 in der Fassung vom 18. 12. 1956)

„Es ist egal, wir brauchen Eure Hilfe nicht,
wir tragen Stolz und Ehre in der Brust, f..k dich."
(Zamjo „Nur weil wir anders sind" – Raptext)

Unser Land braucht gut ausgebildete Fachkräfte. Deutsche Produkte sind teuer und deutsche Arbeitskräfte verdienen – noch – relativ hohe Löhne. Unseren Wohlstand werden wir im Wettbewerb mit anderen Ländern nur in dem Maße halten können, wie es gelingt, auch in den kommenden Generationen qualitativ hochwertige Arbeit zu erbringen.

Doch der hohe Ausbildungsstand in Deutschland ist gefährdet: Betriebe klagen zunehmend über Probleme mit Jugendlichen, die weder über die Allgemeinbildung, noch über die personalen und sozialen Kompetenzen verfügen, die für einen erfolgreichen Ausbildungsabschluss notwendig sind. Sie berichten über Unpünktlichkeit, mangelnde Zuverlässigkeit, fehlende Motivation und vor allem über die Unmöglichkeit, die Jugendlichen für den Beruf zu interessieren oder sogar zu begeistern. (vgl. z.B. Winterhoff/Thielen 2010: 50 ff.) Selbst wenn solche Klagen kein Novum in der Geschichte betrieblicher Ausbildung darstellen und auch wenn sie manchmal als Schutzbehauptungen herhalten müssen, weil sich Betriebe aus der Ausbildung zurückziehen: Angesichts der Intensität der Klagen betrieblicher Ausbilderinnen und Ausbilder hielte ich es für fahrlässig, würden wir uns mit dem Problem nicht ernsthaft auseinandersetzen. Jugendliche einer postmodernen, pluralen Gesellschaft und die jahrhundertealte Tradition der handwerklich geprägten Lehrlingsausbildung – passt das heute noch? (vgl. auch: Mahlberg-Wilson et al. 2009: 11)

In den letzten Jahren befanden sich zeitweise knapp eine halbe Million Jugendliche in sogenannten Übergangssystemen. Sie machten die Erfahrung, dass der Übergang zwischen Schule und Beruf nicht erwartungsgemäß funktionierte – sei es, weil sie einen höheren Bildungsabschluss anstrebten und dies nicht auf dem geraden Wege einer gymnasialen Bildung erreichten oder weil sie eigentlich eine Ausbildung beginnen wollten und keinen Ausbildungsplatz fanden. Oder sie waren einfach schlecht orientiert und stolperten planlos in die je nächstfolgende Maßnahme. In allen Fällen landeten sie in Bildungswegen, die Berufsvorbereitung und allgemeine Bildung miteinander zu verbinden suchen, die aber für viele Jugendliche wenig mehr bedeuten als einen Aufschub im Versuch, sich in der Arbeitswelt zu positionieren. Eine so große Zahl junger Menschen, die ihren Platz in der Gesellschaft nicht finden, bedroht nicht nur die Ökonomie, sondern auch das Gemeinwohl und den sozialen Frieden eines Landes.

Den Problemen am Übergang Schule – Beruf muss bildungspolitisch begegnet werden und darüber, wie dies zu tun sei, streiten sich Bildungspolitik und Tarifparteien. Doch eine ganze Reihe der offenen Fragen sind auf dem Wege der Strukturreform nicht lösbar: Wie führt man Jugendliche an Arbeitsinhalte heran, die mit Kopf und Herz offenbar ganz andere Dinge tun? Wie geht eine so urdeutsche Einrichtung wie die Meisterlehre mit der wachsenden kulturellen Heterogenität um? Wie interessiert man Jugendliche für reale Arbeit, wenn diese ihre Zeit viel lieber in virtuellen Welten verbringen, wo Arbeit, wenn überhaupt, per Mausklick zu erledigen ist *(zahle 100 Taler für den Bau einer Verteidigungsanlage)*? Wie viel Selbstständigkeit und Verantwortung einerseits und wie viel Begrenzung und Autorität andererseits tut jungen Menschen gut?

Neue Lehr-/Lernkonzepte zielen auf mehr Eigenständigkeit und offene, individualisierte Lernsituationen. Gleichzeitig fordert eine breite Palette von Ratgebern mehr Disziplin und klarere Grenzen in der Kindererziehung. Während Eltern und Lehrkräfte in Schule und Öffentlichkeit darüber diskutieren, wie eng Vorgaben für Kinder und Jugendliche sein sollen (und wie sie es eigentlich schaffen sollen, diese dann auch durchzusetzen), ist diese Debatte in der betrieblichen Ausbildung nicht wirklich angekommen – wie übrigens die vorangegangene Debatte über den bewussten Verzicht auf autoritäres Handeln auch schon nicht. Doch die Ratlosigkeit vieler Ausbilderinnen und Ausbilder gegenüber einer Generation, die weder mit Autorität noch mit guten Worten erreichbar scheint, lässt die Probleme unübersehbar werden. Die traditionelle Hierarchie im Ausbildungsbetrieb reicht als alleinige Grundlage für gelingende Ausbildungsbeziehungen offensichtlich nicht mehr aus.

Bis vor wenigen Jahrzehnten schienen die handwerklich geprägte Lehre und das damit verbundene Konzept von Beruflichkeit zu den Wünschen und Erwartungen der Jugendlichen *und* des Arbeitsmarktes gut zu passen. Sie vermittelten fachliche, soziale und personale Kompetenzen, versprachen Integration in den Arbeitsmarkt, Bindung und Schutz, Status und Akzeptanz. Insbesondere die Lehrling-Meister-Beziehung gehörte seit Jahrhunderten zum gesicherten Stand kultureller Gewissheiten in den deutschsprachigen Ländern. Wir haben ein klares Bild davon, wie Lehrling und Meister miteinander umgehen, was sie voneinander erwarten können und auf welche Weise diese Erwartungen dann regelmäßig gebrochen, hintertrieben, im Großen und Ganzen aber doch erfüllt werden. Selbst haben die heute Erwachsenen auch nicht immer eine leichte Ausbildung erlebt. Doch sie haben sie überstanden, sind an ihr (so behaupten sie) letztlich gewachsen und treten mit diesen Erfahrungen nun selbst als Ausbildende an. Lehrjahre sind schließlich keine Herrenjahre, und was Hänschen nicht lernt, lernt Hans nimmermehr.

Prof. Dr. Arnulf Bojanowski
von der Universität Hannover arbeitet seit Jahren zum Thema „Benachteiligte in der beruflichen Bildung". Seiner Erfahrung nach sind leistungsschwache Jugendliche in der Ausbildung häufig vollständig überfordert. „Da geht es oft nur ums Durchhalten!" meint er. „Jugendliche wie Ausbilder scheitern an der Aufgabe, gleichzeitig kostendeckend arbeiten *und* ausbilden bzw. lernen zu sollen." Die heute erwachsene Generation habe selbst nur in Ausnahmefällen eine gute Ausbildung erlebt. Sehr viel häufiger seien Geschichten von Demütigungen und Herabsetzungen. Und diese Demütigungen geben viele ausbildende Erwachsene an die neue Generation weiter – häufig unbewusst und ungewollt. „Es gibt so etwas wie ein Körpergedächtnis, in dem Erfahrungen und Handlungsmuster festgeschrieben sind", sagt Arnulf Bojanowski. „Gerade in Stresssituationen greifen wir auf ganz alte Handlungsmuster zurück und wiederholen das, was uns selbst angetan worden ist. Johann Friedrich Herbart hat schon vor 200 Jahren gewusst, dass Kinder so mit Puppen spielen, wie sie den Umgang mit Kindern zu Hause erfahren haben."
(Interview mit Prof. Dr. Arnulf Bojanowski am 06.06.2011)

Doch offenbar bringen Jugendliche heute das Maß an Leidensfähigkeit, das über Jahrhunderte zu betrieblicher Ausbildung irgendwie dazugehörte, nicht mehr auf. Das Verhältnis zwischen Lehrlingen und Meistern, zwischen Auszubildenden und Ausbildenden, hat neue Risse bekommen. Etwa 20% der Auszubildenden brechen die Ausbildung wieder ab. Der häufigste angegebene Grund: Probleme im Ausbildungsbetrieb. Rund 60% desjenigen Fünftels der Jugendlichen, die einen Ausbildungsvertrag wieder lösen, nannten in einer Studie des Bundesinstituts für Berufsbildung BIBB (2003) Konflikte mit Ausbildern als Grund. Zugleich klagen die Betriebe über ausbildungsunreife Jugendliche, mangelnde Motivation und fehlende Frustrationstoleranz. (vgl. Ehrenthal et al. 2005; Klein 2005)

Was sich verändert hat, ist die wechselseitige Wahrnehmung von ausbildenden Erwachsenen und Jugendlichen. Die Autorität der Meisterinnen und Meister hat an Selbstverständlichkeit verloren. Der psychologische Vertrag traditioneller Lehrverhältnisse lautete ja etwa so: Der Meister gibt Sicherheit, ebnet den Weg zu Integration und ökonomischem Wohlergehen und vermittelt das Können, das durch das weitere Berufsleben trägt. Er schützt den Lehrling mit seinem eigenen Renommee. Im Gegenzug gehorcht der Lehrling dem Meister und erhöht ihn durch seine Anerkennung. Er tradiert sein Wissen und Können in die kommende Generation hinein und verlängert so die Reputation des Meisters in die Zukunft.

Dieses implizite Einverständnis scheint heute nicht mehr wirklich zu funktionieren. Weder trägt das Versprechen auf Integration in die Berufsgemeinschaft, Bindung und ökonomischen Erfolg, noch nehmen alle Jugendlichen die Anstrengungen und Mühen in Kauf, die mit dem Eintritt in den Beruf verbunden sind.

Während im dualen System beruflicher Bildung Krisen (und deren Beschreibung) eine lange Tradition haben, so haben die aktuellen Schwierigkeiten doch eine besondere Dimension: Sie entstehen von innen heraus, aus einem Mangel an Passung zwischen Auszubildenden und Betrieben, der schon vor der Ausbildung einsetzt. Die Jugend war noch nie so, wie die Jugend vor ihr gewesen war. Aber diese Hilfslosigkeit vieler einstellender Betriebe angesichts mangelnder sozialer Kompetenzen und

Basiskenntnisse? Dieses Gefühl, gar keinen Zugang mehr zu den Jugendlichen zu finden und möglichst Sozialpädagogen und Psychologinnen hinzuziehen zu müssen? Ich habe den Eindruck, dass in unserer Zeit tatsächlich gravierende Schwierigkeiten auftauchen, die es in dieser Schärfe in vorangegangenen Generationen nicht gab. Auch dort, wo beide Seiten willens und bemüht sind, die ausbildenden Betriebe jungen Menschen *eine Chance geben* und die Auszubildenden es *dieses Mal echt schaffen* wollen, knirscht es erheblich – nicht in allen Betrieben, aber in vielen. Es macht sich Ratlosigkeit breit, wie man mit *diesen* Jugendlichen umzugehen habe, die so ganz offensichtlich *auf einem anderen Stern* leben.

Dieses Buch beschäftigt sich mit Missverständnissen und Brüchen innerhalb des Ausbildungsverhältnisses in einer pluralen Gesellschaft, versucht jedoch auch Lösungen zu entwickeln. Im Mittelpunkt steht das pädagogische Verhältnis zwischen Ausbildenden und Auszubildenden. Anders als in anderen Veröffentlichungen (Clement 2010, Clement 2009, Clement 2008, Clement 2006) beschäftige ich mich hier explizit nicht mit bildungspolitischen oder strukturellen Rahmenbedingungen der Ausbildung.

Auf der Grundlage von Interviews und Expertengesprächen sowie mit Bezug auf Forschung aus der Psychologie, Jugendforschung und der Berufspädagogik werde ich vielmehr die *pädagogischen* Bedingungen für gelingende Ausbildung ausloten. Ergebnisse aus der berufspädagogischen Biografie- und Sozialisationsforschung, aus der Identitäts-, und Vertrauensforschung bieten dafür wichtige Grundlagen. Sie ermöglichen einen kritischen Blick auf das aktuelle Ausbildungsverhältnis, und sie eröffnen eine konstruktive Perspektive auf Ausbildungsbeziehungen, die auf Kontrolle und Abwertung verzichten, nicht aber auf Autorität und Kommunikation.

In den folgenden Kapiteln werden Kolleginnen und Kollegen sowie Jugendliche zu Wort kommen – zum Teil in Form von Zitaten, zum Teil in Protokollen zu Interviews, die ich selbst durchgeführt habe. Ihre Aussagen dokumentieren die gemeinsame Suche nach einer konstruktiven pädagogischen Haltung und einem zeitgemäßen Umgang mit Jugendlichen. Sie beschreiben die Arbeit, Grundsätze, Überlegungen und Haltungen von Menschen, auf die ich in meiner Argumentation Bezug nehme. Nach Maßstäben wissenschaftlicher Methodik und Repräsentativität sind die Interviews nicht durchgeführt; sie entstanden aus persönlichen Kontakten zu Menschen in meinem Arbeitsumfeld. Entstanden ist eine Art Collage von Einschätzungen und Aussagen, die darauf verweist, dass wir als Einzelpersonen kein förderliches Ausbildungsumfeld für schwache Jugendliche schaffen können. Notwendig für gelingende Ausbildung ist vielmehr ein Konsens zwischen ausbildenden Erwachsenen, der die Grenzen von Institutionen und Lernorte überschreitet und uns miteinander vernetzt. Meinen Interviewpartnerinnen und -partnern, möchte ich ausdrücklich danken: für die Zeit, die sie mir und diesem Buchprojekt geschenkt haben, vor allem aber für die produktive Zusammenarbeit im pädagogischen Alltag, die neue Ideen wachsen lässt und Raum zum Ausprobieren und Diskutieren zur Verfügung stellt. Besonders herzlich möchte ich auch Stefan Hülsermann danken, der diesen Text geduldig und sorgfältig gelesen und mich auf viele sprachliche und manche andere Mängel hingewiesen hat.

Schon hier wird deutlich: Dieses ist kein behutsames Buch und nur bedingt ein wissenschaftliches. Ich stehe dem Thema nicht distanziert gegenüber. Ich glaube, dass sich unsere Generation bestimmter Versäumnisse an den Jugendlichen schuldig macht und möchte zeigen, warum. Die Sprache, die ich verwende, ist nicht immer neutral. Ich glaube nicht, dass wir der Sache einen Gefallen tun, wenn wir unsere Sprache so sorgfältig wählen, dass wir für die Jugendlichen unkenntlich werden. Aus meiner Sicht stärkt es die Jugendlichen nicht, wenn wir – wie z.B. Alber es fordert – „die Negativzuschreibung ‚Unpünktlichkeit' in einen Begriff wie ‚eigensinniges Zeitmanagement' oder den Begriff ‚verhaltensauffällig' in ‚verhaltensoriginell'" verwandeln. (Alber 2000)

Auch aus diesem Grund ist in diesem Buch von *schwachen Jugendlichen* die Rede. Kevin, Patrick und Pasqual, die zum dritten Mal eine Maßnahme der Berufsvorbereitung besuchen, nichts lesen, was nicht auf einem Bildschirm stünde und für ihre Zukunft wenig Konkretes planen, sind *schwach* – geschwächt durch die Gesellschaft und *schwach* in Bezug auf eigene Erfolge im Versuch, sich gesellschaftlich und beruflich zu positionieren. Für sie und für die Pädagogen und Pädagoginnen, die an den Bedingungen des Übergangs zwischen Schule und Beruf arbeiten und an ihnen teilweise verzweifeln, empfinde ich viel Sympathie. Aber Veränderung tut not und aus meiner Sicht lässt sie sich am ehesten bewerkstelligen, wenn wir uns offen und (selbst-)kritisch mit der pädagogischen Arbeit der vergangenen Jahre auseinandersetzen und für die Zukunft gemeinsam nach tragfähigeren Konzepten suchen.

Soziale Integration und Ausschluss

Die Jugendlichen, von denen hier die Rede sein soll, heißen nur selten Anna-Lea oder Johannes und viel häufiger Dennis oder Yazmin. Sie durchlaufen eine holperige Schulzeit, leben in engen Wohnungen und haben häufig Kontakt mit Sozialbehörden. Zum therapeutischen Reiten, zur Kinderuni und in *english for kids* gehen sie selten. Sie haben Zugang zu starken Kulturen mit eigener Musik, waren aber vielleicht nur einmal im Theater (Schulausflug in der 6. Klasse) und daran erinnern sie sich nicht so gut.

In der berufsbildungspolitischen Diskussion werden diese Jugendlichen häufig als *benachteiligt* bezeichnet. Unter diesen Begriff werden Menschen gefasst, deren berufliche Bildung sich unter ungünstigen Lebensbedingungen vollzieht, und man rechnet z.B. Lernschwache, Kinder bildungsferner Eltern, Frauen, Landbevölkerung, Jugendliche mit Migrationshintergrund, Sozialhilfeempfänger, Schulabbrecher oder Scheidungskinder zu ihnen. Eine weitere Unterscheidung wird häufig zwischen Behinderten, sozial Benachteiligten und Markt-Benachteiligten getroffen. Für *Benachteiligte* werden Programme, Einrichtungen und Bildungswege in kompensatorischer Absicht bereit gestellt. Es gibt verdienstvolle Forschung und eine breite sozialpädagogische Diskussion zu ihrer Integration bzw. Inklusion (z.B. Bojanowski 2005; Bojanowski 2008; Bojanowski 2005; Munaretto 2010; Förster 2006; Koch und Straßer 2008; Köttig und Rosenthal 2006; Münk et al. 2008).

Gleichwohl grenze ich mich aus mehreren Gründen vom Begriff der Benachteiligung ab: Zum einen scheint mir die additive Beschreibung der Benachteiligtengruppen den Lebensbedingungen einer pluralen Gesellschaft heute kaum mehr angemessen zu sein: Nicht jede Migrantin oder jedes Kind aus einer Hartz-IV-Familie ist von vornherein benachteiligt, und mit einer solchen Zuschreibung sind Stigmatisierungen verbunden, die ich als wenig hilfreich empfinde. Soziale Ungleichheit existiert und muss als soziale Tatsache anerkannt und benannt werden, doch sie ist m.E. weniger linear mit Familienverhältnissen, nationaler Herkunft oder Einkommensformen verbunden, als der Begriff *Benachteiligung* nahelegt.

Gleichzeitig ist aus meiner Sicht im Begriff *Benachteiligung* das Handeln und die Entscheidungen der Jugendlichen selbst nicht ausreichend abgebildet. Während in den Debatten der 70er bis 90er Jahren vor allem die Aspekte der Stigmatisierung und Selektion durch Institutionen im Vordergrund standen, geraten heute auch die Subjekte und ihr Handeln selbst stärker in den Blick. Eine Perspektive, die benachteiligte Jugendliche ausschließlich als Opfer ungünstiger sozialer Verhältnisse und nicht als gestaltende Akteure ihres Lebens wahrzunehmen vermag, scheint mir heute nicht mehr zeitgemäß zu sein.

Ich selbst verwende die Bezeichnung „schwache Jugendliche". Damit meine ich junge Menschen, die einerseits selbst schwache *Leistungen* in Schule und Berufsvorbereitung erbringen, andererseits aber auch auf sozial *geschwächte Position in der Gesellschaft* im Sinne sozialer Ausgrenzung verwiesen sind. In den letzten Jahren ist in der Jugendsoziologie von Selbstsozialisation und biografischen Entscheidungen, von kritischen Lebensmomenten und deren Bewältigung, von sozialem und kulturellem Kapital oder von Resilienz die Rede. Diese Ansätze greife ich auf und nutze sie für meine Argumentation. *Schwach* sind auch diejenigen Personen, deren Leistungen und Entscheidungen bislang nicht dazu beigetragen haben, eine starke gesellschaftliche Position zu erreichen.

Der Terminus *schwache Jugendliche* meint beides: Zum einen die Schwäche der *Eigenleistung*, das momentane oder dauerhafte Unvermögen, sich eine beruflich sichere Position und tragfähige Zukunftsperspektiven zu erarbeiten. Zum anderen die *Schwächung* durch eine Gesellschaft, in der soziale Ungleichheit und Bildungsungerechtigkeiten dazu beitragen, dass Menschen ausgegrenzt und benachteiligt werden.

Zunächst liegt es ja nahe, über schwache Jugendliche vor allem als *ausgegrenzt* nachzudenken. Die erschrockenen und manchmal dramatisierenden Beschreibungen der Lebensverhältnisse dieser Jugendlichen sind Legion: Ausbilder und Lehrkräfte erzählen von Alkoholismus und Verwahrlosung, Dauerarbeitslosigkeit und sozialen Hängematten, zahlreichen Kindern in engen Wohnungen und einem babylonischen Sprachengewirr auf Schulhöfen. Die Jugendlichen seien häufig die einzigen, die im elterlichen Haushalt überhaupt morgens aufstünden. Benimmregeln und Bruchrechnung, geschweige denn der Gebrauch des Genitivs: Fehlanzeige. Können diese Jugendlichen im anspruchsvollen dualen System überhaupt ausgebildet werden? Handelt es sich hier nicht um Randgruppen der Gesellschaft, die immer *draußen* bleiben werden, weil sie nach *drinnen* einfach nicht passen?

Die Grenze von *drinnen* und *draußen* markiert eine gesellschaftliche Trennlinie, die nicht nur die finanziellen Verhältnisse, sondern die Gesamtheit der sozialen und politischen Teilhabe einer Person betrifft. An der Grenzziehung hat berufliche Bildung einen wichtigen Anteil. Jedes Jahr werden bis zu 15% der Jugendlichen am Übergang zwischen Schule und Beruf ausgesteuert und der Kategorie derer zugeordnet, die sich erst auf mühevollen Umwegen oder gar nicht mehr im Arbeitsmarkt zurechtfinden werden. (vgl. Autorengruppe Bildungsberichterstattung 2008: 26; Pfeiffer/ Seiberlich 2009)

Sozialer Ausschluss dient der Sicherung von politischer und ökonomischer Macht: Er sichert denen, die *drinnen* sind, Exklusivität und begrenzte Konkurrenz. Gleichzeitig findet das Wechselspiel von Aus- und Einschluss einen Widerhall in der Identität der Beteiligten. Wer *drinnen* ist, verfügt über bestimmte Symbole, Handlungsoptionen, Beziehungen – Bourdieu spricht hier von kulturellem und sozialem „Kapital". (Bourdieu/Steinrücke 2005) Wer *draußen* ist, kann daran nicht teilhaben. Der Soziologe Niklas Luhmann schreibt, man müsse die Chance auf soziale Teilhabe als „eine Form begreifen, deren Innenseite (Inklusion) als Chance der sozialen Berücksichtigung von Personen bezeichnet ist und deren Außenseite unbezeichnet bleibt. Also gibt es Inklusion nur, wenn Exklusion möglich ist." (Luhmann 1997: 620 f.)

Ursprünglich gehen die Begriffe sozialer Ausschluss und Exklusion auf französische Soziologen wie Paugam und Castel zurück. Sie beobachteten, wie Armut und soziale Ausgrenzung vor allem in den *banlieus* um Paris herum Menschen dauerhaft von sozialer Teilhabe ausschlossen. Paugam versucht, Unterschiede im Umgang mit Armut und Exklusion deutlich zu machen, indem er drei Typen von Armut benannte: integrierte Armut, marginale Armut und ausschließende Armut. Wenn ein größerer Anteil der Bevölkerung eines Landes von *integrierter Armut* betroffen ist, dann ist sie kaum stigmatisiert. Fehlende staatliche Absicherung wird durch eine florierende Schattenwirtschaft und soziale, z.B. familiäre Bindungen mindestens teilweise ausgeglichen. Im deutschen Ausbildungssystem sind von einer solchen integrierten Armut diejenigen Berufe betroffen, die zwar einen Ausbildungsabschluss ermöglichen, aber nur geringe Erwerbschancen bieten. Claudia Weinkopf und Thorsten Kalina vom Institut Arbeit und Qualifikation der Universität Duisburg-Essen zeigten 2010 in einem Report, dass die Zahl derjenigen, die in Deutschland Niedriglöhne beziehen von 6,31 Mio. im Jahr 2006 zwei Jahre später auf 6,55 Mio. angestiegen war. Somit verdient etwa jeder fünfte Beschäftigte in Deutschland einen Niedriglohn. Diese Form der Armut ist im Verständnis Paugams als „integriert" zu betrachten.

Marginale Armut dagegen trifft einen geringeren Teil der Bevölkerung. Die von ihr betroffenen Menschen erhalten wohlfahrtsstaatliche Zuwendungen, die jedoch durch Stigmatisierung erkauft wird: Marginal Arme gelten als Problemfälle und entbehrlich für die Gesellschaft. Die *ausschließende Armut* schließlich ist dadurch gekennzeichnet, dass bei wachsender Zahl der Armen wohlfahrtsstaatliche Unterstützung nicht mehr gewährleistet werden kann; zugleich haben jedoch die Armen nur noch schwache soziale Bindungen. Es kommt zu einer regelrechten Spaltung der Gesellschaft. (Reißig 2010: 20 ff.) Können wir also die Jugendlichen, die uns am unteren Ende des Qualifikationsspektrums begegnen, dieser Gruppe zuordnen? Handelt es sich um *ausgeschlossene* Arme?

Deutsche Soziologen beschäftigen sich erst seit den 1980er und 90er Jahren intensiv mit Exklusionsphänomenen. In dieser Zeit sah man, dass sich wirtschaftliche Entwicklung vom Arbeitsmarkt zunehmend entkoppelte und eine wachsende Gruppe von Armen und eine neue Dynamik des „Auseinanderdriftens" entstanden. (Reißig 2010: 26 ff.) Der gesellschaftliche Zusammenhalt wird dadurch auf die Probe gestellt, dass eine wachsende Gruppe von Menschen für den Erhalt der Gesellschaft und ihre Fortentwicklung als eher hinderlich wahrgenommen werden und sich – was noch destruktiver sein kann – schließlich selbst als entbehrlich für die Kerngesellschaft sehen. Der Kasseler Politologe Bude bezeichnet diese Kategorie von sozial Ausgeschlossenen etwas polemisch als „überflüssig". Die „Überflüssigen" sei eine „Querkategorie von Freigesetzten und Aussortierten" in unserer Gesellschaft und quer durch alle sozialen Klassen zu finden. „Überflüssig" zu sein, bemesse sich durch Zuschreibungen hinsichtlich der Arbeitsbereitschaft, des legalen Status, der Gesundheitsverfassung, der familialen Sicherheit und kultureller Affinitäten. Soziale Ausgrenzung sei so in Bezug auf Arbeit, in familialen Beziehungen, im Ausschluss von Institutionen und letztlich sogar körperlich erfahrbar. Überflüssigsein führe zu „Müdigkeit, Abgestumpftheit und Apathie". (Bude 1998)

Diese Beschreibung deckt sich mindestens teilweise mit dem Eindruck, den viele Betriebe von den Jugendlichen haben, die bei ihnen in Ausbildung sind. Erklärt das Konzept von Exklusion und Inklusion also hinreichend, mit welchen Jugendlichen wir es hier zu tun haben?

Soziologen stehen der Perspektive von Ein- und Ausgliederung teilweise kritisch gegenüber. Reißig (2010) z.B. kritisiert, die Konfrontation von Zentrum und Peripherie bzw. *drinnen* und *draußen* sei zwar naheliegend, verkürze den Sachverhalt aber unzulässig. An den Rändern des *drinnen* und *draußen* seien Unschärfen und Dynamiken wirksam, die sich mit dieser Gegenüberstellung nicht erfassen lassen. Die Möglichkeit der „Gleichzeitigkeit" *drinnen* und *draußen* in unterschiedlichen Lebensbereichen werde nicht mit berücksichtigt. (Reißig 2010: 30 ff.)

Die Jugendlichen, die in Ausbildung nicht oder nur auf Umwegen hineinfinden, sind zwar vom Arbeitsmarkt durchaus und teilweise sehr endgültig ausgeschlossen. Wenn wir jedoch bestimmen wollten, was in diesem Zusammenhang *drinnen* und *draußen* heißt – wo sollten wir dann die Grenzen ziehen? Wo sollten die 400-Euro-Jobber, Dauer-Praktikanten, Teilnehmer der Übergangsmaßnahmen etc. verortet werden? Wie erklären wir, dass viele Schülerinnen und Schüler schulische Übergangsmaßnahmen aktiv anwählen? Sind Zeitarbeiter drinnen oder draußen? Zu welchem Zeitpunkt?

Und: Was bedeutet in unserem Sozialstaat schon *draußen*? Stehen Jugendliche, die von Sozialtransfers leben, ein wenig jobben und eine Maßnahme der Arbeitsagentur besuchen, tatsächlich außerhalb der Gesellschaft? Ziehen wir mit einer solchen Begrifflichkeit nicht selbst die Grenze, die wir überwinden wollten? Und welche Prozesse der Stigmatisierung und Selbstzuschreibung werden so in Gang gesetzt?

Hier geraten wir in eine Zwickmühle: Negiert man vorhandene gesellschaftliche Mechanismen der sozialen Selektion und des Ausschlusses, so macht man sich der Verharmlosung und unzulässigen Subjektivierung gesellschaftlicher Machtstrukturen verdächtig. Beschreibt man jedoch Jugendliche als exkludiert und marginalisiert, so trägt man zur Stigmatisierung nicht-bürgerlicher Lebensformen aktiv bei. Gerade wenn wir mit schwachen Jugendlichen pädagogisch arbeiten wollen, erweisen sich Grenzziehungen als wenig hilfreich, da sie Kommunikation auf Augenhöhe eher behindern.

Zur Beschreibung der Situation an den Rändern des Ausbildungssystems möchte ich daher auf die *drinnen* versus *draußen*-Dichotomie verzichten und stattdessen die Verortung auf einem offeneren Kontinuum zwischen *stark* und *schwach* vorschlagen. Jugendliche werden gestärkt oder geschwächt und sie bringen selbst Stärken und Schwächen ein. Sie leben in unterschiedlicher Weise und unterschiedlich erfolgreich in unserer Gesellschaft, ohne jedoch tatsächlich aus ihr gänzlich herauszufallen.

Wonach aber bemisst sich Stärke und Schwäche? Und vielleicht noch wichtiger: Woran messen sich die Betroffenen selbst? Neben den herkömmlichen Maßeinheiten für Erfolg (Einkommen, Noten, Zertifikate, soziale und gesellschaftliche Teilhabe), scheint mir noch ein anderes Kriterium von zentraler Bedeutung zu sein: die Ehre. Die Wahl dieses zunächst doch sehr traditionellen und anachronistisch wirkenden Begriffs wird noch genauer zu begründen sein. An dieser Stelle sei nur so viel gesagt: Der Begriff *Ehre* berührt sowohl äußerliche als auch innere Merkmale von Arbeit und Beruf und ermöglicht es, Vorstellungen, kulturelle Muster und Alltagstheorien sowohl der erwachsenen Berufstätigen als auch der Jugendlichen zu beschreiben. Ich möchte daher zunächst die Geschichte der Berufsbildung als eine Geschichte der Konstruktion und Gegenkonstruktion von *Ehre* erzählen und mich anschließend der Frage zuwenden, wie Jugendliche heute Ehre verstehen und erlangen.

Kleine Geschichte der Berufsehre

Ehre scheint zunächst ein überkommener Begriff zu sein. Wer spricht heute noch von Ehrgefühl, Ehrfurcht oder Ehrlosigkeit? Bei näherer Betrachtung jedoch wird deutlich, wie eng der Begriff mit dem des Berufes verwoben ist. Berufs- oder Handwerkerehre werden geltend gemacht, wenn es um die Qualität der Arbeit geht; man geht einer ehrlichen Arbeit nach, übernimmt Ehrenämter und es gilt das Ehrenwort eines Handwerkers. Verdienste sind ehrenvoll und Berufe ehrenwert. Noch deutlicher wird die Beziehung in der Negation: Packt man jemanden bei der Handwerkerehre, so hat dies Konsequenzen. Und beleidigt man seine Ehre, so kann man sich durchaus vor Gericht wiedersehen.

Prof. Dr. Winfried Speitkamp
„Ehre ist so etwas wie eine Konstante im menschlichen Leben. Menschen benötigen das Gefühl, die eigene Ehre sei gesichert und bleibe unangetastet. Ehre ist dabei kommunikativ verhandelt und findet sich in der Regel als Merkmal einer bestimmten Gruppe von Menschen – die Soldatenehre, die Vereinsehre, die nationale Ehre oder die Berufsehre. Ehre unterscheidet Gruppen und gesellschaftliche Klassen voneinander und ist insofern überhaupt nicht demokratisch.
Ehre konstruiert sich entlang von Hierarchien und Symbolen, aber auch in Abgrenzung von anderen. Keine Ehre kommt ohne *den anderen* aus, der nicht mit dazugehört. Die Bürger grenzen sich vom Adel ab, die Handwerker von den Industriearbeitern, Borussia Dortmund von Bayern München und die Grünen von den Roten und den Schwarzen. Deshalb kann es eine nationale Ehre geben, aber keine Weltehre."
(Interview mit Prof. Dr. Speitkamp am 10.03.2011)

In der *Berufsausbildung* bildet Ehre die Wasserscheide, an der sich seit Jahrhunderten diejenigen, die in Ausbildung kommen, von denen trennen, die von ihr ausgeschlossen werden. Über Ausbildung bekommen Menschen ihren Platz in der ehrbaren Gesellschaft zugewiesen. Wer von Ausbildung ausgeschlossen wird, dem wird zugleich Ehrbarkeit abgesprochen bzw. der ist darauf angewiesen, sich eine andere Ehre, eine Art Gegenehre, zu schaffen.

Was aber ist mit dem Begriff Ehre eigentlich gemeint und erklärt? Im Gegensatz zu *Würde*, die Menschen ohne weitere Bedingungen, nur durch ihr Menschsein selbst, zugemessen wird (vgl. Burkhart 2006: 83 f.), benötigt die *Ehre* Bestätigung und Auseinandersetzung mit einem Gegenüber. Würde entsteht aus und für sich selbst. Ehre ist auf andere angewiesen.

Ehre hat eine nach wie vor zentrale Aufgaben für das Funktionieren unserer Gesellschaft: Sie sorgt dafür, dass solches Handeln mit Anerkennung belohnt wird, das nicht unmittelbar Vorteile für uns selbst bringt wohl aber für andere oder die Gemeinschaft. Ehre hat „gruppenkonstituierenden Charakter" (Vogt und Zingerle 1994: 18; Vogt 1997: 107), d.h. sie integriert eine Gruppe nach außen und zieht die Grenze gegen das Fremde und Andere. Ist man aber erst einmal Mitglied einer Gruppe, dann wird Ehre von vorneherein unterstellt; man muss sie nicht erwerben, sondern hat lediglich die Aufgabe, sie nicht zu verlieren. (Vogt 1997: 180)

Welchen Kriterien Ehre genügen muss, ist in gewisser Weise Verhandlungssache und kann im Verlauf der Zeit und zwischen Kulturen unterschiedliche Ausprägungen annehmen. Ehrenvoll sind Verdienste, Tugenden, Tapferkeit, aber auch die Integrität des Einzelnen. Ehre hat immer zwei Seiten: eine *innere* Ehre, bei der es um Stolz, Selbstachtung und das Gefühl geht, *sich selbst im Spiegel ins Gesicht sehen zu können*, ebenso wie eine *äußere* Ehre, die Anerkennung, Prestige und Achtung der anderen einfordert. Wenn Selbst- und Fremdbild in Konflikt geraten, so entstehen daraus mitunter existentielle Krisen. (vgl. Speitkamp 2010: 17)

Auch wenn keine allgemein gültigen Aussagen über den konkreten Gehalt von Ehre gemacht werden können – manche Aspekte ziehen sich wie ein roter Faden durch die verschiedenen Auslegungen der Ehre:

So arbeitete der Historiker Winfried Speitkamp in seiner Kulturgeschichte der Ehre „Ohrfeige, Duell und Ehrenmord" vier Themenstränge heraus, die die Geschichte der Ehre begründen: Erstens berührt die Ehre das *Verhältnis von Individuum und Gesellschaft*. Sie beschreibt seine Rolle im gesellschaftlichen Gefüge und schützt seine Freiheit gegenüber dem Ganzen.

Zweitens vermittelt Ehre politische Ordnung und *Herrschaft*. Ehre drückt eine bestimmte Position in der Gesellschaft aus und rechtfertigt diese Position vor ihm selbst und vor anderen. Die Ehre am Hofe unterscheidet sich von der Ehre des bürgerlichen Hausherrn, der Handwerker- oder der Räuberehre. Herrschaft wird über Rituale und Repräsentationen der Ehre vorgeführt. Ehre vermittelt soziale Anerkennung – und auf die möchte niemand verzichten. (vgl. dazu auch Taylor et al. 2009) Zu welcher sozialen Gruppe man gehört, welche Normen der Anerkennung und Ehre man wählt, das entscheidet man dadurch mit, dass man eine bestimmte Form der Ehre einfordert oder auf sie sichtbar verzichtet.

Drittens sind Geschichten über Ehre Geschichten über das Verhältnis der *Geschlechter* zueinander. Mannesehre und die Ehrbarkeit von Frauen sind davon ein Ausdruck.

Und viertens berührt Ehre immer wieder Gewalt. „Gewalt entkleidet den Menschen symbolisch, reduziert ihn – für alle sichtbar – auf seinen Körper […] Wenn die Gewalt vorüber ist […] bleibt die Demütigung, die Entehrung." (Speitkamp 2010: 21).

Inwieweit das Thema Ehre nun Beruf und Ausbildung berührt und – wie ich glaube – zentral prägt, möchte ich in den kommenden Kapiteln zeigen und dabei darstellen, wie der Ehrbegriff genutzt wird, um Beruflichkeit zu etablieren und den Mitgliedern der Berufsgemeinschaft soziale Legitimität zu verleihen. Auf der Kehrseite der Medaille bedeutet dies, dass den von Ausbildung Ausgeschlossen gleichzeitig die Ehre abgesprochen wird. Während denjenigen, die einen Beruf erlernen, nicht nur fachliches Können, sondern zugleich gesellschaftlicher Status und charakterliche Stärke zugeschrieben werden, stehen auf der anderen Seite immer diejenigen, die außen vor bleiben und eben nichts *Richtiges gelernt* haben. Die Zuschreibungen von Ehre, Redlichkeit und Treue als Konstanten handwerklich-zünftiger Charakterbildung benötigten von Beginn an eine Gegenfigur. Wer sich selbst als ehrbar, tüchtig und zuverlässig darstellt, muss sich von ehrlosen, faulen und windigen Zeitgenossen unterscheiden. So, wie sich die Bürgerschaft in Abgrenzung vom Adel konstituierte, so tat sie dies in Differenz von der Unterschicht, der Bauernschaft und den einfachen Arbeitern.

Durchgängig lassen sich Be- und Zuschreibungen für solche Personen finden, die den Zulassungskriterien eines *ehrbaren* Berufsstandes nicht genügten. Die Beschreibung der Menschen, die im Laufe der Jahrhunderte keine Ausbildung erhielten und als Ungelernte, Jungarbeiter oder Jugendliche ohne Ausbildung ihren Lebensunterhalt suchten, sind ganz unterschiedlich, doch einige Themen ziehen sich durch die Jahrhunderte:

Erstens werden die Ungelernten als von *falscher* familiärer Herkunft beschrieben, als unehelich oder aus unvollständigen Familien stammend, in jedem Fall aber ohne ausreichenden Einfluss väterlicher Autorität. Das Thema der familiären Ehre zieht sich von der Frage der *ehelichen Geburt* als Eintrittsvoraussetzung in eine Zunft über die Sorge der Zwanziger und Dreißiger Jahre, die verdienenden Ungelernten seien zu Hause nicht mehr angemessen zu disziplinieren bis hin zur Klage über Scheidungsfamilien in unserer Zeit. Die Jugend außerhalb des Ausbildungs- und Arbeitssystems wird als bindungslos und familiär nicht integriert beschrieben.

Zweitens wird immer wieder die mangelnde Disziplin und Affektkontrolle der nicht in Ausbildung befindlichen Jugend beklagt. Die Beschreibung der fehlenden Orientierung an gesellschaftlichen Normen, des „mangelnden Anstands" einerseits und der „Gerissenheit" (Dehn 1989: 93) andererseits lässt die Bedrohung deutlich werden, die von einer solchen Jugend für die bürgerliche Gesellschaft ausgeht. Hier bleiben Sozialisationseffekte einer Arbeitsgesellschaft unwirksam, die auf Bedürfnisaufschub und Selbstkontrolle setzen. Die Betonung sexueller „Haltlosigkeit", welche sich darin ausdrückt, dass die Jungen „nichts als Mädels und Kino" im Kopf haben und die Mädchen „unanständige Reden führen" (Dehn 1989: 93) sind Ausdruck dieser gefühlten Bedrohung. Offenbar werden hier Normen und Werte missachtet, Grenzen überschritten, die konstitutiv für das reibungslose Funktionieren der Arbeitsgesellschaft sind.

Damit eng in Zusammenhang steht drittens die Klage über den fehlenden Arbeitssinn dieses Personenkreises. Gemeint ist oft nicht einmal mangelnder Fleiß, sondern vielmehr die Vermutung, dass der Kern des Berufes, nämlich die Beschäftigung mit einer ganzen, vollständigen Aufgabe, aus der heraus erst Sinn für das Ganze entstehe, nicht nachvollzogen werden könne. Es fehlt die *innere* Ehre, die Berufung, die Selbstverpflichtung auf eine sinnstiftende Arbeit.

Auf den folgenden Seiten möchte ich nachvollziehen, wie über die verschiedenen Epochen der beruflichen Bildung hinweg Ausgrenzung entlang dieser Kategorien familiärer, *äußerer* und *innerer* Ehre vollzogen wurden und welche Konsequenzen dies für beide Seiten mit sich brachte. In Diskussionen über duale Ausbildung in Deutschland werden häufig die jahrhundertealten Grundfeste des Systems beschworen. Wen aber lassen diese Fundamente außen vor? Auf wessen Kosten konstituierte sich die Berufsgemeinschaft?

Zunft- und Standesehre vom Spätmittelalter bis zur Reformation

In seiner spätmittelalterlichen Blütezeit war das städtische Handwerk vom Zunftzwang geprägt. Berufliche Tätigkeiten durften nicht von jedem Bürger der Stadt, sondern entgeltlich nur innerhalb der Zunftgemeinschaft ausgeübt werden. Die Stadt war in ihrer inneren Organisation, Regierung und Rechtsprechung von den Zünften stark geprägt. Ganze Straßen wurden von ihnen bewohnt – darauf weisen Namen wie die Schneidergasse, die Schmiedegasse oder die Schusterstraße noch heute hin. Hier fand Arbeits- und Familienleben, Alltag und Feste in einem engen Gemeinschaftsverband statt. (Gruber 1997: 77 ff.)

Zünfte organisierten nicht nur die ersten Kranken-, Sterbe- und Unterstützungskassen, sondern auch die Erziehung und den Schutz ihrer Mitglieder. Sie übten Polizeigewalt aus und hatten eine eigene Gerichtsbarkeit. Längst nicht jede Zunft verfügte über Reichtum und Macht, doch ohne Zugehörigkeit waren beide kaum zu haben.

Ehre war im Spätmittelalter und in der Zeit des Absolutismus „gestuft" (Speitkamp 2010: 99): Der Adel war *edel*, während Stadtbürger und Zunfthandwerker nur als *ehrbar* galten. Analog zum Dreistufen-Modell der Adelserziehung (Page – Knappe – Ritter) war die Ausbildung vom Lehrling über den Gesellen zum Meister geordnet. „So wie der Ritter der Repräsentant seines Standes war, so erschien der Meister dem jungen Menschen als Verkörperung des eigenen zukünftigen Lebens." (Stratmann 1967: 19)

Während sich der Adel jedoch durch seine Familienzugehörigkeit vom gemeinen Volk abhob, zeigte sich die korporative Ehre der Handwerker in der mittelalterlichen Stadt in der Tüchtigkeit und Rechtschaffenheit der Zunft. Die Handwerkerehre beförderte das Vertrauen, das Handwerkern entgegen gebracht werden konnte. Strenge Zunftregeln sorgten dafür, dass

Gewichte, Maße und die Produktqualität zuverlässig eingehalten bzw. einklagbar waren. Der ehrbare Handwerker war ein berechenbarer, verlässlicher Geschäftspartner.

Dass diese Ansprüche an die Ehrbarkeit der Handwerker tatsächlich Eingang in den Alltag und das Bewusstsein der Zunftmitglieder fand, wurde durch eine ganzheitliche Berufsausbildung gewährleistet, bei der Lehrlinge in den Haushalt des Meisters aufgenommen und dort persönlich wie fachlich erzogen wurden. (Insofern läuft die Klage vieler Ausbilderinnen und Ausbilder ins Leere, sie seien anders als in der guten, alten Zeit dazu gezwungen, nicht nur auszubilden, sondern auch zu erziehen. In der guten, alten Zeit musste man nicht nur erziehen, man tat dies bei sich daheim!)

Das Verhältnis zwischen Lehrling und Meister bestand wesentlich darin, dass der Lehrling ins Haus des Meisters zog und fortan zu dessen Haushalt gehörte. Zum Zeichen des Übergangs aus der Familie in den Haushalt des Meisters brachte er sogar sein Bett mit. (Stratmann 1967) Im *ganzen Haus* war der Meister Hausherr und übte väterliche Gewalt über alle Belange des täglichen Arbeitens und Lebens aus. (Stratmann 1967) Auch die Meisterin spielte im Leben der Lehrlinge eine wichtige Rolle und zog sie zu häuslichen Arbeiten heran. Dem Lehrherrn stand seit dem Mittelalter das Züchtigungsrecht gegenüber seinen Lehrlingen zu. (Übrigens wurde dieses noch im Allgemeinen Preußischen Landrecht von 1794 und den Gewerbeordnungen des 19. Jahrhunderts verbrieft und erst 1951 in der Bundesrepublik abgeschafft. (Speitkamp 2010: 39)) Im Gegenzug war der Meister verpflichtet, sein eigenes Wissen und Können dem Lehrling weiterzugeben. (Gruber 1997: 89; Stratmann 1967)

Auf diese Weise hatte die handwerkliche Lehrlingsausbildung den Charakter einer „familiären Gemeinschaftserziehung". Sie war vorrangig nicht auf Ausbildung und Qualifizierung angelegt, sondern stellte einen „Inkorporierungsprozess" in die städtische Standesgesellschaft dar. (Stratmann 1967: 17).

Traditionell wurde die Lehrzeit mit der Freisprechung vor offener Lade der Zunft beendet. Der junge Geselle wurde durch diese Freisprechung aus dem Schutzverband der Zunft entlassen. Wollte er seine Wanderschaft antreten, so musste er in eine Bruderschaft eintreten – ein Aufnahmeritus, der entweder unmittelbar im Anschluss an die Freisprechung in Gegenwart der Meister vollzogen werden konnte oder bei der nächsten Zusammenkunft der Bruderschaft stattfand. (Stratmann 1967: 159) Das Zeremoniell der Aufnahme in die Bruderschaft war einerseits ein rechtswirksamer Akt, andererseits aber durch teilweise grobe Hänseleien und deftige Rituale geprägt. Bei dieser „Gesellentaufe" wurde dem Neuling die Verhaltensmaßregeln „eingebläut", die er für seine Wanderschaft zu befolgen hatte. In einigen Bruderschaften wechselte der Geselle während des Rituals seinen Namen, erhielt einen Spitznamen, den er auf seiner Wanderschaft zu tragen hatte und lernte den Handwerkergruß. Rituale wie das „Hobeln, Schleifen,

Behauen, Hudeln oder Hänseln" weisen schon darauf hin, dass mit den Neulingen nicht eben sanft verfahren wurde. Auch über heftige Trinkgelage und überhohe Kosten des vom künftigen Gesellen zu bezahlenden „Lehrbratens" (d.h. einer mehrtägigen Gesellenfeier) wird berichtet und z.T. schon damals geklagt. (vgl. Stratmann 1967: 159) Die teilweise durchaus gewalttätigen Rituale symbolisieren die Unterwerfung unter die Gewalt der Gemeinschaft, der sich der neue Geselle nun anvertraute.

Nach ihrer Freisprechung waren die fahrenden Gesellen auf ihren Ruf als *ehrbare Wanderer* schon deswegen angewiesen, weil sie sich von anderen *Fahrenden* mit teilweise zwielichtigem Ruf abgrenzen mussten. So gilt es bis heute als Ehrensache, dass kein fahrender Handwerker eine Stellung oder eine Stadt mit Schulden verlässt. Handwerker auf Wanderschaft legten schon im 18. Jahrhundert Wert darauf, sich äußerlich von anderen Fahrenden und Vagabunden zu unterscheiden und in einigen Gruppierungen der Gesellen auf Wanderschaft heißt die Krawatte ihrer Zunftkleidung bis heute die *Ehrbarkeit*.

Neben den in Zünften organisierten Berufen gab es eine große Zahl an beruflich Unselbständigen, zu denen z.B. die freien Tagelöhner und Hilfsarbeiter, die Hafenarbeiter und Seeleute, die Türmer, Torwächter und Nachtwächter, die Bader, Stadtpfeifer, die Dienerschaft, das Gesinde und die Bettler gehörten.

Darunter noch stand die Bauernschaft und alle gemeinsam schauten auf die *ehrlosen* Berufe herab, zu denen – mit regionalen Unterschieden – z.B. der Henker und seine Gehilfen, der Hundeschinder, der Gefängniswärter, der Müller, der Töpfer, der Schäfer, der Ziegler, der Hirte, der Barbier und Bader, der Totengräber, die Dirne oder die Spielleute gehörten. (vgl. Kurtz 2005: 76; Burkhart 2006: 43)

Diese *unehrlichen Leute* konnten nicht vor Gericht als Zeugen auftreten, keine Ehrenämter übernehmen, kein Lehen erwerben und nicht mit Angehörigen ehrlicher Stände eine Ehe eingehen (Burkhart 2006: 43). Auch war ihnen und ihren Familienangehörigen der Zugang zu Gilden und Zünften verwehrt, denn diese nahmen neue Mitglieder nur auf, wenn sie neben dem Nachweis, das Handwerk hinreichend zu beherrschen, auch ein Zeugnis über ihre Reputation, d.h. über zunftwürdige Familienherkunft und ordentlichen Lebenswandel beibringen konnte. (Stratmann 1967: 37) Eine Lehre beginnen konnte im Spätmittelalter nur, wer ehelicher Geburt und frei geboren war (das heißt, dass seine Eltern einem freien Stand angehörten), wer Christ war und zur „Teutschen Nation" gehörte. (Gruber 1997: 86; Stratmann 1967) Durch den Mitvollzug des Alltags im Meisterhaushalt wurde der Lehrling zum Mitglied der Korporation und damit der städtischen Bürgerschaft. (Kurtz 2005)

Das entscheidende Kriterium, das über Ein- und Ausschluss in die Zunft entschied, war also die „Reputation, d.h. die zunftwürdige Herkunft und der ordentliche Lebenswandel. Die Ehre des Verbandes duldete es nicht, daß sich die Handwerker mit anrüchigen Personen gemein machten." (Stratmann 1967: 37)

Die mangelnde Zunftfähigkeit ging damit einher, dass den Betreffenden die Ehre abgesprochen wurde: Es handele sich um „lichtscheues Gesindel" (Stratmann 1967: 37) oder um „Arme, Bettler, Beutelschneider." (Jütte/ Savigny 2000) Stratmann weist darauf hin, dass es sich bei den Einstellungen gegenüber nicht-ehrlichen Berufen um „ein tief eingewurzeltes Vorurteil handelt und man rationalen Argumenten gegenüber völlig verschlossen war. Nur mit Mühe gelang es den Landesherren, diesen Aberglauben nach und nach zu unterdrücken." (Stratmann 1967: 46) Ehre war im späten Mittelalter also noch nicht an Leistung und nicht an individuelles Verhalten gebunden, sondern zunächst nur durch den Stand vermittelt. Das änderte sich erst durch die Reformation.

Die Reformation stützte die handwerklichen Ideale von Tüchtigkeit, Treue und Redlichkeit und unterfütterte sie mit christlicher Gesinnung: Luther verknüpfte die Vorstellung menschlicher Arbeit mit der einer göttlichen *Berufung*. Arbeit werde dann zur Freude (gaudium in labore), wenn durch sie eine größere innere Nähe zum Schöpfer hergestellt werde.

Keine Lebensphase und kein Stand sollte mehr von der sittlichen Verpflichtung zur Arbeit ausgenommen sein. Arbeit war Grundlage christlicher Lebensführung und Mittel zur Deckung des unmittelbar notwendigen täglichen Bedarfs. Gleichzeitig war sie das Fundament des sozialen Status in einer berufsständisch gegliederten Gesellschaft. Maßhalten war eine von Gott vorgegebene Tugend, Grenzüberschreitungen nicht vorgesehen.

Diese Auffassung stützte den im Mittelalter entwickelten Mechanismus der Zuweisung sozialer Positionen über den Beruf und gab ihm zusätzlich höhere Weihen: Der Beruf ist das Feld, auf welches Gott den Menschen stellt. Die Erfüllung der Berufspflicht ist zunächst ohne religiöses Verdienst; doch handelt der Christ gut, der die ihm zugewiesene Stelle treulich ausfüllt. „Nie schenkt der Stand, nie schenken Güter dem Menschen die Zufriedenheit. Die wahre Ruhe der Gemüther ist Tugend und Genügsamkeit. Genieße, was Dir Gott beschieden, entbehre gern, was Du nicht hast. Ein jeder Stand hat seinen Frieden, ein jeder Stand hat seine Last." (Kirchenlied nach Christian Fürchtegott Gellert, zit. nach Stratmann 1993: 27)

Über die dem Menschen zunächst äußerliche Funktion des Berufes hinaus deuteten Aufklärung und Romantik diese göttliche Berufung auf eine gesellschaftliche Position im 18. Jahrhundert als *innere Berufung* um. (Blankertz 1969: 268) Beruf war mehr als nur Arbeitstätigkeit in einer ständischen Gemeinschaft, nun war die Verbindung zum *Ruf* Gottes hergestellt. Das wachsende Verlangen nach individueller Freiheit und Entfaltung fand seine Entsprechung in der Loslösung des Berufs aus dem allzu engen Rahmen der Zunft. Die Aufnahme in ein Lehrverhältnis sollte nun nach Kriterien der Befähigung und Neigung erfolgen, Geburt und Stand keine Rolle mehr spielen.

Doch die Zunftregeln erwiesen sich als durchaus haltbar und mussten durch legislative Maßnahmen des Staates in ihre Schranken gewiesen werden – zahlreiche Beschwerden und Einlassungen zeugen davon. Die Abschaffung der Diffamierung bestimmter Berufe als *unehrlich* ließ sich zäh an: 1820 zählte schließlich nurmehr der Abdecker zu dieser Kategorie (Burkhart 2006: 94). Und erst die Gewerbeordnung des Norddeutschen Bundes von 1869 enthielt keine Hinweise mehr auf die alte Zunftvorschrift der handwerkswürdigen Geburt. (Stratmann 1967: 39)

Industrialisierung und der vollständige Beruf

Seit die mechanische Fertigung in Konkurrenz zur handwerklichen Produktion trat, wurden Vorschläge zur Liberalisierung und Gewerbefreiheit laut, durch die Manufakturen und Gewerbetreibende in freien Wettbewerb miteinander treten sollten. Der „Schlendrian" im Handwerk, der Innovationen verbot und streng an der Zunftordnung festhielt, wurde verächtlich gemacht und als Auswirkung des „Monopoliums" kritisiert, das die Zünfte mit ihren Traditionen zu verteidigen suchten (Stratmann 1967: 21).

Die Rechtsordnung des 18. Jahrhunderts hob ständische Privilegien schrittweise auf. Zwar blieben die Stände zunächst formal erhalten und prägten weiterhin das gesellschaftliche Bewusstsein. Aber sie boten nicht mehr das gewohnte verlässliche Rahmenwerk, das den Einzelnen mit der Gesellschaft verkoppelte.

Allein mit der Zugehörigkeit zu einer Korporation war nun Ehrbarkeit in der städtischen Gemeinschaft nicht mehr zu erreichen: „Das Individuum war nicht mehr nur mit Würde ausgestattet, sofern es Glied eines Verbandes war, sondern trug seine Würde als Individualität mehr und mehr aus sich selbst." (Stratmann 1967: 30)

Das korporative System hatte eine auskömmliche Existenz der Handwerker garantiert, solange der moralische Codex der Ehrbarkeit innerhalb der Zunft eingehalten wurde. Nun war wirtschaftliche Überlebensfähigkeit gefordert, das Überleben des Betriebes wurde jetzt „nicht mehr moralisch, sondern wirtschaftlich bestimmt." (Kurtz 2005: 83) Der „Weg des Übergangs von der geburtsständischen zur berufsständischen Gesellschaft" (Kurtz 2005: 82) war beschritten.

Die Kriterien des Einschlusses in die Berufsgemeinschaft wurden also komplexer: Die zunftfähige Herkunft war nicht mehr ausreichend; hinzukommen musste die innere Neigung und Befähigung sowie die Bereitschaft, sich sozial einzugliedern. Es entstand eine dreifache Bezugnahme des Berufes auf moralische, individuelle und soziale Gegebenheiten:

„Es ist […] die göttliche Weisung, der der Mensch in Gehorsam und Dank entspricht, es ist […] die individuelle Seelenstruktur, die der Mensch als Auftrag seiner selbst zu verwirklichen hat, es ist […] die soziale Verpflichtung, der der Mensch seinen Tribut zahlen muss." (Blankertz 1969: 268) Die Trinität aus moralischer, persönlicher und sozialer Verpflichtung prägt unser Bild vom Beruf bis heute. Denn auch wenn in der Postmoderne weniger von religiösen Aspekten der Beruflichkeit die Rede ist, so ist doch die Vorstellung, Beruf sei mehr als ein Job, durchaus prägend. Handwerkermoral, persönliche und soziale Eignung zum Beruf – diese Ideale haben ihren Ursprung in einer Leitidee, welche die Standesehre nach und nach in die Person hinein verlagerte.

Gleichzeitig wuchs der Druck, sich gegenüber anderen Bevölkerungsgruppen abzugrenzen. Das Handwerk hatte durchaus nicht durchgängig *goldenen Boden*; viele Handwerksmeister lebten in der berechtigten Sorge, die mechanische Fertigung könne ihnen die Lebensgrundlage entziehen. (vgl. Stratmann et al. 2003: 200 ff.) Auch die politische und soziale Vormachtstellung der Zünfte war in den rasch wachsenden Städten und in den Bannkreisen industrieller Zentren nicht mehr selbstverständlich. Verarmte Handwerksmeister oder Gesellen, vor allem aber die große Zahl der landlosen Bauern bildeten ein Heer von Tagelöhnern, Handlangern, Saison- und Hilfsarbeitern. Von diesem *niederen Stand* mussten sich die Handwerker abgrenzen, wollten sie ihre gesellschaftliche Stellung und politische Macht behaupten.

Die Sorge, in das Proletariat abzusteigen, beherrschte die Wahrnehmung. Umso deutlicher wurde die moralbildende und staatstragende Funktion des Handwerks akzentuiert. Der Staats- und Gesellschaftswissenschaftler Adam Müller (1779–1829) etwa betonte, die „Arbeitszerlegung" mache aus dem „wahren vollständigen Arbeiter … bloß ein maschinenmäßig für einen einzelnen Teil der Arbeit abgerichtetes Instrument", so dass sich die gesellschaftlichen Verhältnisse verkehrten zu einer „Freiheit der Sachen … Sklaverei der Personen." (zit. n. Stratmann et al. 2003: 203)

Freiherr von Stein forderte 1819 die Wiedereinführung der Zünfte mit dem Argument, diese seien „als einer Erziehungsanstalt zu Zucht und Gehorsam des Lehrlings und Gesellen, als einer Unterrichts Anstalt zur Erlangung tüchtiger und gründlicher Kenntnisse des Handwerks und Fertigkeit in seiner Ausübung, als eines Verhinderungsmittels des leichtsinnigen Ansiedelns und frühzeitigen Heurathens" dringend geboten. (zit. n. Stratmann et al. 2003: 205) Auch dieses Argument, nämlich dass Berufsbildung ein probates Mittel zur Ordnung von Lebensverhältnissen und Eingliederung Jugendlicher in die Gesellschaft sei, wird in den kommenden Jahrzehnten und Jahrhunderten immer wieder auftauchen. Berufserziehung gilt als effizienter Integrationsmechanismus in eine hierarchisch gegliederte Gesellschaft.

Entscheidendes Argument für den Erhalt der Handwerkertradition ist also dessen erzieherischer Auftrag hin zu „Meisterehre und Gesellenzucht". Nur so sei das Gegengewicht zur „Sklaverei der Personen", zur Unterordnung menschlicher Tätigkeit unter den Takt der Maschine zu gewährleisten. (Freiherr von Stein 1926, zit. n. Stratmann et al. 2003: 206) Vollständigkcit und Ganzheitlichkeit zeigten sich als immer wiederkehrende Motive handwerklicher Lehre. Sie schützten – mindestens in der Vorstellung – den Menschen vor entseelter, dem maschinellen Rhythmus unterworfener, sinnentleerter Arbeit. Sie bewahrten zugleich die absolutistische Ständegesellschaft vor einer wachsenden Arbeiterschaft, die im „Egoismus aller" (ebd.) zunehmend ihre eigenen Interessen vertrat.

Ausgeschlossen von ständischer Ehre blieben diejenigen, die nicht selbst über Produktionsmittel verfügten und als Dienerschaft oder Fabrikarbeiter unselbstständiger Arbeit nachgehen mussten. Sie waren abhängig beschäftigt, mussten sich Vorgaben und Rhythmen anderer beugen und waren mit Teilarbeitsschritten statt mit vollständigen Handlungsabläufen befasst. Robert Alt zitiert aus der Preußischen Volksschulzeitung Nr. 6 von 1838 (S. 416), der niedere Stand sei „immer Mittel zu den Zwecken anderer, die ihn leiten und bevormunden und die er unweigerlich als Höhere, als seinen Herren anerkennt, wenn sie nur seine augenblicklichen Bedürfnisse befriedigen". Es sei nicht ratsam, dass dieser Stand mehr als das tägliche Brot verdiene, sonst würde er „töricht" werden. „Furcht vor Strafe und frühe Gewöhnung an blinden Gehorsam müssen ihn in Schranken halten und dafür sorgen, daß er seine Pflicht erfüllt." (Alt 1970: 97)

Insbesondere in der ersten Hälfte des 19. Jahrhunderts stieg die Zahl der Armenschulen, Freischulen, Stiftschulen, Arbeitshäuser, Armenerziehungshäuser und sog. Rettungshäuser sprunghaft an. In Berlin besuchte in den 1830er Jahren mehr als die Hälfte aller Schulkinder Armen- oder Freischulen. (Alt 1970: 98). Das Ziel dieser Einrichtungen bestand darin, ein Mindestmaß an religiöser, sprachlicher und mathematischer Grundausbildung zu vermitteln, vor allem aber darin, „den Eltern etwas verdienen zu helfen, […] dadurch, daß die weiteren Schulstunden zugleich Arbeitsstunden sind, in denen die Kinder an die Arbeit gewöhnt, in derselben unterrichtet und zu notdürftigem Erwerbe tauglich gemacht werden." (Realenzyklopädie des Erziehungs- und Unterrichtswesens nach katholischen Prinzipien, 1872, Bd. 1: 137 zit. nach Alt 1970: 98)

Seitdem die berufliche Ausbildung explizit als Mittel, randständige Jugendliche in die Gesellschaft zu integrieren, diskutiert wurde, rückte die sog. Lehrlingsfrage stärker ins Bewusstsein der Öffentlichkeit. Über dreißig Jahre bevor Georg Kerschensteiner seine berühmt gewordenen Schriften zur Berufsbildung verfasste, verwies Reichenau bereits auf die „insbesondere für die Knaben der unteren Volksklassen […] so verderbliche Lücke zwischen der Schulzucht und der Disciplin im Heere" und fordert, sie sei „in einer Weise auszufüllen, welche einigermaßen dagegen schützt, daß das in der Schule mühsam Erlernte verloren geht, daß das aus derselben zu frühzeitig und ohne hinreichende sittliche Reife entlassene Kind der Verwahrlosung und Verwilderung anheimfällt." (Reichenau 1989 (1869): 163)

Zur Zeit der Wende zum 20. Jahrhundert arbeiteten Jugendliche, die nicht in berufliche Bildung eingebunden waren, un- oder angelernt als

Laufburschen der Lebensmittelgeschäfte, Pagen an Fahrstühlen oder Eingangstüren der Hotels, Hausdiener, Arbeitsburschen, Handlanger, Kutscher oder Markthelfer. Ungelernte Frauen arbeiteten als Fabrikarbeiterinnen, Wäscherinnen oder Hausbedienstete. Sie waren zahlreich und veränderten das Bild der Jugend in der Öffentlichkeit – ein durchaus als Ärgernis empfundenes Phänomen. „Der Lehrling als der auf gutem Wege befindliche Heranwachsende wurde zur Gegenfigur des unter Industrialismusbedingungen verrohenden Jugendlichen." (Stratmann 1992: 2)

Der Unterschied zwischen dem *ungelernten Arbeiter* und dem *gelernten Handwerker* bestand in der Auffassung der Zeit weniger in dem ökonomischen Verdienst und nicht einmal primär in seiner sozialen Stellung, sondern vielmehr in dem inneren Wert, den er seiner Arbeit beimessen konnte – man könnte auch sagen: der Berufsehre.

„Der gelernte Arbeiter, der mit seinem allmählich entstehenden Werk verwachsen ist, empfindet eine Schaffensfreude, die ihm über manche Misere des Lebens hinweghilft, weil er im ‚inneren Herzen' spüret, was er erschaffen hat mit der Hand'. Der Ungelernte aber, der monoton und gleichmäßig seine Teilarbeit verrichtet, stumpft ab, wird gleichgültig und geht oft des Segens der gelernten Arbeit verlustig." (Gröpler 1989 (1913): 75).

Auch der zeitgenössische Pädagoge Kautz urteilt:

Kautz (1926) über Industriearbeiter
„Die Schar dieser Industriefalter summiert sich aus zugezogenen, gerade nicht arbeitsfreudigen Elementen, aus den geistig minder begabten und aus den körperlich rückständigen jungen Leuten. Unter ihnen finden sich die zigarettengrauen, hageren Kränklinge, wie die robusten, schwer gebauten Boxertypen. [...] Den jungen Gelegenheitsarbeiter charakterisieren eine zugvogelgleiche Unrast, ein sehr vager Eigentumsbegriff und eine windige Pfiffigkeit des Umgangs. [...] Untersucht man familienbiologisch die Herkunft dieses Typus, so stellt sich heraus, daß hier ein Sammelsurium von Schwachbegabten, Taugenichtsen und Vollblutproletariern sich vorfindet. Hier steht ein hoher Prozentsatz vaterloser Söhne, Kinder ohne jedwede Familienerziehung, hier befinden sich auch die Söhne armer, schlechtberatener, unbeholfener Witwen, die in ihrer Geldnot und Armut nicht auf Arbeitsqualität, spätere Stellung usw. sehen konnten, sondern um der dickeren Lohntüte willen zu der ersten bestbezahlten Gelegenheitsarbeit griffen ... Die sittlichen Gefahren, die den jungen Menschen im Kreise der Gelegenheitsarbeiter erwarten, bilden einen Ring wie von Eisen. Und doch! Jede Seele hat einen Engel und wartet in uneingestandener, geheimer Sehnsucht auf jenen zweiten in Menschengestalt, der sich eines Tages ihr beigesellt und zuversichtlich spricht: Du bist mein Bruder – wir wollen uns aufmachen und zum Vater gehen!" (Kautz 1926: 118)

In der letzten – dann doch etwas überraschenden – Wendung wird eine pädagogische Haltung deutlich, bei der die Abgrenzung gegenüber den Ungelernten im Gewande herablassender Zuwendung daherkommt. Ähnlich beschreibt ein Fortbildungsschullehrer, der sich einige Zeit in einer Fabrik „unter Ungelernten" bewegte und darüber dann publizierte: „Dann plauderten wir allerlei, von Bulgarien und Serbien, von ‚seinem' Regiment in Posen, von seinem Heimatstädtchen und seiner Braut, die er mit ca. 50 Pfg. Stundenlohn bald zu heiraten gedachte. Ein prächtiger Kerl!" (Gröpler 1989 (1913): 75)

Doch diese Form der Gönnerhaftigkeit kann nicht über die zugrundeliegende Verachtung hinwegtäuschen, die diesen Jugendlichen entgegen gebracht wird: „Die Menschen, die uns hier entgegentreten, sind in ihrem ganzen Lebensstand herabgekommen." (Dehn 1989 (1919): 90).

Dehn (1919) über Ungelernte
„Man frage einmal jugendliche Gelernte nach ihrem Urteil über die ungelernten Kollegen. Es lautet ausnahmslos abfällig: ‚Mit denen ist ja nichts los, sie denken an nichts anderes als wie die Mädels und ans Kino. Wenn man ihnen etwas sagt, kommen sie einem dumm. Sie sind frech und führen die unanständigsten Reden,' heißt es. Ähnlich ist es mit der jungen Fabrikarbeiterin. Dieser Typus ist ja wohl allgemeiner bekannt. Auch im Volke selbst herrscht Abneigung gegen ihn. [...] Stumpf und oberflächlich sind die Gesichtszüge, modern ist die Frisur, von plundriger Eleganz die Kleidung. Man sehe sie Kopf an Kopf gedrängt im Fabriksaal sitzen! Die Finger sind angestrengt tätig, der Mund ist es nicht minder. [...] Das Sexuelle in seinen verschiedenen Schattierungen spielt eine beträchtliche Rolle." (Dehn 1989 (1919): 93).

Die Beschreibung der Freizeitbeschäftigungen erinnert – lässt man die Besonderheiten der medialen Realisierungen der Zeit einmal beiseite – an moderne Beschreibungen der Jugendlichen ohne Ausbildung:

Dehn (1919)
„Kino und elektrisches Klavier oder auch das Grammophon sind eigentlich die seiner Lebenssphäre angemessenen Unterhaltungsfaktoren, und wo er das nicht haben kann, verbreitet er wenigstens den diesen Dingen entsprechendes Lärm um sich herum. Spielen mag er nicht. Allenfalls findet er an den einfachsten Gesellschaftsspielen Gefallen oder auf dem Turnplatz an Fußball und Schleuderball. Kann er irgendwo ein gewisses Kraftmeiertum entwickeln, so ist er glücklich." (Dehn 1989 (1919): 95)

Gefährlich werde den jungen Ungelernten gerade die Tatsache, dass sie über ihre Arbeit Geld erwirtschaften – und zwar mehr als Lehrlinge mit ihrem „kargen Kostgeld" erhielten. „Die Folge ist, daß die Eltern in Abhängigkeit geraten von ihren Kindern und ihnen gegenüber nicht mit der Autorität auftreten können, wie sie 14–18 jährige wahrlich noch nötig haben. [...] Dadurch wird die Jugend in eine frühreife Selbständigkeit gebracht, die in keiner Weise wohltätig auf sie wirkt." (Dehn 1989 (1919): 94)

Die frühe ökonomische und soziale Selbstständigkeit der ungelernten Fabrikarbeiter wurde als so bedrohlich empfunden, dass die Jugendlichen in großer Zahl in Fortbildungsschulen wieder zu Schülern gemacht wurden. Stratmann interpretiert die Verlängerung der Schulzeit für Arbeiterjugendliche auch als sozialdisziplinarische Maßnahme. Durch eine solche „Repuerelisierung" (Stratmann 1992: 172), d.h. durch absichtliches Vorenthalten des Erwachsenenstatus, sollten Arbeiterjugendliche diszipliniert werden. (Stratmann 1992: 172)

Festzuhalten bleibt: Betriebliche Ausbildung grenzt seit jeher diejenigen Bevölkerungsgruppen aus, die an ihr nicht teilhaben (können). Wer berufliche Bildung genießt, ist auf dem rechten Weg; wer von ihr ausgeschlossen bleibt, dem wird Integrierbarkeit überhaupt abgesprochen. Im Mittelalter verlief die Grenze zwischen dem *ehrlichen* und dem *unehrlichen* Gewerbe; zu Beginn des 20. Jahrhunderts fürchtete man die zunehmende „Verwilderung der jugendlichen und unerwachsenen Arbeiter" (Stratmann 1992: 154) und setzte ihr das Bild vom tüchtigen, gehorsamen Lehrling entgegen.

Die Grenze zwischen Ungelernten und Gelernten verläuft nicht bei den ökonomischen Einkünften und nicht einmal bei den Arbeitstugenden wie Fleiß und Tüchtigkeit, sondern sie verläuft letztlich entlang der Ehre als Handwerker, der Berufsehre, die mit Begriffen wie Sinnhaftigkeit der Arbeit, Vollständigkeit des Arbeitsvollzugs, Verzicht zugunsten von Bildung in Verbindung gebracht wird. Der wesentliche Unterschied zwischen *gelernten* und *ungelernten* Arbeitern besteht in der zeitgenössischen Auffassung darin, dass erstere selbst gestalten – und zwar den Gegenstand ihrer Arbeit ebenso wie ihr Leben an sich – und letztere fremdbestimmt sich treiben lassen und äußerlichen Motiven (Geld, politischen Führern o.ä.) anhängen. Mit wachsender Komplexität der Industriegesellschaft und den steigenden Ansprüchen der Bürger auf Beteiligung am gesellschaftlichen Leben wurde der soziale Ausschluss von Arbeit und Ausbildung nun weniger eine Klassenfrage als vielmehr eine Frage individueller Befähigung und des persönlichen Willens, sich in die Gesellschaft zu integrieren.

Soldat der Arbeit

Mit solch feinsinnigen Überlegungen war freilich nach 1939 erst einmal Schluss. Der totalitäre Staat der Nationalsozialisten beanspruchte die Deutungsmacht über das, was Arbeit ehrenvoll macht, ganz für sich. Der Appell des HJ-Bannführers und Betriebsjugendverwalters bei der Freisprechung der Lehrlinge im VW-Werk lautete: „Durch Leistung, Arbeit und Disziplin wollen wir uns das Recht erwerben, froh und glücklich den stolzen Ehrentitel zu tragen: Soldaten der Arbeit im Großdeutschen Reich." (Kipp und Miller-Kipp 1995) Die Begriffe und Stereotype, die in nationalsozialistischen Diskursen zu Arbeit und/oder Arbeitern immer wieder auftauchen, entsprechen dieser Charakterisierung sehr weitgehend. So nennt die Historikerin Heike Pantelmann als zentrale Kategorien zur Beschreibung des „neuen Arbeitertypus", der durch „Formung, Ausrichtung oder Heranbildung" entstehen sollte: „Pflicht bzw. Pflichterfüllung, Kämpfer bzw. Soldat, Dienst, Gemeinschaft und Leistung." (Pantelmann 2003: 27)

Traditionelle Bezüge (z. B. zu Verbänden, Gewerkschaften o. ä.), die bislang Anhalt für Identifizierung und Abgrenzung geboten hatten, sollten durch nationalsozialistische Ideologie überformt werden. Arbeit wurde zum Symbol, zum „Wesen des Deutschtums" empor gesteigert. Formeln wie „Ehre der Arbeit" oder „Arbeit gibt dem deutschen Mann Ehre und Brot" sollten Anerkennung vermitteln und dem Arbeiterstand eine beinahe kulthafte Stellung sichern. (Pantelmann 2003: 27)

In fast religiöser Manier griffen die Nationalsozialisten alte Symbole und Rituale, Heils- und Erlösungsmotive auf, um ihre Ideologie vom Arbeiter als „Soldat der Arbeit" zu festigen. (Pantelmann 2003: 38 ff.) Fahnenappelle, Morgenappelle, ritualisierte Einschreibungs- und Freisprechfeiern für Lehrlinge z. B. bei Volkswagen imitierten religiöse Feierlichkeiten und überhöhten die Bedeutung der Arbeiterschaft ideologisch.

Die Ehre der Arbeit ergab sich nun nicht mehr aus der Tätigkeit selbst und auch nicht aus ihrer sozial-politischen Bedeutung und Einbindung. Sie wurde als *nationale Ehre* umgedeutet und erhielt Bedeutung nur mehr durch ihren Beitrag zu Leistungen der *Rasse* und des *Vaterlandes*. Für Ausbildung blieb wenig Raum: Theorie wurde als weitgehend überflüssig diffamiert; der Berufsschule wurde ein eigenständiger Bildungsauftrag abgesprochen. In den Berufsschulcurricula wurde während der NS-Diktatur die Fachlehre gänzlich auf die Fertigungslehre beschränkt. Werkstoff- und Werkzeugkenntnisse seien nicht isoliert in einer selbständigen Systematik zu vermitteln, sondern lediglich im Zusammenhang mit der gerade thematisierten Arbeitsverrichtung. Ein darüber hinausgehendes Wissen steigere das Können nicht und sei für den Lehrling nicht notwendig. (Clement 2002: 43 ff.)

In der Negation wird hier die gesellschaftsstabilisierende Funktion handwerklich strukturierter Arbeit abermals sichtbar: Dass die Nationalsozialisten so nachdrücklich ein ganzheitliches, handwerklich-korporatives Verständnis von *Beruf* ablehnten und stattdessen die Einordnung unter nationale Identitätsmuster einforderten, verweist auf die konservative Bindekraft der Institutionen, die sie vernichten mussten, wollten sie ihr totalitäres Herrschaftsmodell verwirklichen.

In der Zeit des Nationalsozialismus verlief die eindeutigste Trennung zwischen Einschluss und Ausschluss entlang rassistischer und politischer Grenzziehungen. *Der Jude* wurde als parasitär und arbeitsscheu diffamiert und stellte als solcher angeblich eine Bedrohung der Volksgemeinschaft dar. Aber über die Gruppe der jüdischen Bevölkerung hinaus wurde die gesamte proletarische Jugend zur Gegenfigur des nationalsozialistischen Soldaten der Arbeit. Der klassenkämpferische Arbeiter der Weimarer Republik galt als *Prolet*, und damit als ein Zeitgenosse „der eine arme, gemeine, niederträchtige und unanständige Gesinnung sein eigen nennt, also mit anderen Worten ein Lump und kein Charaktermensch" (Bangert 1935: Kampf dem

Proletariergeist, zit. n. Pantelmann 2003: 38). Dem leistungsstarken Arbeitssoldaten wurde „Leistungsschwache', ‚Bummelant' oder ‚der sozial Unangepasste'" gegenüber gestellt. (Pantelmann 2003: 45)

Die Umdeutung der Berufsehre als nationale Ehre, von Verbandszugehörigkeit zu Parteizugehörigkeit und von innerer Berufung zu bedingungslosem Gehorsam zeigte sich also in der Gestalt des Ausgegrenzten. Auch hier ging es während des Nationalsozialismus weniger um die Zugehörigkeit zu einem Berufsverband als vielmehr um Parteizugehörigkeit – mit weitgehend denselben Formen der Diffamierung der Ausgegrenzten: Auch hier werden die falsche familiäre Abstammung, die falsche Lebensauffassung und die falsche Arbeitshaltung unterstellt – und damit die Ehre der Betroffenen attackiert.

Beruflichkeit nach dem Zweiten Weltkrieg

Für die Zeit nach 1945 lassen sich zwei wichtige Trends in Bezug auf die systemische Verortung der beruflichen Bildung beschreiben: Zum einen bemühten sich Berufsbildungstheoretiker und Didaktiker dezidert um die Re-Integration der Berufsschule in den pädagogischen Raum. Dadurch erklärten sie ihre Abgrenzung von der Grundintention nationalsozialistischer Berufsbildungspolitik. Zugleich bestand das Ziel darin, diejenigen Jugendlichen, die keine weiterführenden allgemeinen Bildungsgänge besuchten, über eine breite, offen gehaltene Bildung an demokratische Grundwerte heranzuführen.

Die Frage, ob im Nachkriegsdeutschland vorrangig für industrielle Arbeit ausgebildet werden sollte oder ob eine handwerklich strukturierte Mittelschicht eine höhere Stabilität bieten könne, wurde politisch *und* pädagogisch diskutiert. Die Meisterlehre, so wurde argumentiert, sei dazu in der Lage, die jungen Menschen in die traditionsreiche Berufsgemeinschaft zu integrieren und so charakterlich und sozial zu festigen. Wenn der Geselle „eine gute Berufsausbildung genossen hat, dann wird er durch seinen Lehrherrn zu dem Bewußtsein erzogen worden sein, Mitglied einer seit Jahrhunderten bestehenden Gemeinschaft zu sein." (Abraham 1957: 188)

Kernstück der Beruflichkeit im Gegensatz zur „entseelten" Industriearbeit war hier wieder der ganzheitliche Arbeitsvollzug, durch den die Arbeit erst Sinn und Bedeutung erlangt. Wernet stellt noch Ende der 60er Jahre handwerklich ganzheitliche Arbeitsvollzüge der Unterordnung unter maschinelle Produktionsbedingungen gegenüber und fragt (rhetorisch): „Wäre Erziehung (als Selbstgestaltung des Menschen mit fremder Hilfe) in einem Betriebsablauf möglich, der ganz oder überwiegend auf maschinelle Fertigungsfunktionen abgestellt ist?" Und er gibt sich die Antwort gleich selbst: „daß dem offensichtlich nicht so sein könnte". (Wernet 1969 (1957): 166)

Ganzheitliche, handwerklich strukturierte Arbeit, so postulierte man, sei mehr als nur durch rein ökonomische Interessen bestimmte Erwerbsarbeit: „Nur dadurch, daß etwas für ihn von Bedeutung ist, wird der Mensch überhaupt zum Handeln veranlaßt, und je größer diese Bedeutung für ihn wird, desto vielseitiger und gründlicher widmet er sich dem Handeln," betonte der Berufspädagoge und Ingenieur Johannes Riedel. Geld und Lohnanreiz allein könne diesen Sinn nicht ersetzen: „Wird z.B. der Lohnanreiz zu stark – und das kann ebenso durch zu hohe wie zu niedrige Löhne eintreten – so läßt sich der Arbeitende einseitig durch das Streben nach hohem Verdienst leiten. Dadurch aber schwächt er seinen Sinn für die anderen Werte seiner Arbeit: er verliert die Freude am sauberen und genauen Arbeiten, er verliert das Gefühl für seine eigenen Grenzen, er verliert die Rücksicht auf andere u.dgl." (Riedel 1958: 60)

Auch wenn kritische Berufspädagogen wie Lipsmeier (1970; 1989) immer wieder vor einer ideologischen Überhöhung des Berufes warnten – Ganzheitlichkeit und Sinn, Beruflichkeit und berufliche Identität werden in Deutschland nach wie vor als konstitutive Fundamente *guter Arbeit* betrachtet.

So etwas wie eine *Normalbiografie* – d.h. ein Lebenslauf, bei dem man nach Schule und Ausbildung mit mehr oder minder hohen Aufstiegschancen in einem Betrieb arbeitet und anschließend in Rente geht – war für kaum eine Generation eine Selbstverständlichkeit und für die zwischen den Weltkriegen Geborenen vielleicht am wenigsten. Diese Biografien waren ganz anders geprägt: Reichsarbeitsdienst, Militärdienst, Fronteinsatz, Kriegsgefangenenlager, Zwangsverpflichtung der *Trümmerfrauen*. (Bolder 2004: 18; ähnlich: Becker 2004) Dennoch kristallisierte sich die *Normalbiografie* mindestens als Idealtypus heraus, an dem die (männliche) Bevölkerung den Erfolg des eigenen Lebenslaufs vermessen konnte.

Und der Wirtschaftsaufschwung nahte ja auch: Zwischen 1948 und bis in die 60er Jahre hinein herrschte in Deutschland nicht nur Vollbeschäftigung – Arbeiter und Auszubildende wurden vielmehr aktiv gesucht. Zwar waren insbesondere die Jahrgänge 1922–1942 vom Krieg und der Nachkriegszeit stark geprägt. Doch letztlich konnten sich Erwachsene wie Jugendliche ihre Arbeits- und Ausbildungsstellen recht gut selbst auswählen. (Deppe 1986: 18 ff.) *Ungelernte* gab es zwar und auch in großer Zahl, doch waren sie als *Jungarbeiter* in den Arbeitsmarkt integriert. (Wagner 2005: S. 33)

Bis in die 60er Jahre hinein herrschte in der Bundesrepublik die Vorstellung, fortan werde der Lebensstandard kontinuierlich steigen und die großen gesellschaftlichen Probleme seien im Wesentlichen kontrollierbar. Man ging davon aus, „daß jeder einzelne es auf der Grundlage individuellen Bemühens und individueller Anstrengung zu etwas bringen, sein Glück machen kann." (Fend 1988: 169)

Umso ungünstiger fiel freilich das Urteil über die *Ungelernten* bzw. *Jungarbeiter* aus: „Von der Beobachtung her gewinnt man den Eindruck einer sehr geringen intellektuellen Begabung. Großenteils kommen sie aus ungünstigen häuslichen Verhältnissen und scheinen von dorther gleichsam negativ vorgeprägt." Die Jugendlichen seien vor allem an materiellen Dingen, „einfacheren Vergnügungen" und „Zerstreuungen" interessiert und zeigten insgesamt „einen schlechten Geschmack und einen Mangel an Auswahlvermögen". (Döring 1989 (1961): 155)

Das Handwerk wurde nach wie vor als Garant ganzheitlicher Berufserziehung gehandelt. So betonte z.b. Wilhelm Wernet „daß es nicht gilt, einen in der Arbeit am Werkstücke befangenen und gefangenen Teilmenschen heranwachsen zu lassen, sondern, daß man einen Vollmenschen reifen sehen will. Er soll der Berufsarbeit als dem ihm gewiesenen Abschnitt aus dem Gemeinschaftsleben seines Volkes gegenübertreten, als einer Aufgabe, die er für andere und zugleich für sich selbst löse." (Wernet 1969 (1957): 164)

Und Antony führt aus: „Stehen sie (die Jugendlichen, U.C.) dann, wie das beim Handwerk noch weitgehend der Fall ist, an einem Arbeitsplatz, wo sie ein Werkstück von Anfang bis zu Ende in der Hand haben, es also selbst gestalten, oder wo sie doch seinen ganzen Werdegang überblicken, dann ist dieser Arbeitsplatz an sich schon Erziehung zu Berufsethos, Pflichtgefühl und Verantwortungsbewusstsein." (Antony 1954: 28)

Der ungelernte Arbeiter dagegen „sieht nicht aus seinen Händen ein Ganzes hervorgehen. Vielmehr reicht er nach einem oder wenigen Handgriffen die von seinem Vordermann ihm übergebene Arbeit weiter, wenn sie nicht gar von einem unerbittlich laufenden Band weitergeleitet wird. Dadurch bleibt das Tun eines jeden einzelnen Stückwerk und wird als solches erkannt und gewertet. Dazu kommt, daß der ungelernte Arbeiter weiß, daß er leicht entbehrlich ist, weil an seine Stelle jederzeit ein anderer treten kann." (Antony 1954: 28)

Seit den 70er Jahren wird allerdings dem Problem der *Jugendlichen ohne Berufsausbildung* (JoA) eine sozialpädagogisch gewendete Aufmerksamkeit zuteil. Publikationen wie „Jungarbeiterfrage als berufspädagogisches Problem" von Röhrs/Stratmann (Röhrs und Stratmann 1977) plädieren zunächst einmal dafür, die Verengung der Diskussion über diese Jugendlichen auf „männliche und auf lernbehinderte Jungarbeiter" (Röhrs/Stratmann 1977: 339) herauszulösen. Es gelte anzuerkennen, dass es neben sonderpädagogischen Problemlagen hier auch um „soziale Behinderungen" und „Unterprivilegierung" (ebda.) gehe. Das berufspädagogische Ziel sei die „Lösung der umfangreichen Probleme, deren Extremum das Jungarbeiterschicksal ist: das der Unterprivilegierung von Arbeitern und insbesondere der Frauen." (Röhrs/Stratmann 1977: 339; vergleichbar auch: Godehart 1972) Die Studenten- und Lehrlingsbewegung Ende der 60er Jahre führte dazu, dass gesellschaftliche Ungleichheit stärker in den Fokus rückte. Die Tatsache, dass es überhaupt Ungelernte in der Berufsgesellschaft gab, wurde nun als sozialer Ausschluss verstanden, der mit Stigmatisierung und Vorurteilen einher ging. Die soziale Rolle des Ungelernten sei „diskreditierbar" (Wiemann 1975: 21) und schränke den Interaktionsspielraum der Jugendlichen ein.

Neben „kompensatorischen" Maßnahmen der Berufsschule, die die erzieherische Wirkung einer Ausbildung durch ganzheitlich angelegte Arbeitsaufgaben in Schulwerkstätten, Schulgärten etc. nachzuahmen versuchte, wurden nun zunehmend Maßnahmen der Berufsvorbereitung und Berufsgrundbildung eingeführt.

Seither wird über Jugendliche ohne Ausbildung unter dem Vorzeichen *Benachteiligung* diskutiert und auf diesem Wege sozialpädagogische und berufspädagogische Zuständigkeiten signalisiert. Dies hat die Konsequenz, dass die Wahrnehmungsmuster zu *Jugendlichen ohne Ausbildung* sozialpädagogisch gefiltert und die Sprache, mit der sie beschrieben werden, mindestens in der Fachliteratur neutraler formuliert werden. Doch die Faktoren, auf die sich bei der Suche nach Ursachen für die *Jungarbeiterproblematik* die Aufmerksamkeit richtet, bleiben dieselben: familiäre Herkunft, mangelnde Affektkontrolle und fehlende Orientierung am Sinn der Arbeit. (vgl. z. B. Epping et al. 1980)

Die Sprache ändert sich, das Argument bleibt gleich: „Neben der beruflichen Tätigkeit der Eltern scheinen die Vollständigkeit einer Familie, die geschlechtsspezifische Erziehungshaltung der Eltern und die Zahl der Geschwister eine Rolle zu spielen. Die Wahrscheinlichkeit, Jungarbeiter zu werden, erhöht sich, wenn die Jugendlichen aus unvollständigen Familien kommen." (Epping et al. 1980: 36)

Und z. B. Schweikert schreibt 1977, „daß die Jungarbeiter Jugendliche sind, die aus dem Schulsystem ‚herausgefallen' sind, drop-outs, die aufgrund ihrer geringen kognitiven Fähigkeiten (ca. ein Viertel bis ein Drittel), und/oder ihrer motivationalen Einstellungen und/oder ihres inadäquaten Rollenverhaltens (ca. drei Viertel bis zwei Drittel) das Zwischenziel der Vorbereitung auf eine berufsqualifizierende Ausbildung nicht erreichen konnten." (Schweikert 1977: 50)

Auch heute gelten „die falschen Eltern" als *das* entscheidende Kriterium für mangelnde Ausbildungsreife. Diana Schröter zitiert – pars pro toto – einen Ausbilder: „Wenn er die falschen Eltern hat, das ist oftmals das Problem. Da fängt es schon an. Wenn von den Eltern sich niemand kümmert oder Jugendliche, gerad' aus den Übersiedlerkreisen, unter sich leben, praktisch im Ghetto verkehren, sich gar nicht weiterentwickeln [...] das ist doch ganz einfach, man braucht nur die falschen Eltern zu haben." (Schröter 2010: 154)

Zwischenfazit: Risse im kulturellen Muster der Beruflichkeit

Offenbar geht es bei der Frage *gelernt oder ungelernt* nicht nur um fachliches Können, sondern mindestens ebenso sehr um sozialen Status und (daraus abgeleitet) um Werte, die mit Sinnentwürfen und Identität zu tun haben – im weiteren Sinne um Ehre.

Speitkamp hatte darauf verwiesen, dass *Ehre* immer zwei Seiten habe: den Stolz, die Selbstachtung, die *innere* Ehre einerseits und Anerkennung und Reputation als *äußere* Ehre andererseits. (vgl. Speitkamp 2010: 17) Die Parallele zum Beruf, bei dem ebenfalls von einem *inneren* und einem *äußeren* Beruf die Rede ist, liegt nahe.

Der *äußere Beruf* entspricht der Zugehörigkeit zu einer Berufsgemeinschaft, einem bestimmten gesellschaftlichen Status. Er ist verknüpft mit äußeren Ehren wie dem Facharbeitertitel und den entsprechenden Zertifikaten. Zugang erhält, wer eine berufliche Ausbildung absolviert und in ein geregeltes berufliches Arbeitsverhältnis übernommen wird.

Noch heute steht der Berufs*stand* für Exklusivität einer Berufsgruppe. (Burkhart 2002: 215) In Hamburg trifft sich seit fast 500 Jahren alljährlich zu Sylvester ein Zusammenschluss von Großhändlern mit dem Namen „Versammlung eines Ehrbaren Kaufmanns". Seine Mitglieder müssen sich den Bedingungen von Treu und Glauben im Geschäftsverkehr unterwerfen; man unterstellt, bei ihnen handele es sich um besonders honorige Kaufleute mit einem hohen Bewusstsein für die Selbstverpflichtung zu korrektem kaufmännischem Handeln. (Burkhart 2002: 229) Zu einer solchen Vereinigung zu gehören, ist auch heute noch Ehrensache.

In der Vorstellung vom *inneren* Beruf schwingt die Idee der *Berufung* mit, die zu Zeiten Luthers als göttliche Bestimmung und Zuweisung zu einem bestimmten Arbeitsfeld und Stand interpretiert wurde. Heute assoziieren wir mit ihr darüber hinaus – im Sinne innerer Ehre – *berufliches Ethos* oder Berufsmoral.

Mitunter entgegen jede Erfahrung und Vernunft gehen wir davon aus, dass Verlass sei auf die deutsche Handwerkerehre. Immer noch händigen wir Elektrikern und Installateuren unbesehen Haustürschlüssel aus, schließen Verträge auf Ehrenwort und verlassen uns auf Handwerkerexpertise. Wir tun dies, weil wir darauf vertrauen, dass sie uns trotz des damit verbundenen Risikos keinen Schaden zufügen werden. Unterstützt wird diese Annahme durch einen ungeschriebenen Ehrenkodex des Berufsstandes und die Unterstellung, dass sich *anständige* Handwerker daran ihrer Berufsehre zuliebe halten werden.

Innerer Beruf enthält Konnotationen von Befähigung, Neigung und Eignung. Hier sind einerseits Können und Wissen, also die Kompetenz der Person gefragt; andererseits kann sich der innere Beruf nur dann wirklich entfalten, wenn die Aufgaben, um die es geht, ganzheitlich strukturiert sind. Personen, die monotone Teilaufgaben verrichten, sind aufgrund ihrer kognitiven und motorischen Voraussetzungen dazu vielleicht geeignet – innerlich berufen sind sie auch in heutiger Vorstellung nicht. Innerer Beruf entfaltet sich erst dort, wo ganzheitlich angelegte Arbeitsvollzüge auf innere Neigung und Befähigung treffen und so sinnerfüllte Arbeit versprechen. Erst in dieser Synthese von ganzheitlicher Arbeit und Identifikation mit ihr entsteht Stolz auf das eigene Tun und Ehre, die verletzt und verteidigt werden kann.

Das Zusammenspiel von inneren und äußeren Werten macht es allerdings möglich, Menschen auszugrenzen, die *nicht* dazu gehören. Der Ungelernte mag zwar ebenso tüchtig seine Arbeit verrichten und sogar ökonomisch ebenso erfolgreich sein wie der Geselle, doch hat er eben keine *anständige* Ausbildung gemacht und ist nicht Teil der Berufsgemeinschaft.

Da die Schwelle zwischen *gelernt* und *ungelernt* so wichtig und folgenreich ist, wird der Eintritt ins Berufsleben mit Bedeutung aufgeladen. Ausbildung entspricht dann nicht nur dem Erwerb fachlichen Wissens und einer gewissen Arbeitsfähigkeit, sondern wird zu einem Initiationsritus. Sie kommt einem Übergangsritual gleich, in der man unter Anstrengung und Mühen Eintritt in eine Berufsgemeinschaft erhält – je größer die Schmerzen, umso gewichtiger und exklusiver das Ritual.

Illustriert wird dies durch die vielen Geschichten, die sich um die Härte und Strenge von (häufig: der eigenen) Ausbildung ranken. Diejenigen, die heute ausbilden, wurden ja selbst durch eine Lehre sozialisiert – und die war häufig hart und demütigend. Lempert zitiert einen Maschinenschlosser aus dem Jahre 1974; „Det war eigentlich 'ne ziemliche schwere Zeit … Wenn de' n dreiviertel Jahr so feilst … Wir haben in der Grundausbildung 'n Maschinenschraubstock gebaut und dann durfte man da runterschrubben und ackern und ackern und sägen und bohren, allet. Na, und ick hab' dann den ersten, als er fast fertig war, versaut" (und zwar hatte er eine Aussparung 5/10 mm zu groß gemacht) „jedenfalls hat er mir den Schraubstock weggenommen, hat ihn zerdeppert, hat mir n' neuen gegeben, sagt hier … darfst nochmal. So. Det war det erste." (Maschinenschlosser, 1974; Lempert 2004: 21)

Oft werden diese Geschichten nur zur Hälfte erzählt: Während über Belastungen und Ungerechtigkeiten ausführlich berichtet wird, hört man weniger über das Verhalten der Lehrlinge selbst. Wie haben sie reagiert? Mit Anpassung oder Rebellion, kleinen Fluchten oder Verzweiflung, Unterwerfung oder Verhandlung? Die Heldengeschichten der Ausbildung reduzieren sich im Rückblick meist auf die Schilderung weniger trotziger Akte der erfolgreichen Auflehnung oder sie werden im Lichte der bestandenen Abschlussprüfung zu eher schematischen Mythen überstandener Initiationsrituale.

Das Fazit dieser Erzählungen lautet dann häufig: Die Ausbildung sei hart gewesen, habe aber letztlich nicht geschadet. Die Lehrlingsausbildung in einem anständigen Beruf gilt als probates Mittel zur Herstellung redlicher Erwachsener. Wer sie mit allen Härten und Demütigungen durchläuft, kommt auf den geraden Weg und wird ein verlässliches, ehrbares Mitglied der Berufsgemeinschaft. Er (oder sie) erwirbt Berufsehre und Berufsmoral. Doch ist die Ausbildung wirklich so *anständig*, wie das gemeinhin unterstellt wird?

Die Kriminologen und Soziologen Susann Kluge und Volker Mariak untersuchten auf der Basis umfangreicher Interviews Anfang der 90er Jahre, wie die „Konstruktion des ordentlichen Menschen" in der Ausbildung verläuft. (Mariak und Kluge 1998) Ihr Argument lautet: Dass „der ordentliche Mensch" durch Ausbildung tatsächlich entsteht, ist weniger das Ergebnis moralischer Erziehung in der Ausbildung, sondern vielmehr das Ergebnis gesellschaftlicher Zuschreibungen. Ein tatsächlicher Zusammenhang zwischen Ausbildung und Delinquenz(vermeidung) ist nicht nachweisbar. (vgl. dazu auch Ehret et al. 2003: 134) Ausbilder und Lehrkräfte scheinen für Bagatelldelikte im Jugendalter (kleinere Diebstähle, Sachbeschädigungen) Verständnis aufzubringen (Mariak/Kluge 1998: 63) und einige Delikte (Schwarzarbeit, Alkohol- und Drogenmissbrauch, kleinere Gewaltdelikte) werden – in bestimmten Grenzen – als Zeichen der Männlichkeit sogar akzeptiert. (Mariak/Kluge 1998: 86)

Dass Ausbildung positive Effekte auf die gesellschaftliche Integration von Jugendlichen hat, liegt aus Sicht der Autoren daran, dass Ausbildung selbst dann Halt gibt (und sogar bei Gerichtsverhandlungen positiv in Rechnung gestellt wird), wenn in der Freizeit Normen gebrochen werden. Bis zu einem gewissen Grad erscheint Freizeitdelinquenz als Jugendsünde und verzeihlich, solange Jugendliche sich in Ausbildung befinden und die sonstige Lebensführung als *normal* gelten kann. (vgl. dazu auch: Ehret et al. 2003; ähnlich Dietz et al. 1997: 87)

Nur bei einigen Delikten wird ihrer Erkenntnis nach die Grenze in Ausbildungsbetrieben sofort und radikal gezogen: Wenn durch das Delikt die Interessen des Betriebs in der Beziehung zum Kunden berührt wurden. Schwarzarbeit etwa wird toleriert, aber nicht im Kundenkreis des Betriebs! Handwerksbetriebe nehmen Bagatelldiebstähle bei Werkzeugen hin, nicht aber den noch so kleinsten Diebstahl im Haushalt eines Kunden. Alkoholkonsum auf dem Bau gilt als üblich, in Betrieben mit Kundenkontakt als unverzeihlich etc. „Härte zeigt man auch in Industrie und Handwerk prinzipiell dann, wenn diese Diebstähle ArbeitskollegInnen schaden oder KundInnenwohnungen betreffen." (Mariak/Kluge 1998: 89)

Und schließlich beschreiben Mariak und Kluge, dass Regelverletzungen *im Interesse* des Betriebs (Mehrarbeit, Verstöße gegen das Jugendschutzgesetz) etc. sogar regelmäßig eingefordert werden. Übernahmen die Auszubildenden z.B. ausbildungsfremde Arbeiten nicht oder nahmen sie geforderte Mehrarbeit nicht in Kauf, so mussten sie mehr Routinearbeiten übernehmen oder Urlaubswünsche wurden nicht erfüllt. (Mariak/Kluge 1998: 89)

Die Erziehungsfunktion, die einer Ausbildung häufig zugeschrieben wird, ist also in mehrfacher Hinsicht zweifelhaft. In der Praxis scheint es vor allem um eine Unterordnung unter betriebliche Regeln und Notwendigkeiten zu gehen. Einflussnahmen auf der Grundlage moralischer Werte sind weniger häufig – ja, Regelverletzungen können toleriert und mitunter geradezu eingefordert und eingeübt werden, wenn sie der betrieblichen Logik entgegenkommen.

Die Annahme, Ausbildung sei nahezu gleichbedeutend mit der Vermittlung von Anstand, Redlichkeit und Verlässlichkeit, muss also relativiert werden. Löst sich damit der gesamte Diskurs zu *schwachen Jugendlichen* in dem Argument auf, es handele sich hier lediglich um einen besonders perfiden Mechanismus zur Ausgrenzung anderer und Stärkung des eigenen Images? Etablieren hier standesbewusste Bürger unüberwindliche Grenzen zum Schutz ihrer eigenen Interessen? Sind Jugendliche also vor allem Opfer und heute nicht anders, sondern nur genauso anders wie alle Ausgegrenzten auch in vorangegangenen Generationen immer schon waren?

Zunächst hat diese Argumentation viel für sich: Diejenigen, die man nicht oder nur mit Bedenken in die Ausbildung hineinlässt, werden als sittlich unzuverlässig und aus schlechtem Elternhaus stammend dargestellt. Das ist nichts Neues, sondern nahezu eine konstitutive Bedingung für den Erhalt des Berufes selbst. Ein ehrbarer Geselle kann dies nur dann sein, wenn er sich darin von ehrlosen Nichtstuern unterscheidet.

Seit dem Mittelalter wird die Rede von zuchtlosen Streunern in Abgrenzung zum tüchtigen Handwerker geführt. Und wenn es die letzteren nicht gäbe, um die ersteren wäre es nicht gut bestellt. Seit Jahrhunderten errichteten die Zünfte, Innungen, Meister und Gesellen kulturelle Schutzwälle um ihre Berufe. Sie definierten sich selbst als ehrbar und erhielten dafür Privilegien und Sicherheiten. Und falls sie – was bei vielen verarmten Handwerkern durchaus der Fall war – doch keine Privilegien und Sicherheiten hatten, dann blieb ihnen zumindest die Ehre. Die Grenze der Ehrbarkeit verlief einerseits entlang der Kompetenz (dem handwerklichen Geschick, dem Können) der Ausgebildeten. Vor allem aber verlief sie entlang der Ehrbarkeit (der Familienzugehörigkeit, der (Sexual-)Moral, der kulturellen Zugehörigkeit zu einem achtbaren Stand).

Wer hinein wollte und will, muss diese Schranken überwinden und entsprechende Proben und Rituale überstehen. *Lehrjahre sind keine Herrenjahre.* Ist eine Person aber einmal *drinnen*, dann wird sie darauf Wert legen, ihren Status dadurch zu schützen, dass sie sich selbst als ehrbar konstituiert und zwar in Abgrenzung von den *anderen*. Diese Mechanismen funktionieren seit einem halben Jahrtausend nicht ungebrochen, aber doch ganz gut. Und ich habe keinen Zweifel, dass sie es für einen bestimmten Sektor des Arbeitsmarktes auch in Zukunft tun werden.

Dennoch greift das Argument der Ausgrenzung und Exklusion aus meiner Sicht zu kurz. Es ist ja nur noch teilweise so, dass die Jugendlichen mit dem Argument, sie seien nicht ausbildungsreif und insgesamt nicht *ehrbar* genug, nicht *hinein* gelassen würden. Sie *wollen* gar nicht mehr hinein (oder jedenfalls wollen sie das in beachtlichem Maße nicht mehr) – und darin sind sie tatsächlich *anders* als ihre Vorgängergenerationen. Es scheint, als würden diese Jugendlichen *ihre* Ehre nicht aus einer anständigen Ausbildung ableiten. Besonders das Handwerk – als der Wirtschaftssektor, in dem schwache Jugendliche noch am ehesten Ausbildungsplätze finden – gerät in der postmodernen Welt unter Druck. Nicht nur die Konkurrenz zu Industrieprodukten, die Europäisierung der Arbeitsbedingungen oder die Abschaffung alter traditioneller Rechte bedrohen das deutsche Handwerk – das Ansehen der Handwerker selbst steht auf dem Spiel.

Im Winter 2010 startete die Zentrale des deutschen Handwerks eine umfangreiche Werbekampagne. „Am Anfang waren Himmel und Erde. Den Rest haben wir gemacht", stand auf den Plakaten. Oder: „Kurze Geschichte des Handwerks: Rad erfunden, Pyramiden gebaut, den Mars erkundet, Abfluss repariert." Der Tagesspiegel zitierte in diesem Zusammenhang am 10.01.2010 den Präsidenten der Handwerkskammer Berlin Stefan Schwarz: „Das Handwerk wird in Deutschland nicht so wahrgenommen, wie es ihm zusteht. Besonders unter Jugendlichen gilt es als uncool, altmodisch und als Branche mit geringen Aufstiegschancen." Nach einer Befragung der Handwerkskammern bei Jugendlichen im Jahr 2008 wüssten viele Befragte nicht, dass Bäcker, Metzger und Friseure zum Handwerk zählen. Zudem schätzten 65 Prozent der befragten 14- bis 18-Jährigen das soziale Ansehen des Handwerks als niedrig ein. Die Kampagne des Handwerks kostete die Kammern nach Angaben des Tagesspiegels rund 50 Mio. Euro.

Betriebe in manchen Branchen berichten über einen Rückgang an Bewerberinnen und Bewerbern, der nicht nur mit dem demografischen Wandel erklärt werden kann. An einer der beiden Realschulen in Kassel haben nach Aussage der Jugendberufshilfe Kassel von 100 Absolventinnen und Absolventen im Sommer 2011 nur 7 (sieben!) den Wunsch, eine Ausbildung zu beginnen.

Nun ist Ab- und Ausgrenzung natürlich nur dann wirkungsvoll, wenn die Nachfrage nach einer *anständigen Ausbildung* besteht. Eine Grenze gegen jemanden zu errichten, der gar nicht hinein will, macht wenig Sinn. Gerade die Jugendlichen, die nach Maßstäben der Ausbildungsbetriebe als erfolgversprechend, tüchtig und anständig gelten könnten, scheinen aktuell aber gar nicht mehr so sehr interessiert. Dass Handwerk *goldenen Boden* hat und dass die *Hauptsache Ausbildung* ist, kann nicht mehr bei allen Jugendlichen als kultureller Konsens voraus gesetzt werden. Viele von ihnen machen lieber eine Ausbildung in der Industrie oder setzen ihre Schullaufbahn fort – mit mehr oder weniger Erfolg.

Was also ist los mit diesen Jugendlichen? Wo sehen sie ihre Perspektiven? Verlieren bewährte berufliche Laufbahnen ihre Anziehungskraft? Was suchen die Jugendlichen stattdessen? Wie definieren sie für sich Ehre und wie rahmen sie ihre Identität?

Wenn ich in den vorangegangenen Kapiteln versucht habe, die Ehre zu skizzieren, die traditionell über Ausbildung erworben werden kann, so soll in den folgenden Abschnitten beleuchtet werden, welche Ehre Jugendliche für sich entwerfen, welchen Bedingungen *jung sein* in der Postmoderne unterliegt und welche Konsequenzen für die persönliche Entwicklung damit verbunden sind.

„Aber morgen fang ich neu an" –
Ehre der Jugend

Ob und wie lange jemand *jung* ist, lässt sich anhand der Lebensjahre ebenso wenig objektiv bemessen, wie mit Hilfe psychologischer Tests oder soziologischer Kriterien. Ist Jugend ein biologisches Phänomen? Ein Gradmesser für Handlungsspielräume, Autonomie und Selbstbestimmung? Für die wachsende psychische und soziale Ablösung von den Eltern? Die beginnende gesellschaftliche und politische Verantwortung? Und wie sind ungleichzeitige Verläufe zu bewerten, wenn Jugendliche z.b. sozial und finanziell noch abhängig, aber in Bezug auf Geschlechts- und Sozialbeziehungen bereits erwachsen sind?

In der schwierigen Statuspassage zwischen Kindheit und Erwachsenenleben treten Konflikte und Brüche auf, die die Jugendzeit als schwierig und Regelverletzungen als üblich gelten lassen. Die Herauslösung der Jugendzeit als eigenständige Phase, in der besondere Bedingungen gelten, ermöglicht es der Gesellschaft, Normverletzungen und abweichendes Verhalten (z.b. in Bezug auf sexuelles Verhalten, Drogen- und Alkoholkonsum, Freizeitkriminalität, Kleidungsnormen etc.) weniger streng zu sanktionieren als sie dies bei Erwachsenen tun würde. Jugend – das ist aus soziologischer Sicht zunächst einmal eine Erfindung der Gesellschaft, die dazu dient, eine schwierige und konfliktive Lebensphase sozusagen in Anführungsstriche zu setzen. Der Ernstcharakter der jugendlichen Handlungen und Erfahrungen wird noch für eine Weile relativiert und als vorübergehend markiert. Die Jugend ist ein „psycho-soziales Moratorium", d.h. eine Phase, die zwischen Kindheit und Erwachsensein Zeit für Rollenexperimente und Orientierungsleistungen einräumt. (Schröer/Böhnisch 2006: 42) Diese relative Freistellung von gesellschaftlichen Verpflichtungen funktioniert freilich für privilegierte Jugendliche länger und offener als dies für Jugendliche der Fall ist, die schon früh die Schule verlassen und in den Arbeitsmarkt eintreten. Wer mit Mitte Zwanzig noch studiert, genießt in mancher Hinsicht mehr Freiheiten als ein Gleichaltriger, der nach einer Lehre in diesem Alter längst berufstätig ist oder sich ohne Ausbildung mit Aushilfstätigkeiten durchschlägt.

Die relative Freistellung der Jugendlichen aus gesellschaftlichen Normbezügen bedeutet nicht, sie seien nun aller Verpflichtungen ledig. Im Gegenteil: Noch in modernen, stark individualisierten Gesellschaften existieren soziale Erwartungen, „die an alle Individuen herangetragen werden und die in der Regel von diesen als bedeutende Lebens(phasen)ziele übernommen werden." (Quenzel 2010: 125) *Jugend* ist auch die Zeit, in der aus Schülerinnen und Schülern Erwachsene werden, die in der Erwachsenenwelt und auf dem Arbeitsmarkt zu funktionieren haben. (Merten 2010: 136)

> Ab Morgen fang ich neu an!
> Die Gedanken eines Träumers kann nicht jeder verstehen,
> ich leb mein Leben lieber abseits von Realität.
> Ich darf nicht aufgeben, auch wenn's gelegentlich nicht läuft.
> Ich will mein Traum leben und mein Leben nicht verträumen."
> (Raptext SILLA 2011)

Zu ihren Entwicklungsaufgaben gehören *Qualifikation*, um schulischen und beruflichen Anforderungen entsprechen zu können, zweitens die Aufgabe, sich vom Elternhaus *abzulösen* und sich neuen, eigenen Beziehungen zuzuwenden, drittens die *Regeneration*, d.h. einen eigenständigen und angemessenen Umgang mit Freizeit und Konsum zu pflegen sowie viertens die soziale *Teilhabe* und verantwortliche Übernahme bürgerschaftlicher Aufgaben. (Quenzel 2010: 127)

Jugendliche müssen gleichsam auf der Außenseite ihrer selbst anerkannte gesellschaftliche Positionen erlangen; auf der Innenseite sollen sie lernen, eine für sich und andere erkennbare Identität zu entwickeln. Auch in der postmodernen, durch Optionenvielfalt und Wahlfreiheit geprägten Welt gilt im Großen und Ganzen: Wer die Entwicklungsaufgaben der Jugendphase erfolgreich bewältigt, hat bessere Chancen auf Glück und Erfolg. Versagen stößt auf Ablehnung durch die Gesellschaft und macht das Individuum unglücklich. (vgl. Havighurst 1953) Machtlosigkeit, Selbst-Entfremdung, Isolation, Sinnlosigkeit und Normverlust machen krank. Jugendliche mit einem hohen Grad an solcher Form von Demoralisierung berichten deutlich mehr über gesundheitliche Beschwerden, fühlen sich weniger gesund und sind mit ihrem Leben insgesamt weniger zufrieden. (Höfer 2000: 312)

In unseren Diskurs zur Ehre übersetzt heißt dies: Während bei Kindern *Ehre* noch nicht als durchgängiges Konstrukt eine Rolle spielt, stehen Jugendliche vor der Aufgabe, eine solche aufzubauen und zu verteidigen. Kinder können gekränkt und verletzt werden. Doch sogar wenn sie Anerkennung und Demütigungen stark empfinden, haben sie doch keinen durchgängigen Begriff von einer *wert*bezogenen Ehre. Sie ist bei ihnen noch ausschließlich auf ihre eigene Person bezogen und bleibt inhaltlich unbestimmt. Es ist gut, z.B. Sportabzeichen, coole Turnschuhe oder viele Facebook-Einträge vorzeigen zu können. Doch diese stehen zunächst nicht für eine bestimmte Verortung in der Gesellschaft. Erst im Laufe der Jugend treffen Individuen in der Interaktion mit den Optionen und Begrenzungen ihrer Umwelt Entscheidungen für Werte und Gruppenzugehörigkeiten. Sie erwerben Bildungs- und Ausbildungsabschlüsse, Zertifikate und Mitglied-schaften, die ihnen äußere Ehre ermöglichen. Und sie bemühen sich darum, innere Ehre zu erlangen, d.h. sich durch eigene Wertmaßstäbe Anerken-nung vor sich selbst und anderen zu verschaffen.

Ehre, so nehme ich an, bildet die jeweils individuell beschichtete Außen-haut der Erwachsenenidentität. Sie ist der Maßstab, der für meine Persönlich-keit für mich und andere spür- und sichtbar macht, so dass im eigentlichen Sinne des Wortes An-*erkennung* möglich wird.

Die Zeit zwischen Pubertät und Erwachsensein ist – aus der Perspektive der Ehre betrachtet – deswegen so kompliziert und problematisch, weil der hohe Bedarf an Ehre auf die strukturelle Unmöglichkeit trifft, über sie schon zu verfügen. Jugendliche konnten kulturelles Kapital, auf das sie äu-ßere Ehre aufstützen könnten, noch nicht ansammeln. Ihre Ehre ist deshalb leicht angreifbar. Andererseits ist es gerade in dieser Lebensphase der Ab-lösung und Orientierung aber besonders wichtig, sich zu behaupten und für andere erkennbare und respektable Identitätsmerkmale zu erwerben. Ju-gendliche befinden sich in der Zwickmühle, auf Ehre in besonderem Maße angewiesen zu sein und – nach gesicherten, gesellschaftlich anerkannten Kriterien – noch kaum über sie verfügen zu können. Etwas leichter hat es, wer sich auf einen gutbürgerlichen familiären Hintergrund berufen kann und seine Ehre sozusagen bei den Eltern entleiht. Leichter haben es auch Jugendliche, die Ehrungen bei Sportwettkämpfen, bei *Jugend forscht* oder *Jugend musiziert* vorweisen können. Aber was tun schwache Jugendliche, für die der Zugang zu solchen ehrenvollen Optionen zunächst einmal nicht naheliegt? Sie suchen sich eine *Ersatzehre* und sei es eine erträumte.

Die äußere Ehre der Jugend

Zunächst einmal sind die Schritte vorgegeben, die Jugendliche in Bezug auf Bildung und Ausbildung zu gehen haben: Sie sollen einen möglichst hohen Bildungsabschluss erwerben und eine Ausbildung oder ein Studium absol-vieren. Vielen Jugendlichen gelingt dies auch, und zwar durchaus besser als den Generationen zuvor. Während fast 40% der 30- bis 35-Jährigen die Hochschulreife besitzen, ist dies bei den 60- bis 65-Jährigen nur bei knapp der Hälfte der Fall. Umgekehrt verhält es sich in Bezug auf den Haupt-schulabschluss. Auch bei den Ausbildungsabschlüssen liegt die jüngere Generation vorn.

Doch während sich das allgemeine Bildungsniveau (jedenfalls gemessen am Niveau der Schulabschlüsse) erhöht, verlassen nach wie vor 12% der 18- bis 25-Jährigen frühzeitig das Schulsystem, d.h. sie nehmen weder an schulischer Bildung teil, noch befinden sie sich in Ausbildung. (Autoren-gruppe Bildungsberichterstattung 2010: 37) 20% der 15-Jährigen erreichten im PISA-Test nicht die Kompetenzstufe II beim Lesen. Und der Anteil von

Kindern, die in Familien ohne allgemeinen Schulabschluss aufwachsen, nimmt zu und stieg seit 1997 von 2,7% auf 4%. In Ballungsräumen stieg diese Zahl sogar von 5,7% auf 8,3%. (Autorengruppe Bildungsberichterstattung 2010: 39)

Bildungsabschlüsse der Generationen im Vergleich (2008)

	30–35 Jahre	60–65 Jahre
höchster Schulabschluss		
Hauptschulabschluss	24%	52%
Hochschulreife	39%	19%
höchster Ausbildungsabschluss		
Ausbildungsabschluss	52%	54%
Hochschulabschluss	21%	15%
kein Abschluss		
Männer	17%	12%
Frauen	18%	37%

(Autorengruppe Bildungsberichterstattung 2010: 37)

Die Erfolge und Misserfolge im Bildungssystem prägen das weitere Leben nachhaltig. Sie beeinflussen unsere Partnerwahl, die Wahrscheinlichkeit Kinder zu bekommen, das Risiko kriminell zu werden, unsere Gesundheit, die politische Beteiligung, die Lebenserwartung und sogar unser Lebensglück. (Hillmert 2009: 88; Stocké 2010: 74) Besonders eindeutig aber bestimmt die erreichte Schulstufe das spätere Einkommen. Für die LifE-Studie, bei der rund 1500 Lebensläufe zwischen dem 12. und dem 35. Lebensjahr untersucht wurden, nennt Fend Zugewinne im Einkommen zwischen 40 und 629 Euro pro Schulstufe. Sogar bessere Noten bei gleichem Schulabschluss schlagen später auf dem Girokonto messbar zu Buche! Weniger wichtig für den ökonomischen Erfolg scheinen übrigens soziale Kompetenzen und Ressourcen zu sein. Ob Personen im Jugendalter eine hohe Leistungsbereitschaft zeigten oder sozial gut vernetzt waren, erwies sich zumindestens bei den männlichen Befragten der LifE-Studie als irrelevant für das Einkommen im weiteren Lebensverlauf. (Fend 2009: 190)

Schulnoten haben also eine – im statistischen Durchschnitt – enorme Prägekraft für das weitere Leben. Ob sich dieser enge Zusammenhang im Einzelfall immer rechtfertigen lässt, muss allerdings dahingestellt bleiben. Trifft man nicht immer wieder auf erfolgreiche und durchsetzungsstarke Menschen, die vom früheren Scheitern in der Schule berichten? Haben nicht viele von uns intuitiv den Eindruck, dass das in der Schule Erlernte für den späteren Arbeitskontext wenig Brauchbares bietet? Wie eng sind Produktivität und Schulerfolg tatsächlich miteinander verbunden? Sind Schulnoten wirklich ein guter Indikator für beruflichen Erfolg?

Das bildungsmeritokratische Argument lautet: Wer sich anstrengt und gute Bildungsleistungen erbringt, der (oder die) kann in unserer Gesellschaft zu Wohlstand und Anerkennung kommen. Und so werden Optionen auf gesellschaftlichen Erfolg mit Hilfe von Zeugnissen vergeben, die Grundschullehrerinnen 9-Jährigen ausstellen und die an weiterführenden Schulen aus komplizierten Berechnungen unter Einbezug z.B. der Biologie-, Französisch- und Sportnote ermittelt werden. Doch schon in den 1970er Jahren hatten Bildungssoziologen darüber diskutiert, dass Bildungszertifikate weniger dazu dienen, reale Lernleistungen zu bestätigen, als vielmehr die Zugehörigkeit zu einer bestimmten Schicht und Gruppe von Bürgerinnen und Bürgern zu markieren. Nicht die durch Bildung vermittelbaren Kenntnisse seien für Produktivitätssteigerungen der Unternehmen verantwortlich, sondern das Bildungssystem agiere als Selektionsmechanismus, als *screening device*. Dass Personen mit höherem Bildungsabschluss anschließend tatsächlich mehr Einkommen erwirtschaften, sei vor allem darauf zurückzuführen, dass sie in der Regel aus höheren Sozialschichten stammten und im urbanen Raum lebten, wo die Einkommen unabhängig vom Bildungsgrad deutlich höher seien. Bildung selbst schaffe also vielleicht gar keine erhöhte Produktivität.

Auch neuere – z.B. vom neo-institutionalistischen Diskurs beeinflusste – Untersuchungen kritisieren die Idee, Schule bereite auf das Leben vor und Schulleistungen stünden in direktem Zusammenhang mit späterer Produktivität im Beruf. Sie zeigen vielmehr: Der Weg ins Arbeitsleben gleicht nicht so sehr einem geraden Karrierepfad, sondern vielmehr einem verzweigten Wegenetz mit vielen Toren und Schranken. An diesen Übergängen sortieren Schrankenwärter, sogenannte *gate-keeper*, wer hindurch darf. Sie wachen über Zugang und Ausschluss an bestimmten Schlüsselübergängen. Erwachsene in Schulen, Personalabteilungen und Ausbildung sind solche *gate-keeper*. Und es darf bezweifelt werden, wie ausschließlich sie die *Lernleistung* als Grundlage für Entscheidungen nutzen.

Untersuchungen zu Auswahl- und Bewertungsleistungen von Lehrkräften zeigen, dass für den erwarteten Schulerfolg bei weitem nicht nur die tatsächliche schulische Leistung, sondern auch die Situation der Herkunftsfamilie und deren kulturelle und soziale Ausstattung eine Rolle spielen. Lehrkräfte machen häufig die wahrgenommene Persönlichkeit der Schülerin oder des Schülers für gute oder schlechte Leistungen verantwortlich. (Wagner 2005: 56) Schulprobleme gelten dann als Ausdruck individueller Störungen, entweder unmittelbar in der Person oder ihrem sozialen Umfeld (seltener freilich als Folge des eigenen Unterrichtens).

Der entscheidende Sortier-Mechanismus zwischen *drinnen* und *draußen* besteht aus pragmatischen Alltagstheorien, d.h. stereotypen Überzeugungen, Typisierungen und Mustern erwartbarer Selbstverständlichkeit. Wir ahnen schon, wie die Leistung einer oder eines Jugendlichen ausfallen wird, sobald sie oder er zur Tür hinein kommt, den Mund öffnet etc. Im Extremfall haben wir bereits beim Lesen von Namen – Jan-Philipp oder Patrick, Lara oder Chantal – ein Bild vor Augen, dessen grobe und verallgemeinernde Rasterung die folgende Wahrnehmung lenkt.

Alltagstheorien helfen einzelnen Menschen, sich in einer komplexen Umwelt zurechtzufinden, indem sie feste Kategorien anbieten, denen wir Phänomene und Wahrnehmungen zuordnen können. Und: Sehr häufig erweisen sich die Alltagstheorien als zutreffend und zwar aus zwei Gründen: Zum einen ordnen wir Wahrgenommenes unseren Kategorien zu und erkennen das Verhalten des anderen als abweichend. Zum anderen aber wenden wir – so beschreiben es Mariak und Kluge – „evidenzerzeugende Verfahren" an, das heißt wir filtern aktiv Symptome für abweichendes Verfahren heraus (Symptomakkumulation) und verallgemeinern sie auf die gesamte Person (Symptomgeneralisierung). (Mariak/Kluge 1998: 47) So wird wahr, was wir schon annahmen und bestätigt sich dann immer wieder.

Bedeutet dies nun, die im Bildungssystem Scheiternden seien allesamt Opfer einer selektiven Wahrnehmung von gate-keepern? Die schlechten oder nicht vorhandenen Schulabschlüsse ganz und gar losgelöst von erwartbaren Leistungen im Beruf? So schlicht sind die Zusammenhänge wohl nicht. Es liegt ja nicht ausschließlich an der Voreingenommenheit von Lehrerinnen und Ausbildern, dass wir so schnell Raster für Jugendliche bilden, durch die diese u. U. hindurch fallen. Es soll hier auch nicht darum gehen, Beurteilungsleistungen von Lehrkräften, die die Jugendlichen ja teilweise über Jahre intensiv begleiten, unter Generalverdacht zu stellen. Wohl aber möchte ich dafür plädieren, Schulnoten nicht als unumstößliches Ausschlusskriterium festzulegen. Auch Lehrkräfte sind durch Alltagstheorien und eigene Deutungsmuster in ihrer Wahrnehmung beeinflusst. Und die damit verbundenen Urteile und Wahrnehmungsfehler haben wiederum Auswirkungen auf die Selbstwahrnehmung und das Verhalten der Jugendlichen. So verdichten sich in der Interaktion zwischen Eltern und Kindern, Lehrkräften und Jugendlichen Muster, bei denen hervorgebracht wird, was beide Parteien irgendwie von vornherein schon voneinander wussten.

Martin Koch, Berufspädagoge aus Hannover mit langer sozialpädagogischer Erfahrung beschreibt diese Zusammenhänge so: „Jeder Pädagoge wäre aus dem Stand heraus in der Lage, *den typischen* gewaltbereiten, orientierungslosen oder nicht sesshaften Jugendlichen zu beschreiben. Eine solche Beschreibung würde je nach Beobachtungsgabe auf Merkmale wie die eines spezifischen Kleidungsstils, Sprachgebrauchs oder einer bestimmten Art, sich einer Gruppe zuzuordnen, zurückgreifen." (Koch 2005: 115)

Man mag sich im Einzelfall irren und im Laufe der näheren Bekanntschaft positive oder negative Überraschungen erleben. Häufiger noch aber entsteht aus der Verkettung von Signalen und Reaktionen ein Routinespiel, das die wechselseitigen Erwartungen tendenziell eher bestätigt als widerlegt. In der pädagogischen Arbeit mit schwachen Jugendlichen führen die „Totalitäten, deren diverse Gewohnheiten, Verhaltensmuster und Eigenschaften einander bedingen und wechselseitig hervorbringen" (Koch 2005: 115) zu eher ritualisierten Reaktionen der Pädagoginnen und Pädagogen. (‚Wenn einer mir schon so kommt …') In der Summe läuft das Wechselspiel zwischen Habitus und Handeln der Jugendlichen und Reaktionen der Erwachsenen auf eine Abkühlung der wechselseitigen Erwartungen hinaus. Wer sich *so* gibt, von dem erwartet man wenig, von wem wenig erwartet wird, erwartet wenig von sich selbst.

Die ursprüngliche Vorstellung, Anstrengung und Bildung führten regelhaft zu mehr Produktivität und Erfolg muss also differenzierter betrachtet werden. Heute könnte man etwa so formulieren: Bildung kann dazu beitragen, dass Personen einen bestimmten Habitus und Signaleigenschaften entwickeln. Diese führen dazu, dass *gate-keeper* sie auf der Grundlage eigener Alltagstheorien und Deutungsmuster als Angehörige einer bestimmten Gruppe identifizieren. Daraus entwickelt sich ein Wechselspiel, das im Erfolgsfall dazu führt, dass die vorgesehenen Stufen erreicht werden und im Falle des Misserfolgs den Zugang zu diesen Stufen nachhaltig verschließt. Der Maßstab, mit dem die Gesellschaft die Fortschritte Jugendlicher auf dem Weg ins Erwachsenenleben bemisst, muss vor diesem Hintergrund als eher unzuverlässig eingestuft werden. Zugleich verschwimmt die Vorstellung davon, wie dieser Weg denn überhaupt aussehen *könnte*.

Spätestens mit dem Aufblühen der bürgerlichen Gesellschaft entstand so etwas wie ein Verlaufsplan für Biografien, ein „institutionalisierter Lebenslauf" (Kohli 2009). Er legte fest, dass und ungefähr in welcher Reihenfolge bestimmte Stationen des Erwachsenenlebens zu bewältigen waren: das erste Mal Rauchen, der erste Alkoholexzess, der erste Discobesuch, der erste Geschlechtsverkehr, die Volljährigkeit, Führerschein, Eintritt ins Erwerbsleben, der erste Urlaub ohne die Eltern, Auszug von zu Hause, die Heirat, Geburt des ersten Kindes etc. Formale Altersgrenzen und gesellschaftliche Erwartungen strukturierten den Lebenslauf vor.

Ungefähr seit den achtziger Jahren des vergangenen Jahrhunderts scheint sich die Chronologie dieses Ablaufplanes jedoch stückweise aufzulösen. Starre Lebenslaufmuster verändern sich; es kommt im beruflichen wie im privaten Bereich zu Um- und Rückwegen, zu Phasen von Arbeitslosigkeit und Mehrfachausbildungen, Familienauflösung und -neugründung, Mobilität und veränderter Erwerbstätigkeit. Auch die Krisen der Arbeitsgesellschaft wirken unmittelbar auf die Lebensentwürfe und Identitätskonzepte der Jugendlichen zurück. (vgl. Baethge 1988)

Auch früher gab es Menschen, die keinen Beruf erlernten und z.B. als Hilfsarbeiter, Landarbeiter, Hausangestellte, Gelegenheitsarbeiter ihren Unterhalt verdienten. So etwas wie eine *Normalbiografie*, bei der Schule, Ausbildung, Festanstellung und die Rente aufeinander folgten, war immer nur für einen Teil der Bevölkerung *normal*: Für gut ausgebildete Männer, in Zeiten stabiler Konjunktur und ohne Krieg.

Krumme Lebensläufe mit Um- und Abwegen gab es immer, Unterbrechungen aufgrund von Familienzeiten oder Arbeitslosigkeit ebenso. Doch das „Normalarbeitsverhältnis" (Kohli) galt als Bezugspunkt, um Erwartungen zu strukturieren. Es bildete die Folie für erfolgreiche Berufsverläufe. Inzwischen erodiert nicht nur das Normalarbeitsverhältnis, sondern auch das Bild davon. Neue Optionen, Übergänge, Um- und Abwege beflügeln Fantasien zum eigenen Lebenslauf. Teilzeit oder Vollzeit? Familie oder Beruf? Auszeiten oder ganzer Einsatz? Unterschiedliche Verlaufsformen sind denkbar, werden erprobt, wieder zurückgenommen, durchgehalten, abgebrochen. Erwerbs- und Bildungsphasen, Familien- und Berufsleben, Arbeit und Freizeit werden gegeneinander abgewogen und die damit verbundenen Anforderungen mehr oder minder erfolgreich bewältigt.

Das heißt nun nicht, es würde institutionelle Übergänge und gesellschaftliche Erwartungen an die Bewältigung von Statuspassagen nicht mehr geben. Doch die Abfolge von Übergängen ist nicht mehr linear und macht neue, ungewohnte Optionen denkbar. Das junge Erwachsenenalter ist durch eine Gleichzeitigkeit aus beruflicher und privater Orientierung, jugendlichem Experimentierverhalten und sozialem Statusdruck geprägt. Jugendlichen bieten sich heute eine Vielzahl von Optionen, zwischen denen sie entscheiden können oder über die von anderen entschieden wird. Sie treten eine Ausbildung an und brechen sie wieder ab, beginnen ein Studium und wechseln den Studiengang, fangen an zu arbeiten und entscheiden sich dann doch für einen weiteren Bildungsgang. Biografieforscher sprechen von „Yo-Yo-Konstellationen" auf- und absteigender Zugehörigkeiten zur Jugend- und Erwachsenenphase (Schröer/Böhnisch 2006: 43), bei denen sich unterschiedliche Zustände des Jugendlichen- und Erwachsenendaseins abwechseln. (vgl. auch Hurrelmann 1999: 46)

Früher ging man davon aus, ein Individuum habe persönliche Interessen, Vorlieben und Fähigkeiten und suche sich (im Erfolgsfall) einen Beruf mit passenden Möglichkeiten und Herausforderungen. Diese Vorstellung muss in gewisser Weise als überholt gelten. Statt eines solchen „Vollzugs einer prästabilisierten Harmonie zwischen einem individuellen persönlichen Interessenzentrum einerseits und den im Beruf verankerten, zeitlosen Wertsphären einer Kultur" andererseits (Unger 2010: 7), geht es um eine aktive Auseinandersetzung mit Optionen und Entscheidungen. Berufe machen Mitgliedschaftsangebote, offerieren Bindungsmöglichkeiten, schließen aus. Menschen nehmen diese Optionen teilweise wahr, teilweise nicht, verändern und gestalten sie, so dass sie schließlich in eine dynamische Balance zwischen Bindung und Offenheit gelangen.

Wir alle gleichen private und berufliche Belange gegeneinander ab, verteilen Loyalitäten und Engagement, ziehen Grenzen. Wir verändern und gestalten berufliche Anforderungen, unterwerfen uns ihnen, deuten sie um, entziehen uns wieder. Es geht nicht mehr nur darum, *drinnen* zu sein, sondern um unterschiedliche und parallele Zugehörigkeiten zu sozialen Welten, die wir miteinander in Einklang zu bringen versuchen. (Unger 2010: 11)

Zunächst klingt dies alles durchaus nach Freiheit und Selbstverwirklichung. Wir können wählen und unterschiedliche Optionen mit unserer persönlichen Situation und Entwicklung ausbalancieren. Doch die Offenheit der Optionen schließt Erfolg und Scheitern gleichermaßen ein.

Wenn man in Deutschland bis Mitte Zwanzig keine Ausbildung durchlaufen hat, bleibt man vom ersten Arbeitsmarkt in aller Regel dauerhaft ausgeschlossen. Mit dieser Exklusion geht der weitere Verlust an sozialer Teilhabe einher. Dies ist den Jugendlichen bewusst: So sehr sie sich von der Erwachsenenwelt abgrenzen, der erfolgreiche Abschluss einer Ausbildung, das Gefühl *es geschafft* zu haben, hat im Selbstverständnis der Jugendlichen einen außerordentlich hohen Stellenwert. (Dietz et al. 1997: 186).

Doch selbst diejenigen Jugendlichen, die den Übergang in Ausbildung geschafft haben, sind nicht automatisch auf der sicheren Seite der *Normalität*. Drei Jahre nach Abschluss der Ausbildung befanden sich nach dem Datenreport des BIBB nur 42,3 % der 20- bis 25-Jährigen in vollwertigen Beschäftigungsverhältnissen; erwerbslos waren 12,4 %; prekär beschäftigt 26,9 %. Erst 7 bis 10 Jahre nach der Ausbildung steigt die Zahl der vollwertig Beschäftigten auf immerhin 57,6 %. (Bundesinstitut für Berufsbildung BIBB 2011: Tabelle C2.2-1 + C3)

Nach einer Untersuchung des Instituts für Arbeitsmarkt- und Berufsforschung IAB kann bei 52 % der jungen Fachkräfte von einer gelungenen beruflichen Integration ausgegangen werden. Ein weiterer Teil ging in die Selbstständigkeit oder verfolgte weitere Bildungswege. Doch knapp 34 % der jungen Arbeitskräfte erlitten einen prekären Berufseinstieg, d.h. ihre Beschäftigung war instabil und von häufigen Unterbrechungen geprägt. Und über 3 % der Befragten waren trotz abgeschlossener Ausbildung arbeitslos. (Bundesinstitut für Berufsbildung 2011: Kap. C 3)

Und dann sind da noch diejenigen, die gar keinen Ausbildungsabschluss bekommen: Der Anteil der Personen ohne beruflichen Bildungsabschluss bei den Jüngeren liegt heute höher als bei Personen im mittleren Alter. (Autorengruppe Bildungsberichterstattung 2010: 38)

Das Zentrum für Europäische Wirtschaftsforschung untersuchte 2010 „Unverbundenheit" von Jugendlichen, die durch Arbeitslosigkeit, Schulversagen und Beziehungslosigkeit zustande kommt. Aufbauend auf Stichproben aus den Daten des Sozio-Ökonomischen Panels (SOEP) gehörten im Mittel 12 % der Jugendlichen in der Altersphase zwischen 17 und 19 Jahren zur Gruppe der unverbundenen Jugendlichen, mit einer leicht steigenden Tendenz in der Periode 2001 bis 2007. Diese Jugendlichen nahmen nicht an Ausbildung teil, gingen nicht zur Schule und lebten nicht in einer festen Beziehung. (Pfeiffer/Selberlich 2010: 5)

Angesichts z.B. der Jugendunruhen in Frankreich, Spanien und Griechenland kann man sich ja durchaus fragen, warum bei uns der massive Ausschluss erheblicher Teile der Jugend von der Arbeitsgesellschaft so wenig zivilgesellschaftliche Auswirkungen zeitigt? Warum finden sich die auf diese Weise Ausgeschlossenen eigentlich so relativ klaglos mit ihrem Schicksal ab? In seinem Artikel „On cooling the Mark Out" beschreibt Erving Goffman wie Betrüger mit Zielpersonen (marks) verfahren, die zunächst mit Versprechungen gelockt und deren Erwartungen dann schrittweise wieder „abgekühlt" werden – ohne dass sie daraufhin zur Polizei gehen oder sich gegen den Betrug wehren. Ähnliche Mechanismen sieht er in der Kerngesellschaft, wenn Erwartungen z. B. auf einen Heiratsantrag, auf eine Beförderung etc. langsam abgekühlt werden. Zu den Strategien eines solchen Cooling-Out Prozesses zählt Goffman z. B. das Verschieben auf Ersatzpositionen (gute Freunde bleiben; Vizepräsidentschaft), die Möglichkeit, den Schmerz kurzzeitig ausagieren zu dürfen, die schrittweise Zurücknahme von Privilegien. Zentral ist die Rolle sog. Abkühlungsagenten, d. h. Personen, die einige wenige Hierarchiestufen über der abzukühlenden Zielperson stehen, dieser aber noch nahe genug sind, um Emotionen abfangen zu können. (Goffman 1962: 1 ff.)

Abkühlung ist dann erfolgreich, wenn die Betroffenen zu der Auffassung gelangen, sie seien selbst aktiv und in Kontrolle der Situation. Cooling-Out Prozesse dienen dazu, dem Subjekt „Erleiden als Handeln darzustellen." (Dietz et al. 1997: 26) Heike Solga erklärt die „Loyalität der Zertifikatslosen" so: Wer davon ausgeht, mit Anstrengung sei alles zu erreichen, kann die eigene Erfolglosigkeit als Konsequenz aus mangelndem Einsatz erklären. Es ist allemal leichter zu akzeptieren, sich selbst falsch *entschieden* zu haben (‚lieber Party gemacht zu haben') und auf diese Weise die Illusion von Kontrolle über das eigene Leben aufrechtzuerhalten. Man ist lieber *zu faul* als *zu dumm*. Denn implizit bleibt damit die Option noch offen, in Zukunft den Status durch eigene Anstrengung wieder ändern zu können. (Solga 2005: 44)

Im Berufswahl- und Ausbildungsprozess können wir alle Mechanismen und Strukturen des Cooling-Out wiedererkennen: Schrittweise werden die Jugendlichen von ihren Traumberufen zu Wunsch- und Realberufen geleitet, ggf. sogar zum Verzicht auf eine Ausbildung überhaupt gebracht. Sozialpädagoginnen, Sozialarbeiter, Lehrkräfte und auch die Eltern wirken als *Abkühlungsagenten*, die dazu beitragen, dass ursprüngliche Hoffnungen und Erwartungen schrittweise auf *realistische* Pläne zusammenschrumpfen. Gerne schieben sie sich diese unangenehme Funktion wechselseitig zu und machen wahlweise Eltern, zuführende Schulen oder die Medien verantwortlich für die Notwendigkeit, Selektionsentscheidungen treffen zu müssen. Innerhalb der Peergroups übernehmen Gleichaltrige aus Freundes- und Kollegenkreisen die Aufgabe, soziale Erwartungen zu entwickeln und anzupassen. Diejenigen mit ambitionierten Hoffnungen ein wenig zu verspotten, ein bisschen zu schikanieren, letztlich zu entmutigen – das ist unter den Jugendlichen gängige Sozialisationspraxis. Schulnoten, Einstellungstests, Assessments, erfolglos bleibende Bewerbungen – sie alle führen zu der Einsicht, die eigenen Hoffnungen und Erwartungen herunterzuschrauben, sich selbst in einer *downgrade*-Version neu entwerfen zu müssen. Oder aber am besten solche Hoffnungen und Erwartungen gar nicht erst zu entwickeln.

Doch auch die solcherart abgekühlten Jugendlichen benötigen Zugehörigkeit, Anerkennung und Ehre. Wird sie ihnen von Schulen und Betrieben versagt, so konstruieren sie sich eine eigene. Es entstehen Gegenwelten, Gegenehren, Subkulturen. Jugendliche, denen der Zugang zu beruflichen Karrieren tendenziell verschlossen bleibt, machen auf andere Art Karriere: Sportkarrieren, kriminelle Karrieren, Drogenkarrieren, soziale Karrieren oder Maßnahmenkarrieren. (Bickmann/Enggruber 2001: 19; ähnlich: Hiller 1999: 117) Jugendliche machen auch finanziell Karriere (im positiven Sinne wie auch hinsichtlich ihrer Schulden), selbst wenn ihnen Arbeit und Beruf eher fern liegen. Jede dieser alternativen Karrieren bietet den Jugendlichen neue Möglichkeiten der Gruppenzugehörigkeit, Anerkennung und Ehre. Diese Gegen-Ehre macht häufig eben die Merkmale, die zum Ausschluss aus der Gesamtgesellschaft beigetragen haben, zum wesentlichen Kriterium eines neuen Gemeinschaftsgefühls außerhalb der etablierten Gesellschaft.

Prof. Dr. Winfried Speitkamp
„Wer von Ehre ausgeschlossen ist, sucht sich eine neue. Das ist die Herkunft der Räuberehre, der Mafiaehre oder der Ehre von Gewaltgemeinschaften. In vielen Gesellschaften existieren Gruppen „wütender junger Männer", die sich ihrer Ehre beraubt oder in ihrer Ehre bedroht fühlen. Sie suchen neue Inhalte des Ehrbegriffs, eine Art „Gegenehre", um sich von herrschenden Ehrenkodices abzugrenzen und sich gleichzeitig in ihrem eigenen Ehrgefühl zu schützen.
Häufig lassen sie sich dabei von vermeintlich traditionellen Ehrsymbolen leiten, an die sie anknüpfen können und durch die der eigene Ehrbegriff an Legitimität gewinnt. Auch in anderen Gewaltgemeinschaften wie Söldnerheeren oder Mafiaorganisationen werden alte Symbole und Rituale bemüht, um die Ehre der Gruppe zu stabilisieren. Typisch sind etwa raue Aufnahmerituale, bei denen der in die Gemeinschaft Eintretende auch „etwas opfern" muss, um sich der Aufnahme in die Gruppe würdig zu erweisen. In eine ähnliche Kategorie gehören Meisteressen oder die Sitte bei Betriebseintritt „einen auszugeben". Unabhängig davon, wie man die Gemeinschaft, um die es geht, moralisch beurteilen würde: Hier geht es um ähnliche Rituale, mit denen Gruppenzugehörigkeit zelebriert und ihre Grenzen deutlich markiert werden."
(Interview mit Prof. Dr. Speitkamp am 10. 03. 2011)

Gerade für schwache Jugendlichen mit begrenzten sozialen und ökonomischen Ressourcen liegen Überzeugungsmuster nahe, bei denen sie sich selbst als *marginalisiert* wahrnehmen und inszenieren: die *Ausländer*, die *Krüppel*, die *Türken*, die *Schwulen*, die *Unterschicht* etc. In dieser (Selbst)-Inszenierung führt die Frustration über gesellschaftliche Ausgrenzung zum Schulterschluss innerhalb einer Gegengemeinschaft. Ihre äußere Ehre ist nun nicht mehr auf Werte gegründet, die sie mit der Mehrheit der Gesellschaftsmitglieder teilen würden. Im Gegenteil: Ehrenvoll ist für sie die inszenierte Mitgliedschaft in einer Randgruppe. Auf diese Weise gewinnen die Betroffenen Verbündete und Rückhalt in der Gruppe, begeben sich aber weiter in die Exklusion hinein.

Ein viel diskutiertes Beispiel für diese Strategie der Gegenehre ist der Rückzug auf traditionelle Werte und Religion mancher Migrantinnen und Migranten. In der Fremde und angesichts der Ablehnung der eigenen Person schlagen sie den Weg der Re-Traditionalisierung und Re-Ethnisierung ein. „Von der Einhaltung der Gebetszeiten bis zu äußeren Zeichen wie Barttracht und Kopftuch – all solche Praktiken werden symbolisch neu aufgeladen, ja zum ‚Aushängeschild der kulturellen Differenzen‘." (Beck-Gernsheim 2007: 33) Ähnlich wie deutsche Exilanten in ihren Zuwanderungsländern deutsche Traditionen unnachgiebig nachexerzieren, obwohl sie im modernen Deutschland kaum noch Gültigkeit haben, halten sich auch bei uns Einwandererkulturen, die weder im Einwanderungs- noch im Herkunftsland eine Entsprechung haben. Sie formieren sich im Dazwischen und verweisen auf ein eigenes, inselartiges Wertesystem. (Beck-Gernsheim 2007: 33)

Doch bei weitem nicht nur Jugendliche mit Migrationshintergrund ziehen sich auf solche Gegen- und Subkulturen zurück. Der Biografieforscher Keupp (2010) erkennt bei vielen Bewohnern von Großstädten eine tendenziell negativ getönte Haltung im Sinne einer „verlorenen Gemeinschaft". Obwohl sie in multiplen Netzwerken mit vielfältigen sozialen Zugangsmöglichkeiten leben, fühlen sie sich nicht in eine Solidargemeinschaft eingebunden. Er diagnostiziert einen „Orientierungsverlust […], der die wachsende Nachfrage nach […] psychosozialen Dienstleistungen oder auch nach verbindlichen neuen sozialen Netzwerken, die Zugehörigkeit und Lebenssinn herstellten könnten, auslöst." (Keupp 2010: 30) Jugendkulturen wie Emos, Rapper, Punks oder Gothics sind ebenfalls „verlorene Gemeinschaften" in diesem Sinne.

Shell-Jugendstudie (2011) Fallbeispiel Sam
Sam ist eine 18-jährige Auszubildende, die im Rahmen der 16. Shell-Jugendstudie interviewt wurde. Sie ist Teil der Emo-Szene. Hier sucht sie Freundschaft und auch Identität:
„Morgen ist zum Beispiel auch wieder so Szenetreff in Stuttgart. […] Es sind fast 200 Leute, die wo aus fast ganz Deutschland herkommen […] und dann merkt man halt einfach … die Freundschaft, die ist wirklich innig. […] immer zu spüren, die Person isch für dich da. Du kannscht für die Person da sein. Wenn was isch, die sind sofort da. Die helfen dir, wenn Du irgendwelche Nöte hascht."
Sam zeigt den ForscherInnen den Liedtext „Ich will Euer Leben nicht" von der Gruppe BASIS. (Albert 2010: 292–300) Das Lied enthält die folgenden Zeilen:
„Ich bin nicht geschaffen für ein Leben voller Zwang.
[…] Ich sehe Menschenmassen, die früh das Haus verlassen,
Um Geld zu verdienen, das sie sinnlos verprassen,
Sich gestalten, die Individuen verwalten, in Klassen
Einteilen und so ein Ganzes spalten.
Ich will euer Leben nicht! Ich will euer Leben nicht, nein!"
(http://www.i-songtexte.com/29737/titel/index.html am 24.03.2011)

Ein klein wenig klingt das nach den Trauben, die sauer sind, weil sie so hoch hängen, aber nicht nur. Die Prozesse, die dazu führen, dass diejenigen, die sozial ausgeschlossen werden, sich selbst für ein Leben im sozialen Ausschluss entscheiden, sind komplexer. Wenn Jugendliche innerhalb der Erwachsenenwelt nicht ausreichend Anerkennung und Ehre erhalten, dann werden sie sie außerhalb der Berufsgesellschaft suchen. Und nicht alles, was sie finden, wird uns gefallen.

Innere Ehre und die Suche nach dem Selbst

Das Jugendalter ist also die Zeit im Leben, in der wir die äußeren Voraussetzungen für unsere berufliche Karriere und unsere Position in der Welt schaffen müssen. Zugleich geht es darum, eine tragfähige Identität, eine innere Ehre zu entwickeln. Während die äußere Ehre durch soziales, materielles und kulturelles Kapital gestützt werden kann, ist die innere Ehre auf die Wahrnehmung und Interpretation der Rückmeldung anderer Menschen angewiesen. Wer bin ich? Wie nehmen mich andere wahr? Wofür stehe ich? Was nehme ich dafür in Kauf?

Innere Ehre, das sind die impliziten Regeln, die man für sich selbst aufstellt, um Identität vor sich selbst und anderen vertreten zu können. Nach ihnen werde ich mich (wann immer möglich) richten, an ihnen lasse ich mich messen. Die Inhalte dieser Regeln, d.h. ob mir Ehrlichkeit, Tugendhaftigkeit, Wagemut oder Trinkfestigkeit zur Ehre gereichen sollen, sind einigermaßen offen. Doch *dass* überhaupt innere Ehre die Richtschnur des Handelns und der Außendarstellung sein soll, wird in der bürgerlichen Gesellschaft (und auch in den Jugendkulturen) nicht hinterfragt. Selbst wenn einem Menschen alle Attribute der äußeren Ehre (Geld, Status, Besitz) genommen werden, handelt derjenige ehrenhaft, der sich an inneren Werten orientiert. Arm, aber sauber; eingesperrt, aber tadellos rasiert; unterdrückt, doch innerlich frei – die innere Ehre als sichtbare Außenhaut der Identität gilt als Rückzugslinie bedrohter und verletzter Persönlichkeit.

Gilt dies auch für die schwachen Jugendlichen, von denen hier die Rede ist? Was bedeutet ihnen innere Ehre, was bedeutet Identität in einer pluralen Gesellschaft, die mit gesellschaftlichen Rollenvorgaben und -mustern nur noch sparsam umgeht? Zunächst einmal ist da das Versprechen der modernen Gesellschaft, jede und jeder könne sich unabhängig von Klassen- und Geschlechtergrenzen die gewollte Position im Leben durch Anstrengung, Fleiß und Einsatz selbst schaffen. Wir haben weiter oben gesehen, dass diese Verheißung der Moderne nicht wirklich trägt. Die Versprechungen gehen aber noch weiter: Auch die Inszenierungen der eigenen Person seien relativ frei wählbar. Persönlichkeiten könnten – schenkt man Pädagoginnen, TV-Shows und Flyern aus Beratungszentren Glauben – je nach Wunsch gestaltet, zurechtgefeilt und ausgeformt werden.

Identität und Ehre – was das bedeuten soll, ist in unserer Welt individuell definierbar und ein bisschen beliebig geworden. Sozialwissenschaftler bezeichnen dieses Phänomen als *Kontingenz* und sie meinen damit, dass menschliche Lebenserfahrungen grundsätzlich offen sind. Was wir erleben und welche Lebenserfahrungen wir aktiv aufsuchen, ist nur noch bedingt durch gesellschaftliche Normen und Regeln vorgezeichnet. Wir sind frei zu beschließen: die familiäre Lebensform, Kinder oder keine, die Arbeit, die Freunde, den Wohnort, die nationale Zugehörigkeit. Selbst der Körper wird als gestaltbar wahrgenommen und kann durch Essen oder Fasten, Fitness oder Faulheit, Piercings und Schönheitsoperationen geformt werden. Schließlich verliert sogar das Geschlecht seine starre Grenzziehung: Aktuelle Genderforschung (z.B. Baur 2008) versteht im Anschluss an die Arbeiten Connells (2009; 2010) Männlichkeit nicht nur als genetisch festgelegtes Geschlecht, sondern vor allem als kulturell gelebte Praxis. Was Männlichkeit dann bedeutet und wie sie gelebt wird, könne ganz unterschiedlich sein. Connell unterscheidet *autorisierte* Männlichkeit von *marginalisierter* Männlichkeit. In beiden Fällen profitieren Männer von der Unterordnung der Frauen, doch geschieht dies in unterschiedlicher Weise. Ob physische Kraft schwerer ins Gewicht fällt als ökonomische Überlegenheit oder Souveränität wird sozial verhandelt und kann sich von Kultur zu Kultur unterscheiden. (Dietz et al. 1997: 29)

Auch männliche Schüler scheinen sich nicht durchgängig in *einer* Form der Männlichkeit zu bewegen. Die inszenierte, aggressive Form hegemonialer Männlichkeit, die wir auf der Straße oder auf dem Schulhof beobachten (martialische T-Shirt-Aufdrucke, Gleichschritt, nach vorn gerundete Schultern), hat etwas sorgfältig Eingeübtes. Die Jungen scheinen sie nicht so sehr als permanentes Persönlichkeitsmerkmal anzusehen, sondern greifen episodisch in bestimmten Situationen darauf zurück. Sich als dominant und männlich zu inszenieren, hilft ihnen z.B. in Konfliktsituationen oder zur Ehrenrettung gegenüber schulischen Anforderungen, die als ‚weiblich' oder ‚schwul' abgewertet werden. (Barz et al. 2010: 111; vgl. auch Quenzel 2010: 131)

Wir können (scheinbar) selbst bestimmen, als wer wir leben wollen, d.h. welche Identität wir aufbauen. Wir können uns nur nicht aussuchen, *keine* Identität zu haben. Im Gegenteil: In der Regel benötigen wir sogar mehrere. Wir inszenieren und fühlen uns ja unterschiedlich je nachdem, ob wir gerade als Nachbar, Familienmitglied, Arbeitskollege oder Vereinsmitglied unterwegs sind. Unsere Identität ist nicht unbedingt dieselbe, wenn wir einkaufen, tanzen, arbeiten, die Wohnung staubsaugen, zum Steuerberater gehen oder an einer Beerdigung teilnehmen. Unser Alltag hält unterschiedliche Rollen für uns bereit, die je besondere Regeln und Identitäten beinhalten. Speitkamp spricht sogar von „mehreren Körpern", die jeweils mit eigenen Bedürfnissen und Erfahrungen ausgestattet seien. „Jeder Körper hat seine spezifische Ehre und verlangt besondere Antworten auf eine Ehrverletzung." (Speitkamp 2010: 320)

In dieser alltäglichen Vielfalt stehen Individuen vor der Aufgabe, sich selbst als einigermaßen kohärente, durchgängig erkennbare Personen zu entwerfen und deutlich zu machen. Sie verkoppeln kontinuierlich die gesellschaftlichen Anforderungen mit eigenen Wünschen, Bedürfnissen, Ängsten und Hoffnungen, und inszenieren so eine wahrnehmbare und akzeptable Persönlichkeit.

Aber woran macht sich Identität fest, wenn sich alles bewegt? Wie inszeniert man sich selbst, wenn man sich noch nicht kennt? Entwurfsvorlagen, etwa im Sinne einer Arbeiteridentität oder einer Hausfrauenidentität, an denen sich Menschen von Kindheit an orientieren könnten, erweisen sich heute als wenig tragfähig. Arbeiter, Hausfrau, Handwerker zu sein, das war auch eine bestimmte Art zu wohnen, sich sportlich zu betätigen, politisch tätig zu sein, Musik zu hören oder zu machen. Gehörte man zu dieser Kultur, ergab sich das meiste andere von selbst. Während in früheren gesellschaftlichen Epochen die Möglichkeit bestand, „vorgefertigte Identitätspakete" zur Bewältigung von Lebensproblemen zu übernehmen, ist uns heute weitgehend selbst überlassen, welche Form der „inneren Lebenskohärenz" wir finden. (Keupp 2010: 20) Manche Soziologen sprechen in diesem Zusammenhang von „disembedding" oder Enttraditionalisierung. (vgl. Keupp 2006: 29; Giddens 1993)

Goebel und Clermont beschreiben in ihrem Buch „Die Tugend der Orientierungslosigkeit" wie Individuen in der Postmoderne darauf angewiesen sind, sich selbst Normen und Werte zusammenzubasteln, da es geschlossene Wertgebäude in verlässlicher Form nicht mehr gebe. Das solchermaßen zum „Lebensästheten" gewordene Individuum „widmet sich full-time dem Aufbau seiner persönlichen Moral. Verpflichtet fühlt er sich nur dieser privaten Baustelle und schon lange nicht mehr dem umfassenden Regelwerk einer allgemein verbindlichen Moral". (Goebel/Clermont 1997: 87). Optionen gibt es viele – nur nicht die, keine von ihnen zu wählen. (vgl. Ferchhoff/Neubauer 1989: 11; ähnlich auch: Goebel/Clermont 1997: 193)

Man könnte nun vermuten, die Darstellung des eigenen Selbst nach außen hin sei nicht viel mehr als eben das: eine Inszenierung. Wir präsentieren uns der Welt in dieser und jener Rolle, im Inneren jedoch bestehe ein wirkliches, unveränderliches und eigenes Ich. Dies wäre die *eigentliche* Persönlichkeit, der wir in unseren Inszenierungen entsprechen können oder nicht. Mit sich selbst im Reinen sein, das hieße dann, die Außendarstellung mit dem inneren Selbst in Einklang zu bringen und auf diese Weise wahrhaftig *ich selbst* zu sein.

Doch selbst dieser (vermeintliche) Haltepunkt kommt derzeit abhanden. Biografieforscher wie Keupp verweisen darauf, dass die Vorstellung, Subjekte verfügten über einen eigentlichen, unveräußerlichen Kern, der über unterschiedliche Lebensetappen und -situationen unverwechselbar erkennbar bleibt, historisch gesehen ein Produkt der bürgerlichen Gesellschaft sei. Die emanzipatorische Grundidee der Aufklärung bestand im unteilbaren

Subjekt, das innere Freiheit ermöglichte und durch äußeren Zwang und Gewalt nicht enteignet werden könne. (Keupp 1999: 20–21) „Meine Gedanken zerreißen die Schranken und Mauern entzwei ..." – so beschwor ein Studentenlied des 18. Jahrhunderts die Unabhängigkeit eines innerlich unverletzlichen Subjekts von äußerem Zwang.

Heute geben Identitätsforscher die Idee der Aufklärung von einem festen, selbstidentischen Kern einer Persönlichkeit weitgehend auf. Sie sei einfach nicht mehr passfähig mit Leben in modernen, dynamischen Gesellschaften. Nach Auffassung Keupps ist Identität nichts „was man von Geburt an hat" (Keupp 1999: 65), sondern etwas, das „man entwickelt, ein Weg, der viele Verläufe nehmen kann und vielen Einflüssen ausgesetzt ist. Identität als ein Projekt, das Menschen zu sich selbst führt, ein Entfaltungs- und Entwicklungsbegriff." (Keupp 1999: 65)

Identität ist aus dieser Sicht nicht viel mehr als ein Bezugsrahmen des Nachdenkens über sich selbst. Sie entspricht nicht dem Kern des Menschen, sondern einer Vorstellung von sich selbst, die dabei hilft, Lebenserfahrungen zu interpretieren und auf Stimmigkeit hin zu bewerten. Die Vorstellung, es gehe bei der Identitätssuche darum herauszufinden, wer ich *wirklich* bin, schrumpft zu der Aufforderung, mich selbst kontinuierlich neu zu erfinden. Durchgängig und kontinuierlich sind Identitäten demnach nicht; allenfalls konzediert Höfer ein „Identitäts*gefühl*", das Handlungen und Erfahrungen darauf hin prüft, ob sie zu zentralen Identitätszielen (z.B. Anerkennung, Autonomie, Selbstachtung) sowie zu vorangegangen Erlebnissen passen und integrierbar sind.

Die Erosion der Rollenentwürfe bringt mehr Freiheit, zugleich aber mehr Risiko und Orientierungslosigkeit. Die Frage: W*er will ich sein* heißt ja vor allem: W*ohin und zu wem will ich gehören*, und das ist heute nicht mehr so selbstverständlich und naheliegend vorgegeben. Wer wir sind, ist nicht stabil und nicht dauerhaft, sondern eher ein Projekt mit begrenztem Gültigkeitsanspruch. Auf diese Weise wird es gleichzeitig wichtiger, über eine von außen erkennbare Identität zu verfügen, *und* beliebiger, da letztlich jedes Projekt durch ein anderes wieder abgelöst werden kann.

Stellt man dann noch in Rechnung, dass die Rollenvorgaben der Elterngeneration nicht nur verhältnismäßig unattraktiv sind, sondern die damit verbundenen Investitionen an Zeit und Anstrengung sich auch nicht mehr notwendig auszahlen, wird die Anziehungskraft neuer, investitionsarmer Entwürfe deutlich. So zu werden, wie unsere Eltern waren, ist nicht nur langweilig (das war es in früheren Generationen auch), es entspricht auch einer Investition an Zeit und Anstrengung, deren Rendite nicht mehr absehbar ist.

Das Verlangen der Jugend (und wohl auch unser eigenes) nach Rollenmodellen und überschaubaren Lebensentwürfen wird so nachvollziehbar. Wenn es von so zentraler Bedeutung ist, über eine erkennbare Identität zu verfügen und gleichzeitig so relativ offen, welche Art von Identität das denn sein soll, dann sparen vorgefertigte Schablonen z.B. der Jugendkultur einigen Aufwand. Wer Emo wird oder Rapper, weiß ziemlich genau, wie sie oder er sich fortan zu kleiden, zu benehmen und zu bewegen hat. Da das Projekt von absehbarer Dauer ist, bleibt das Risiko der Investition beschränkt.

Aus dieser Perspektive wird verständlich, warum Jugendlichen Frisur und Kleidung so wichtig werden. Die Inszenierung des Äußeren wird hier zum Rahmen für die Entwicklung innerer Kohärenz. Tätowierungen und Piercings versprechen darüber hinaus die Dauerhaftigkeit dieser Inszenierung: ‚Was Ihr hier auf meinem Körper seht, das bin ich und werde es auch in Zukunft sein‘. Und zur Not kann man ja auch ein T-Shirt drüber ziehen.

Die Orientierung an materiellen Äußerlichkeiten, die kaum Investitionen an Lernanstrengung erfordern, folgt einer eigenen Dynamik: Wenn Jugendliche sich bei ihren Identitätsprojekten an Kleidungsstilen, Frisuren und Musikgeschmack orientieren, werden diese Merkmale bedeutsamer und differenzieren sich in der Folge stärker aus. Selbst in Jugendkulturen, die sich das Banner der Unabhängigkeit und Gegen-Kultur auf die Brust heften, sind die Regeln eng: In Jugendszenen ist die Frage, wie authentisch ein Mitglied die Werte und Traditionen der Gruppe lebt, von hoher Bedeutung. Der Unterschied zwischen „plastics und authentics", d.h. zwischen unwissenden Mitläufern und szene-authentisch lebenden Kennern wird z.B. an der Kleidung festgemacht: „ein Jugendlicher, der sich eine teure, mit Nieten und Band-Applikationen bestickte Lederjacke kauft, anstatt sich eine billige Lederjacke zu besorgen und diese dann selbst zu gestalten, wird als Plastic-Punk diffamiert. Eine junge Rockabella, die sich ihre Tops mit Totenköpfen bei H&M oder C&A zulegt, wird auch eher belächelt." (Lauenburg 2008: 215 f.) Der alte Vorwurf der Erwachsenen, Jugendkleidung sei nach aller Suche nach Individualität am Ende doch sehr uniform, spiegelt ein gesellschaftliches Phänomen: Wir sollen besonders sein, individuell und erkennbar, gleichzeitig aber sollen wir normal sein, bitte keine Merkwürdigkeiten.

Mit alledem soll jedoch nicht der Klage vom Untergang traditioneller Wertorientierungen das Wort geredet sein. Offene Lebensformen sind nicht notwendig einsamer und isolierter als herkömmliche Lebensentwürfe. Patchwork-Familien sind nicht notwendig unglücklicher als traditionelle Familien und unkonventionelle Lebenswege können Chancen für Freiheit und Lebenserfahrung bieten. Bewohner großer Städte haben im Durchschnitt vielfältigere Kontakte zu Freunden, Kollegen oder Angehörigen von Subkulturen als diejenigen aus Kleinstädten. Diese Netzwerke haben zwar nicht mehr das traditionale Bild von Familie und Nachbarschaften; sie enthalten jedoch ein höheres Maß an Entscheidungsfreiheit.

Problematisch ist der Verlust tragfähiger und vorgeformter Lebensentwürfe vor allem für diejenigen, die über materielle und immaterielle Ressourcen eher nicht verfügen. Zwar sind moderne soziale Netzwerke weniger von Statusmerkmalen als vielmehr von gemeinsamen Interessen bestimmt.

Doch solche gemeinsamen Interessen muss man nicht nur haben, man muss sie artikulieren, kommunizieren und ausleben. Dies erfordert Ressourcen an Wissen, Orientierungsfähigkeit, sozialen Beziehungen ebenso wie Geld (Fahrkarten, Eintrittskarten, Internetzugänge und Telefonkosten etc.).

Es ist leicht nachvollziehbar, dass diese große Offenheit gerade für schwache Jugendliche mit wenig sozialen und intellektuellen Ressourcen schwere Herausforderungen mit sich bringt. Schwache Jugendliche haben nicht die gleichen Möglichkeiten (in die große Stadt zu ziehen, eine Sprachreise zu machen), um sich selbst zu (er-)finden wie Kinder der bildungsbürgerlichen Mittelschicht.

Die Netzwerkforschung hat immer wieder gezeigt, dass sozioökonomisch unterprivilegierte Gruppen hinsichtlich der gesellschaftlich geforderten Eigeninitiative und damit hinsichtlich der sozialen Teilhabe benachteiligt sind. (Keupp 2010: 31) Wenn aber die psychischen, geistigen und materiellen Mittel zur Gestaltung des eigenen Lebens nicht vorhanden sind, dann wird die „Norm zur Selbstgestaltung" zum schwer erträglichen Zwang. „Die Aufforderung, sich selbstbewusst zu inszenieren, hat ohne Zugang zu den erforderlichen Ressourcen etwas Zynisches." (Keupp 2006: 31)

Schwachen Jugendlichen fällt es schwer, über die eigene Identität zu reflektieren und sie zu gestalten. Sie haben kaum Erfahrungen und es mangelt ihnen an Konzepten, die ihre Freiheit orientieren könnten. Stattdessen sind sie für ihre Identitätsentwürfe auf Vorgaben angewiesen: Gerade sie orientieren sich häufig eher schematisch an medial vermittelten Rollenbildern. Und: an den Bedingungen ihrer unmittelbaren sozialen Umwelt, an ihrer Region und ihrem Kiez.

Die Musik, die sie hören, und die Marken der Kleider, die sie tragen, mögen globalisiert sein – für die Lebenswelt von schwachen Jugendlichen bietet *die Region* den entscheidenden Zugang zur Entwicklung von Handlungsnormen und Identität. Die Region ist der Rahmen, in dem sich ökonomische Entwicklung und institutionelle Planung abspielt. Sie ist die alltagspraktische Bezugsgröße, die setzt, was normal ist, was man erreichen sollte und wie das vonstattengehen kann. (Stauber und Walther 1995: 42 f.) Ob Jugendliche in Berlin oder in Bad Arolsen, in der Weststadt oder in einer Plattenhaussiedlung, ja sogar ob sie im Neubaugebiet am Dorfrand oder im alten Dorfkern wohnen – diese Sozialräume offerieren Normalitätsstandards, Anforderungsmuster, Bewältigungsstrategien und Identitätsangebote. Nicht umsonst rappen die harten Jungs vom *Ghetto* oder dass *„die street bleibt"* (Fler/Bushido). Mit dem sozialen Raum sind Mitgliedsangebote und Handlungsmuster verknüpft, an denen sich gerade schwache Jugendliche festhalten.

Kaum aber ist die Aufgabe, eine unterscheidbare Identität zu entwickeln, aus Sicht der Jugendlichen einigermaßen gelöst, d.h. kaum haben sie während der Pubertät ein Identitätsprojekt entworfen, das mit ihren Möglichkeiten und Erfahrungen ungefähr im Gleichklang steht und ihnen in der

Gruppe der Gleichaltrigen Anerkennung verschafft, da werden sie mit der nächsten Aufgabe konfrontiert: Ihre Identität muss nun mit den Anforderungen des Arbeitsmarktes passfähig gemacht werden.

Im Kontext von Arbeit und Beruf aber gilt: Identitätsprojekte mögen scheinbar frei wählbar sein – doch spätestens beim Vorstellungsgespräch haben sie Folgen. Arbeitgebern ist an Originalität des Persönlichkeitsentwurfs nur dann gelegen, wenn sie Produktivitätsvorteile verspricht – sehr viel häufiger geht es um Passfähigkeit und erwartete Produktivität. Schon Marx hat darauf hingewiesen, dass Strukturen gesellschaftlicher Arbeit Menschen prägen und Entfremdung verursachen. Horkheimer und Adorno formulieren dies in ihrer „Dialektik der Aufklärung" noch drastischer: „Furchtbares hat die Menschheit sich antun müssen, bis das Selbst des identischen zweckgerichteten Charakters des Menschen geschaffen war, und etwas davon wird noch in jeder Kindheit wiederholt [...] Den Trieb, der zur Ablenkung drängt, müssen sie verbissen in zusätzliche Anstrengung sublimieren. So werden sie praktisch." (Horkheimer/Adorno 1969: 56 f.)

Mit der zunehmenden Einbindung der Menschen in die Rationalität von Arbeit und Ökonomie veränderten sich auch die Ansprüche an funktionierende Identitäten: Rastlose Arbeit, Bedürfnisaufschub und Askese gehörten nun zu den Anforderungen an bürgerliche Ehrenhaftigkeit. Berufsausbildung steht damit für Selbstbegrenzung, Verzicht und Anstrengung. Und das ist ja auch Teil des Idealbildes vom deutschen Handwerker überhaupt. Antony schrieb 1954: „Der charakterlich gesunde Mensch wird die in ihn gesetzte Erwartung rechtfertigen wollen, wird jedes folgende Werk noch besser zu machen versuchen und so mit den steigenden Anforderungen wachsen, bis er Meister ist d.h. erstklassige Arbeit liefert, die nicht nur von praktischem Können zeugt, sondern auch von geistiger Diszipliniertheit. Der erst ist wahrer Meister, der sich selbst bezwingen kann." (Antony 1954: 28)

Unterwerfen muss man sich allerdings nicht nur unter sich selbst, sondern auch und vor allem unter betriebliche Zwänge. Keupp zitiert in diesem Zusammenhang Max Webers Diktum vom modernen Identitätsgehäuse als „stahlhartem Gehäuse der Hörigkeit" und verweist darauf, dass die ursprüngliche Bedeutung von ‚Sub-jekt' nicht etwa die Befreiung des Einzelnen sei, sondern dessen Unterwerfung.

Die Integration in die Berufs- und Arbeitswelt ist nicht nur mit offensichtlich persönlichkeitserweiternden Aspekten (Kompetenzzuwachs, Handlungsautonomie, Ressourcen) verbunden, sondern auch mit Einschränkungen und Begrenzungen. Die äußere und innere Ehre, die mit beruflicher Ausbildung erworben werden kann, muss durch Ehrverluste in anderen Persönlichkeitsanteilen erkauft werden. Die Initiationsrituale des Spätmittelalters finden so heute nicht mehr statt, doch die Aufnahme in die Betriebs- und Berufsgemeinschaft fordert immer noch ihren Tribut.

Im Einstellungsverfahren treffen die Logiken der Identität mit Wucht aufeinander: Auf der einen Seite die scheinbare Offenheit und Freiheit von

Identitätsprojekten, in denen es *nur* um Authentizität und Anerkennung in der Peergroup geht, und auf der anderen Seite die Anforderungen einer Arbeitswelt, in der gerade am unteren Ende des Qualifikationsspektrums Anpassungsfähigkeit und Unterordnung gefordert sind. Die Standards für Normalität und Effizienz sind eng gesetzt, die Spielräume für abweichendes Verhalten gering. (Ferchhoff/Neubauer 1989: 9) Wir sollen etwas besonderes sein *und* genauso wie alle anderen.

Auch an Personalverantwortlichen in Betrieben geht das Ideal einer umfassend inszenierten, möglichst kohärenten Identität nicht vorbei. Während in früherer Zeit wenige äußere Merkmale für eine Einstellung ausreichten (Schulnoten, Familienzugehörigkeit), so geht es heute ums Ganze: um Umgangsformen, Hobbies und gesellschaftliches Engagement, gesundheitsbewusstes Leben und räumliches Vorstellungsvermögen, Sprachkompetenz und persönliches Auftreten, Schlüsselkompetenzen und Zukunftspotenzial – kurz: um die ganze Palette von Identitätsmerkmalen, deren Inszenierung gerade schwachen Jugendlichen schwerfällt. Zugleich aber (und das ist dann fast perfide) geht es um die Fähigkeit der Jugendlichen, all diese Individualität zugunsten der Arbeit wieder zurückzunehmen und sich klaglos unterzuordnen. Wenn heute für die Ausbildung zur Einzelhandelskauffrau im Fleischereihandwerk neben Vorstellungsgespräch und zweitägigem Probearbeiten auch Potenzialanalysen und dreistündige Assessmentverfahren keine Ausnahme sind, so beinhaltet das für die Jugendlichen kaum überwindbare Widersprüche und konträre Anforderungen.

Einerseits sollen die Jugendlichen, um deren passfähige Persönlichkeit es ja geht, ganz *sie selbst* sein. Andererseits bekommen sie in Assessments und Einstellungsgesprächen zurückgemeldet, der sprachliche Ausdruck lasse zu wünschen übrig, die Mimik sei nicht ausdrucksvoll genug, die Hand gehöre nicht in die Jackentasche, der Rock dürfe nicht kürzer sein als italienische Länge und der Lippenstift sei dezent zu halten. Im Übrigen aber sei man hier sehr authentisch, alle würden sich duzen und Gespräche fänden auf Augenhöhe statt. Kein Wunder, dass Benimm-Kurse und Knigge-Regeln wieder Hochkonjunktur haben!

Es sind die Jugendlichen, die zwischen diesen Widersprüchen vermitteln sollen und flexibel allen Ansprüchen gerecht zu werden haben. Und gerade sie verfügen nur bedingt über die Ressourcen, um dies tun zu können.

Muddling through –
Durchwuseln als Programm

Wenn Erwachsene die Welten Jugendlicher beschreiben, ist häufig von „Generationen" die Rede: Seit Schelsky 1957 das Buch „Die skeptische Generation" veröffentlichte, sind z.b. die Generation Golf, Generation Kuschel oder Generation@ und die Generation Porno diskutiert worden. Der Generationenbegriff unterstellt, es gebe zeitgeschichtliche Bedingungen und Erfahrungen, die Menschen einer Altersgruppe in einer besonders empfänglichen Phase ihrer Identitätsbildung prägen, und die daher einen bestimmten Lebensstil in dieser Generation typisch machen. (vgl. Hurrelmann 1999: 59)

Doch schaut man genauer hin, zersplittert die Vorstellung von einer *Generation*. Menschen eines Lebensalters sind durchaus unterschiedlich. Mehr wohl noch als die Zugehörigkeit zu einer Generation sind sie geprägt durch Unterschiede. Die jugendsoziologische Literatur differenziert:

- nach Klassen- oder Schichtzugehörigkeit (Arbeiterjugend, bürgerliche Jugend, Oberschichtjugendliche)
- nach Bildungsstatus (Auszubildende, Schüler, Studierende, Jugendliche ohne Ausbildung etc.)
- nach Region (Großstadtjugend, Landjugend, West- bzw. Ostdeutsche Jugendliche etc.)
- nach Organisationsform (Vereins- und Verbandsjugend, kirchliche Jugendgruppen, gewerkschaftlich organisierte Jugend etc.)
- nach subkulturellen Merkmalen (Punks, Autonome, Emos, Hip-Hopper etc.)
- nach dominanten Lebenskulturen (Alternativkultur, Konsumkultur, Jugendreligionen) bzw. Milieus (Hedonisten, Konsum-Materialisten, Traditionelle, Experimentalisten) (vgl. Wippermann 2008; Barz et al. 2010)
- nach Handlungstypen (familienorientiert, hedonistisch, jugendzentristisch etc.) (vgl. dazu auch Ferchhoff/Neubauer 1989: 141 f.)

Während sich Jugendliche aller gesellschaftlichen Gruppen und Schichten den Herausforderungen ihrer *Generation* stellen und dabei mehr oder minder erfolgreich sind, so verfügen sie doch über unterschiedliche Chancen und sind unterschiedlichen Risiken ausgesetzt. In den verschiedenen Milieus, Subkulturen und Gruppierungen lernen Jugendliche jeweils andere

Muster und Strategien der Aufgabenbewältigung kennen und können auf spezifische Ressourcen ihrer Subkultur zurückgreifen. (vgl. dazu z.B. Wippermann 2008)

Den Klagen darüber, dass *die Jugend heute* dieses und jenes *immer tue* oder *nie könne*, zum Trotz: das Leben von Philipp, der als Arztsohn die 11. Klasse des katholischen Elitegymnasiums besucht, unterscheidet sich von der Erfahrungswelt des gleichaltrigen Steven aus der Berufsvorbereitung genauso stark wie das bei ihren Eltern der Fall ist. Sie mögen dieselbe Musik hören, dieselbe Internetplattform besuchen und die gleichen Computerspiele spielen – sie tun Unterschiedliches damit. Während Philipp die Raptexte als Provokation und *lustig* in seine Suche nach Abgrenzung und Autonomie einbauen mag, können sie für Steven zu einem Skript für das eigene Handeln werden. Die Gruppen Gleichgesinnter, in denen sie verkehren, haben kaum vergleichbare Werthaltungen, Lebensprinzipien, Beziehungsformen zu ihren Mitmenschen. Jugendliche aus unterschiedlichen Milieus interpretieren und nutzen Chancen und Barrieren, die sich ihnen darbieten, in ganz unterschiedlicher Weise. (vgl. Barz et al. 2010: 100)

Manche Jugendliche wissen vielleicht seit früher Kindheit, welchen Beruf sie wählen möchten und arbeiten zielstrebig die dazu erforderlichen Schritte ab. Gerade schwache Jugendliche gehen häufig anders vor. Sie entscheiden kurzfristiger, verfolgen eine Alternative, gelangen an Grenzen, tasten sich weiter, finden Lösungen, die sich später als wenig tragfähig erweisen usw. Zum Beispiel Christian:

Shell-Jugendstudie (2011) Fallbeispiel Christian
Dieser Jugendliche ist zum Zeitpunkt des Interviews 21 Jahre alt und macht eine Ausbildung zum Industrietechnologen in München und Berlin. Er sagt von sich: „Ehrlich gesagt, denke ick nicht weit in die Zukunft. Ick denke überhaupt nicht weit in die Zukunft, ick lebe eigentlich für die nächste Woche sozusagen. Dit ist auch schon dat längste, wat ick so vorausplane. [...] Ick kann jetzt auch noch nicht sagen: ‚in 10 Jahren ist ditte und dit‘ oder so. Ist mir auch relativ ejal erst mal. Ja, dat wird schon allet jut. Weil, ick bin auch so, ick passe mich dann der Situation an, kommt drauf an, wenn jetze in fünf Jahren das auf einmal so ist, dann muss ick mich halt anpassen, weeßte, dann hätte es aber auch nischt jebracht, wenn ick jetzt jeplant hätte, deswegen."
(http://www.i-songtexte.com/29737/titel/index.html am 24.03.2011)

In den Wirtschaftswissenschaften bezeichnet man eine solche Entscheidungsstrategie als *muddling through*. Statt rational und systematisch alle Strategiealternativen zu erkunden, geht man von wenigen Annahmen aus, zieht nur einzelne Alternativen in Betracht, läuft erst einmal los und sucht dann weiter. Es geht um schrittweise Näherung unter Inkaufnahme von Um- und Abwegen, um die „Tugend der Orientierungslosigkeit" (Goebel/Clermont 1997), d.h. um die Fähigkeit, sich in komplexen, unübersichtlichen Umwelten zurechtzufinden.

Wird in unserer komplexen Welt das *muddling through* zum Programm? Ist es für Jugendliche rational, sich angesichts der pluralen, komplexen und in sich beweglichen Umwelt Schritt für Schritt fortzubewegen und flexibel auf Spielräume und Lücken zu reagieren? Der institutionalisierte Normallebenslauf, so wie ihn Kohli als Folie für Arbeitsbiografien beschrieb (Kohli 2009), dient nur noch teilweise als Orientierung. Andere Lebensformen bieten sich an, erweisen sich als kurz- oder langfristig passend. Handlungsleitend ist weniger die Antwort auf die Frage „Wo will ich in 10 Jahren stehen?" als vielmehr auf die Fragen „Was geht?" und „Was verschafft mir heute Ehre und Respekt?" – und wenn damit der Respekt vor sich selbst gemeint ist.

Wenn ich auf den folgenden Seiten einige dieser Strategien und Lebensprojekte umreiße, dann nicht in der Absicht, eine jugendsoziologisch fundierte und umfassende Darstellung jugendlicher Lebensformen vorzulegen. Es geht mir vielmehr darum zu skizzieren, wie Jugendliche leben *könnten* – ohne Anspruch auf Vollständigkeit oder empirische Häufigkeiten. Es geht um Alternativen, die sich Jugendlichen heute bieten, die Frage, welche Wege ihnen offenstehen und welche angewählt werden, wenn die Abfolge *Schule – Ausbildung – Beruf* zunächst misslingt.

Machen, was geht

Ein großer Anteil Jugendlicher kommt auch heute in Ausbildung *unter*. Es ist häufig nicht der Traumberuf, und man mag den Jugendlichen mehr Engagement und Begeisterung für die Sache wünschen. Doch zunächst einmal funktionieren die Ausbildungsverhältnisse – recht und schlecht vielleicht, aber immerhin. Diese Auszubeldenden tun offenbar nicht unbedingt das, was sie wollen, sondern das, *was geht*. Jugendliche, die sich für das entscheiden, was ansteht und seltener für das, worauf sie Lust haben, begrenzen sich pragmatisch selbst und verzichten auf kurzfristige Befriedigung hedonistischer Affekte. Wenn Begeisterung für den *Job* nicht aus sich heraus entsteht – wie gelingt dann diese Balance?

Wie wichtig ist es der heutigen Jugend, „das Leben in vollen Zügen zu genießen" oder aber „fleißig und ehrgeizig zu sein"? Diese Frage stellten die Forscherinnen und Forscher der 16. Shell-Jugendstudie 2604 Jugendlichen zwischen 12 und 25 Jahren. Sie wollten herausfinden, wie hedonistisch Jugendliche heute denken und wie bedeutsam Leistung und die damit verbundenen Zumutungen sind.

Das Ergebnis: Leistung und Genuss werden gleich bewertet. 60 % der Jugendlichen halten Fleiß und Ehrgeiz, 57 % Lebensgenuss für wichtige Werte. Bei Ausländerinnen und Ausländern verschiebt sich diese Relation etwas zugunsten des Fleißes/Ehrgeizes (74 % zu 59 %), bei jüngeren Kindern (12 bis 14 Jahre) etwas zugunsten von Lebensgenuss (57 % zu 63 %).

Insgesamt zeigen Vergleichsstudien mit Erwachsenen (TNS Infratest Sozialforschung, zit. nach Albert u.a. 2010: 198), dass hedonistische Einstellungen im Laufe des Lebensalters eher zurückgehen (Während 82% der 14–30jährigen „das Leben in vollen Zügen genießen" für wichtig hielten, waren es nur 67% der 31- bis 45-Jährigen und 53% der 46- bis 65-Jährigen). (Albert 2010: 198ff.)

Gehen wir noch einmal zurück zu jenem Christian aus der Shell-Jugendstudie, der „eigentlich für die nächste Woche lebt". Die Forscherinnen und Forscher der Shell-Jugendstudie finden daran besonders interessant, dass Christian zwar von sich weiß, dass er sich anpassen kann und darauf auch vertraut. Sie halten es aber für „kaum vorstellbar, dass er einem [...] Statement zustimmen würde, dass da lautet: ‚Man muss sich im Leben anpassen, für eigene Wünsche bleibt da nicht viel Platz'." Das klänge viel zu viel nach Verzicht. Es existiert also eine gewisse Kluft zwischen den deklarierten Ansprüchen an das eigene Leben und den notwendigen Anpassungsleistungen an je wechselnde Situationen. Das macht einerseits wütend („weil es gab so Kleenigkeiten, die jehen einfach nicht in meinen Kopp rin. Wenn ick denke, ich bin im Recht in dem Augenblick, dann brülle ick die Leute an und dann werde ick richtig zum Tier. Dat kennt man eigentlich von mir jar nicht, weil jetze bin ick schön ruhig, aber dat ist dann manchmal"). Andererseits gibt es auch Anlässe, da „wollt ick sagen, ick muss dat unbedingt schaffen, es ist mir egal, wat es kostet. [...] Und dann hab ick's aber auch jeschafft." (Albert 2010: 287–292)

Die Gruppe der Jugendlichen, für die hier Christian steht, ist durchaus fähig, hedonistische Strebungen oder aggressive Affekte mindestens zeitweise zurückzustellen. Wenn man „dat unbedingt schaffen" muss, dann hält man auch durch. Im Vergleich zu den Jugendlichen, die sich Anforderungen der Erwachsenenwelt aktiv und motiviert stellen, sind jedoch bei schwachen Jugendlichen die Phasen des Durchhaltens kürzer. Die Ziele, die sich diese Jugendlichen stecken, sind unmittelbarer und konkreter: *diese* Prüfung, *diese* Aufgabe, *dieses* Praktikum muss durchgestanden werden, um *dieses* Ergebnis zu erhalten oder den aktuellen Status nicht zu gefährden. Diese Gruppe von Jugendlichen orientiert sich an Gelegenheiten, an dem, *was geht*, und das Ziel besteht vor allem darin, Zugang zu Konsumgütern zu erhalten: eine Jacke, ein Handy, ein Auto (wenn möglich, mit coolen Felgen).

Die Devise dieser Gruppe von Jugendlichen lautet entsprechend: Vorhandene Möglichkeiten annehmen, wenn sie kurzfristige, unmittelbare Vorteile verschafft. Man tut, was aktuell möglich ist und solange die Verdienstchancen stimmen, fragt man auch nicht groß nach Alternativen. Eigene Interessen und Hoffnungen werden zurückgestellt oder gar nicht erst bewusst. Stattdessen passen sich diese Jugendlichen ohne große Begeisterung, aber doch pragmatisch Anforderungen der Umwelt an und versuchen, ihnen irgendwie gerecht zu werden. Wichtig ist, *was geht*, nicht unbedingt, wohin es führt. Chancen für Ehre ergeben sich für diese konsum-materialistischen Jugendlichen aus dem, was man hat, nicht so sehr dem, was man ist. Um Symbole materiellen Wohlstands zu erreichen, nehmen diese Jugendlichen auch Einschränkungen in Kauf und ordnen sich unter.

Langfristige Ziele zu stecken, erweist sich in der Lebenserfahrung konsum-materialistischer Jugendlicher oft als illusionär und unübersichtlich; ideelle Ziele zu verfolgen (Bildung, Karriere) als fast naiv. So schildern Barz u. a. die Einstellung dieser Jugendlichen zu Ausbildung und Schule so: „Das Bildungsverständnis von Konsum-Materialisten [orientiert sich] an äußeren Merkmalen. Als gebildet gilt derjenige, der das Bildungssystem erfolgreich durchlaufen hat, der ‚es gepackt hat‘. Abgegrenzt von diesem Bildungsbegriff werden Alltagskompetenzen, emotionale Intelligenz sowie Lebenserfahrungen – Eigenschaften und Fähigkeiten, die positiv bewertet, aber nicht unter dem Stichwort ‚gebildete Persönlichkeit‘ subsumiert werden: ‚Mir ist lieber, jemand kann mir konkrete Tipps zu konkreten Lebenssituationen geben und weiß damit umzugehen, als jemand, der mir irgendwelche Sonaten da von Bach aufzählen kann‘.“ (Barz et al. 2010: 101)

Eigentlich verblüffend, dass Erwachsene diese Haltung nicht so recht zu würdigen scheinen. Einerseits fordern sie Anpassungsfähigkeit und die Orientierung an vermeintlich offensichtlichen Lebensrealitäten. Der Pragmatismus der Jugendlichen, die dies konsequent tun, ist ihnen aber auch nicht recht – etwas mehr Idealismus, etwas mehr innere Motivation wünscht man sich dann schon. Aber wozu das, wenn die Wahrnehmung und Lebensform dieser Jugendlichen doch vor allem das Produkt der Konsum- und Erlebniswelt sind, die ihnen mit so viel Nachdruck entgegengebracht wurde?

Cool bleiben

Einen gewissen Gegenpol zur Strategie des *machen, was geht* nehmen die Jugendlichen ein, die sich mehr oder minder bewusst in die Wartestellung begeben. Die antizipierte und von älteren Bekannten und Geschwistern vermittelte Erfahrung, dass Bewerbungen schwierig und die Erfolgschancen unwägbar seien, führen bei einigen Jugendlichen zu einem verstärkten Engagement in Bildung und Qualifizierung, bei den Jugendlichen in Wartehaltung jedoch zu einer vorauseilenden Distanzierung von diesen Aktivitäten. (Schittenhelm 2005: 258)

Sich angesichts der ungewissen Zukunft möglichst lange möglichst viele Optionen offen zu halten – das ist ja eine zunächst rationale Strategie. Viele Jugendliche meiden Festlegungen und die Einengung auf bestimmte Optionen. Vor die Wahl gestellt, wählen sie lieber eine weitere Schleife im Bildungssystem als eine konkrete Ausbildung. (vgl. Braun 2000: 37f.) Sie machen ein soziales Jahr oder nehmen an einem Sprachprogramm teil, schließen einen Auslandsaufenthalt an oder erweitern ihre sozialen Kompetenzen durch ein Praktikum. All diese Aktivitäten verschließen erst einmal nichts und lassen alles offen – wenn da nur die Zeit nicht wäre, die verrinnt. Aber was sind ein paar Monate oder sogar Jahre, wenn man sich doch noch nicht entscheiden kann? Wenn die Optionen so vielfältig und die Chancen der Realisierung so ungewiss sind? Statt falsch zu entscheiden, warten diese Jugendlichen zunächst noch ab. Sozialer Dienst? Work and Travel? Jobben? Oder einfach mal eine Auszeit nehmen? Chillen?

Abwarten kann unterschiedliche Formen der Aktivität oder Nicht-Aktivität einschließen, von der jungen Frau, die einen Au-pair-Aufenthalt in Kanada einschiebt bis zu den Jugendlichen, die sich in ihrem Zimmer einbunkern und vor allem nachts und vor allem im Netz leben. Gemeinsam ist der Option des Abwartens, dass Entscheidungen eher aufgeschoben als getroffen werden. Subjektiv führt das zu dem Gefühl, noch alle Wege offen zu halten. Und wann schließlich kann man sich eine solche Auszeit zur persönlichen Entwicklung im Leben noch einmal nehmen? Die Gefahr für *schwache* Jugendliche liegt bei dieser Strategie darin, dass sie die Wartezeit eben nicht nach außen darstellbar für ihre persönliche Entwicklung nutzen. Während Josephine ihren Auslandsaufenthalt in Australien für ihre Bewerbung gut verwerten kann, macht sich ein monatelanger Aufenthalt auf LAN-Parties weniger gut. Wenn Barbara Stauber und Andreas Walther von „strategischem Warten" sprechen, dann meinen sie vor allem die benachteiligten Jugendlichen und deren „erzwungene Verzögerung des Ausbildungsantritts". (Stauber/Walther 2000: 30) Meist führe *Warten* zu einem Motivationsverlust, weil auch den Jugendlichen klar sei, dass es die Chancen auf dem Ausbildungsmarkt eher verschlechtere.

Berufsjugendhilfe Stadt Kassel

An acht Schulen der Stadt Kassel ist in den vergangenen Jahren ein systematisches Übergangsmanagement in den Klassen 7, 8 und 9 eingerichtet worden. Die Jugendlichen aus den beteiligten Gesamt-, Haupt- und Realschulen durchlaufen verschiedene Probierwerkstätten, in denen sie berufliche Interessen erproben können, sie nehmen an einem Kompetenzfeststellungstest teil. Abschließend werden in einem besonderen Förderassessment Stärken und Fähigkeiten ermittelt. Ziel der Maßnahme ist es, gemeinsam mit den Jugendlichen realistische Zukunftsvorstellungen zu entwerfen, an denen sich die nächsten Schritte nach der Hauptschule orientieren können. Stefanie Mertes-Bojanowski ist mit einer halben Stelle an einer dieser Schulen tätig. „Für die einzelnen Jugendlichen ist die Situation nach wie vor schwer", berichtet sie: „Besonders im Handwerk fehlen Auszubildende. Dennoch sind viele Jugendliche einfach nicht zu einer Berufswahlfindung in der Lage und entscheiden sich für den weiteren Besuch der Schule. Oft kommen Schüler/-innen und Betrieb erst gar nicht zusammen. Sie scheitern an den hohen Erwartungen der Betriebe und können die Anforderungen im Bewerbungsverfahren allein nicht meistern. Der Weg in die Ausbildung erscheint zu kompliziert und nicht attraktiv. Zum Teil sind die Jugendlichen aber auch ganz und gar orientierungslos." Auch Udo Wendel stellt seit einigen Jahren fest, dass immer weniger Jugendliche eine Ausbildung überhaupt anstreben. „Dahinter stecken Ängste und der Wunsch nach höheren Schulabschlüssen", vermutet er: „Die Jugendlichen fürchten, schon im Bewerbungsprozess an den hohen Ansprüchen der Betriebe zu scheitern. Nach wie vor gibt es die Jugendlichen mit über 30 erfolglosen Bewerbungen – das spricht sich herum, dem möchten sie sich nicht mehr aussetzen. Sie haben auch Respekt vor den Betrieben selbst. Der raue Ton dort, hohe Belastungen und lange Arbeitszeiten – das ist für einen Jugendlichen wenig attraktiv. Die Schule ist ein bekannter Raum; dort weiß man, was einen erwartet."

(Interview mit Stefanie Mertes-Bojanowski und Udo Wendel, Jugendberufshilfe der Stadt Kassel, vom 01.06.2011)

Schwer einzuschätzen, wie hoch die Zahl derjenigen Jugendlichen ist, die zwischen Schule und Beruf phasenweise nichts oder fast nichts tun. Einen Anhaltspunkt bietet die Zahl von 12% unverbundener Jugendlicher, d.h. solcher junger Menschen zwischen 17 und 19 Jahren, die nach einer Studie von Pfeiffer und Selberlich zu einem bestimmten Stichtag weder in Ausbildung, noch in der Schule bzw. Uni waren und nicht in einer festen Beziehung lebten. (Pfeiffer/Selberlich 2010) Ganz wenige Jugendliche sind es wohl nicht, die über Monate und manchmal Jahre warten – bei den Eltern lebend, im Internet surfend, ohne konkrete Ziele und ohne feste Pläne. Sie entziehen sich den Anforderungen der Außenwelt und irgendwie funktioniert das auch. Viel Geld braucht man zunächst nicht, und mit Taschengeld und kleineren Verdienstmöglichkeiten kommt man eine ganze Weile zurecht. Medien bieten Unterhaltung, die kaum Anstrengung erfordert, keine Risiken für das eigene Ehrgefühl birgt und – wie Steins und Welling das nennen – die Welt mit „Geschmacksverstärkern" präsentieren. (Steins/ Welling 2010: 35)

Während den Jugendlichen die Haltung des Abwartens als durchaus sinnvoll und rational erscheinen mag, löst sie bei Erwachsenen Irritation aus. Sie erwarten kohärente Lebensziele und Entscheidungen. Schon für den Entwicklungspsychologen Erik Erikson bestand die Entwicklungsaufgabe der Jugend darin, von der Identitätsdiffusion zu einer gesicherten Erwachsenenidentität zu gelangen. (Erikson/Hügel 1997) Nach empirischen Untersuchungen Marcias stieg der Anteil von Jugendlichen mit diffuser Identität zwischen den 80er und den 90er Jahren von ca. 20% auf etwa 40%. Marcia hält Diffusion und Krisen bei der Identitätssuche grundsätzlich nicht für negativ. Sie können dazu führen, dass Identität als eigene Leistung erreicht und nicht nur von Eltern oder anderen übernommen werde. (Marcia 1989; Marcia 1993) Doch die neue, sozial angepasste Form der Identitätsdiffusion führe dazu, dass sich eine wachsende Zahl Jugendlicher mindestens phasenweise in der Diffusion verliere. Offensichtlich erweist es sich für viele Jugendliche als *funktional*, sich indifferent und unverbindlich zu zeigen. Sie wählen vor allem die Option, nicht zu wählen.

Lernen ist mit Anstrengung verbunden. Arbeit auch. Während Schülerinnen und Schüler nur ein paar Stunden am Tag in die Schule gehen (die

Anstrengungen einer bildungsbürgerlichen Kindheit mit Musikstunden, Sportvereinen, Ergotherapie und Nachhilfestunden bleiben schwachen Jugendlichen ja meist erspart), müssen Auszubildende körperlich, geistig und emotional einen 8-Stundentag bewältigen. Sie sollen sich engagieren, sich mit Neuem auseinandersetzen, klaglos monotone Arbeiten verrichten und sich unterordnen. Sind sie auf eine solche Anstrengung und Verantwortungsübernahme heute noch ausreichend vorbereitet?

Helmut Fend sah schon für die 70er Jahre Veränderungen in den Lebensräumen von Jugendlichen, die Eigenverantwortung eher verhindern. (Fend 1988: 31) Immer seltener werde die wichtige Erfahrung, „die eigenen Lebensumstände aktiv zu bewältigen, die Konsequenzen für eigene Handlungen abzuschätzen und Verantwortung für sie zu übernehmen […] (sowie die Erfahrung) für andere sorgen zu müssen". (Fend 1988: 31) Die moderne Gesellschaft schaffe einen Zwiespalt zwischen „asketischen Arbeitszumutungen und hedonistischen Konsumreizen." (Fend 1988: 131) Kinder leben in einer Welt, die unmittelbare Erfahrungen mit Natur, Technik und sozialen Lebenswelten nur noch bedingt ermöglicht. Lange Listen von Dingen, die Siebenjährige beherrschen sollten *(„drei Lieder singen, davon eines in einer anderen Sprache, einmal in einen Bach gefallen sein, eine langsame Symphonie mit dirigieren können, mindestens ein Wort in Blindenschrift lesen können")* sorgen bei Eltern für Faszination und schlechtes Gewissen. (vgl. Elschenbroich 2002) Die Erfahrungswelt der Kinder und Jugendlichen ist nur allzu häufig auf die eigenen vier Wände begrenzt.

Unterstützt wird die Haltung des Abwartens durch die Selbstinszenierungen einer Jugendszene, in der Aufregung und eignes Erleben eher abgewertet und *cool sein* zur Lebensstrategie schlechthin wird. „Im HipHop geht es relaxt zu. Man ist cool. Als cool gilt, wer sich nicht anstrengt, sich entspannt gibt, egal, was passiert. Jemand, der cool ist, lässt sich nicht provozieren. Alles, was er tut, macht er überlegen und ohne viel Mühe. Und erzählt er den anderen davon, geschieht das ganz nebenbei. […] Cool sein meint, wie das Lebensgefühl HipHop überhaupt, einen Gefühlszustand und eine Inszenierungspraxis. […]. Cool im HipHop meint eine gefühlte Distanz zu den Reaktionen des Umfelds. Die entsprechende Gestik und Mimik ist spärlich, die Körperhaltung introvertiert, die Bewegungen reduziert, langsam und entspannt. Daher auch die mitunter betäubt wirkende Gangart der HipHopper und die oft abwartende und desinteressiert erscheinende Haltung." (Klein 2008: 43)

Dass den wirklich coolen Leuten in Werbung und Super-Star-Shows Konsummöglichkeiten nur so zufallen, ist fernsehgewohnten Jugendlichen sehr präsent. Arbeit und Anstrengung dagegen wird für sie in der modernen Welt kaum mehr sichtbar. In einer Welt, die Individualität und Coolness in jeder Werbepause zum Motto eines selbstbestimmten Lebens macht, in der Anstrengung und Arbeit für Jugendliche aber kaum mehr erfahrbar sind, wird die Unterwerfung unter die Anforderungen eines langen Arbeitstages uncool und irgendwie abstrakt. Und je weiter sie in die Ferne rücken, umso schmaler und (real) unattraktiver wird das Spektrum der verbleibenden Möglichkeiten. Erreichbar ist eine positive Zukunft dann allenfalls im Traum.

Der unter männlichen Jugendlichen bekannte Musiker Silla rappt: „Ich träume, dass meine Geldsorgen Geschichte sind, dass hier nur einmal alles so läuft, wie ich es will. Ich träume, dass mein Alkoholproblem beendet wäre, von meiner großen Liebe und wann ich sie kennen lerne. Ich mach's mir selbst schwer, vieles könnte leichter sein, ich hab Fehler gemacht und kenn die Einzelheiten. Manchmal träume ich davon, dass ich schon Kinder hätte, um spät gute Nacht zu sagen, in ihr Zimmer könnte. Um zu merken, dass alles schon sein Grund so hat, alles an sei'm Platz ist, ganz egal, was du mir sagst. Mir ist bewusst, dass man Ziele nicht im Traum erreicht, man muss sehen, wo man bleibt. Stress so weit das Auge reicht." (Silla 2011)

Ehre – das ziehen Jugendliche in der Warteposition vor allem aus der Vielfalt der *noch nicht* gewählten Optionen. Im Moment ist ihr Leben vielleicht nicht besonders ehrenwert, aber doch nur weil sie sich noch nicht entschieden haben! Ehrverlust droht, wenn die Wartezeit vorbei ist und man sich den wenigen realen Optionen stellen muss. Denn dann kann es geschehen, dass die verbleibenden Möglichkeiten steinig sind und Demütigungen bereithalten, denen man sich bislang eher entzog.

Sozialstaat surfen

Traditionell wurden die Möglichkeiten, unliebsame Berufswahlentscheidungen zu vermeiden, durch ökonomische Zwänge begrenzt. Wenn Kinder nicht schon von vorneherein *in die Lehre gegeben* wurden, dann war doch die Erwartungshaltung der Erwachsenen drückend, möglichst umgehend etwas zum Familienhaushalt beizutragen. Erst ökonomische Unabhängigkeit führte zu den Freiheiten des Erwachsenenlebens (ein eigener Haushalt, die Möglichkeit zu heiraten). Heute ist es in bürgerlichen Elternhäusern gar nicht unattraktiv, *die Beine unter den Tisch der Eltern zu strecken*. Wesentliche Einschränkungen z.B. des Sozial- und Geschlechtslebens sind nicht zu befürchten, und die räumlichen Verhältnisse reichen für einen eigenen Fernseher allemal.

Anders ist das bei den Jugendlichen aus schwachen ökonomischen Verhältnissen. Hier wird die Wartestrategie dadurch eingegrenzt, dass ihnen, die nicht an Bildung oder Ausbildung teilnehmen, Sozialleistungen gekürzt oder ganz gestrichen werden. Für volljährige Kinder ohne Ausbildungsplatz kann Kindergeld zwar bezahlt werden, aber nur dann, wenn ernsthafte Bemühungen erfolglos geblieben sind, zum frühestmöglichen Zeitpunkt einen Ausbildungsplatz zu finden, und diese Bemühungen auch nachgewiesen werden können. Bei unter 25-Jährigen, die Sozialhilfe nach SGB II erhalten, können die staatlichen Zuwendungen gekürzt oder gestrichen werden, wenn sie sich weigern „in ausreichendem Umfang Eigenbemühungen nachzuweisen" oder „eine zumutbare Arbeit, Ausbildung, Arbeitsgelegenheit […] aufzunehmen, fortzuführen oder deren Anbahnung durch ihr Verhalten verhindern." (SGB II, § 31)

Konkret bedeutet dies: Jugendliche im Sozialtransfer ohne Ausbildungsplatz müssen sich arbeitslos melden und an den von der Agentur vorgeschlagenen Maßnahmen der Berufsvorbereitung teilnehmen, wenn sie die staatlichen Leistungen nicht verlieren wollen. Lehrkräfte im berufsvorbereitenden Unterricht oder Sozialpädagogen bei entsprechenden Bildungsträgern können unentschuldigtes Fehlen den entsprechenden Behörden melden und auf diese Weise sanktionieren. Ein solcher Druck kann bewirken, dass Jugendliche Bildungschancen kontinuierlicher nutzen und daraus einen individuellen Nutzen ziehen. Die nachdrückliche und sanktionsbewehrte Aufforderung, morgens aufzustehen und in der Bildungsmaßnahme zu erscheinen, kann lehrreich und produktiv wirken. Doch eine Konfrontation mit den Härten des Arbeitsalltags erzwingen diese Maßnahmen nicht. Die Teilnahme an dieser oder jener Maßnahme ist im Allgemeinen ausreichend, um einen basalen Lebensunterhalt zunächst sicherzustellen.

So werden an sich sinnvolle Bildungswege durch Jugendliche gefüllt, deren unmittelbares Interesse sich im kleinen Alltag auf den Erhalt der Sozialleistungen im geschützten Raum der Maßnahme begrenzt. Und andere weniger sinnvolle Bildungswege werden aufrechterhalten, weil alle Beteiligten von ihrer Fortsetzung profitieren. Denn angesichts der hohen Konkurrenz der Bildungsträger entstehen unheilige Allianzen zwischen den Akteuren, die ihre Maßnahmen füllen und erhalten möchten und Jugendlichen, die sich ihr Leben durch den Besuch einer weiteren Schleife *(„ich mach dann noch EIBE C')* auf niedrigem Niveau einrichten.

Vielen Jugendlichen werden durch berufsvorbereitende Maßnahmen Reifungsprozesse ermöglicht und Wege aufgezeigt. Doch für andere „markiert die Teilnahme an ergänzenden Qualifizierungs- und Beschäftigungsangeboten den Prozess der beruflichen und sozialen Ausgrenzung." Diese „zwiespältige Wirkung von Übergangshilfen" führt manche der Betroffenen in die „berufliche Marginalität". (Braun 2000: 39)

Je weiter Jugendliche in der Maßnahmenkarriere nach unten rutschen, desto fragwürdiger werden die Angebote: Die Teilnehmer werden immer öfter als chancenlos eingestuft. Je deutlicher dies wird, umso beliebiger, vager und laienhafter werden die Programme. Die Durchführung liegt häufig bei unzureichend qualifizierten Trainern, die ihrerseits prekär und/oder projektförmig beschäftigt sind und entsprechend häufig wechseln. (Braun 2000: 43)

In diesem Stadium wird die Arbeit mit den Jugendlichen häufig Sozialpädagoginnen und Sozialarbeitern überlassen, die die offensichtlichen sozialen und persönlichen Probleme der Jugendlichen mit ihnen bearbeiten sollen. Doch die Aufrüstung der erwachsenen Generation durch professionalisierte Beratung ist für die betroffenen Jugendlichen auch mit der Gefahr des Ehrverlustes verbunden. Wirklich cool ist es – zumindest in der Öffentlichkeit ihrer Peergroup – jedenfalls nicht, wenn sozialpädagogische Fürsorge in das junge Erwachsenenleben eingreift. All die Beraterinnen, Coaches, Sozialarbeiter, Elterntrainer und Therapeutinnen – aus ihrer Sicht reden die einfach zu viel.

Auszug Gruppendiskussion Elektroanlageninstallateure Betrieb B, 2. LJ:

B4 „ich zum Beispiel, ich würde darauf so verzichten. Ich habe hier einen Pädagogen, da fünf Ausbilder, die mich irgendwie vollquatschen mit irgendwelchen Dingen, wenn ich da bin, die sagen mir irgendwas. Das reicht mir schon, dann bin ich in der Schule.

B6 Ich sage ja nur.

B4 Pädagogen in der Schule, mit denen wir Ethik haben, total unnötig. [...]

B6 [...] Und dann redet der immer über Gruppen- und Teamarbeit, verstehst du? Das soll halt einen anderen Hintergrund haben [...] halt nicht nur, dass wir da dumm rumlabern, sondern das soll halt auch was bringen.

B4 Ich habe da in diesem Jahr nichts mitgenommen. Ich sage mal so, der Pädagoge beim Bund konnte man über alles reden. (Gelächter) Ich sage, das hat mir gereicht und das war, mehr will ich nicht wissen." (jemand lacht leise)

Dafür, dass Fürsorge als bedrohlich für die eigene Ehre empfunden werden kann, sprechen auch Befunde von Diana Schröter, nach denen Jugendliche, die an Maßnahmen für Benachteiligte teilnahmen, dies eher geheim hielten. Sie fürchteten die Stigmatisierung, die mit einer Zuschreibung als *benachteiligt* verbunden sein kann und legten viel Wert auf Normalität und Gleichbehandlung. (Schröter 2010: 160) Sie möchten ihre Ehre dadurch schützen, dass sie selbst als Protagonist ihres eigenen Lebensplans auftreten.

Zum Teil lässt sich die Abwehr der Jugendlichen durch die spezifische Form der Kommunikation in sozialpädagogischen Beziehungen erklären. Wer institutionelle Hilfsangebote in Anspruch nimmt, befindet sich offenbar in der Krise. Diese subjektive Krisenerfahrung ist der Ausgangspunkt der Selbstdarstellung und der Fremdwahrnehmung in der helfenden Institution. Die Fokussierung auf die Hilflosigkeit kann aber dazu führen, dass sich diese Wahrnehmungen im Laufe der Zeit verfestigen. Die Unfähigkeit, die Defizite und Schwächen einer Person werden ausführlich in den Blick genommen und mit institutioneller Zuwendung und Hilfe beantwortet. Die Gefahr besteht, dass so die eigenen Stärken und Bewältigungsressourcen immer stärker entwertet werden und in den Hintergrund geraten. (Alber 2000: 106)

Dieser Widerspruch ist für die Jugendlichen, die scheinbar so souverän mit den Möglichkeiten des Sozialstaates jonglieren, nicht auflösbar. Je weiter sie sich von den Zumutungen und potenziellen Risiken des Arbeitslebens entfernen, umso enger rücken ihnen die Sozialpädagoginnen und Sozialarbeiter auf den Leib, die sich noch in die privatesten Lebenszusammenhänge einschalten möchten. Wenn die Jugendlichen um die Balance zwischen innerer Bedürftigkeit einerseits und Abwehr von subjektiv empfundenen Angriffen gegen die eigene Lebenssouveränität andererseits ringen, dann geht es um nichts weniger als um ihre Ehre.

Ein Baby für uns ganz alleine

Mädchen, die sich im System des Sozialtransfers befinden, haben noch eine andere Möglichkeit, um möglichen Ehrverlusten an der Schwelle zum Arbeitsleben (zeitweise) zu entgehen: Sie können ein Baby bekommen.

Nach einer Pressemitteilung des Statistischen Bundesamtes (DESTATIS vom 18.02.2011/Nr. 068) gab es 2009 in Deutschland 267000 Mütter unter 25 Jahren – dies entspricht einem Anteil von 2% aller Frauen mit Kindern. Die jungen Mütter hatten – verglichen mit der Gesamtzahl aller Frauen mit mindestens einem Kind – einen vergleichsweise niedrigen Bildungsstand. 57% von ihnen verfügen über keinen beruflichen Abschluss und maximal einen Realschulabschluss. In der Gesamtgruppe aller Frauen mit Kind ist dies nur bei 21% der Fall.

Wer selbst Kinder hat, weiß, wie hoch die Belastungen der Kindererziehung gerade zu Beginn sind. Doch mindestens in der Fantasie der Jugendlichen *löst* die Mutterschaft auch eine ganze Reihe von Problemen: Entscheidungen hinsichtlich Ausbildung und Beruf werden zweitrangig. Für ihren Lebensunterhalt sind die Frauen nun nicht mehr alleine zuständig. Bei minderjährigen Müttern werden nun auch Ärztinnen, das Jugendamt, das Sozialamt und Beratungsstellen aktiv.

> **SGBVIII § 19 Gemeinsame Wohnformen für Mütter/Väter und Kinder**
> (1) Mütter oder Väter, die allein für ein Kind unter sechs Jahren zu sorgen haben oder tatsächlich sorgen, sollen gemeinsam mit dem Kind in einer geeigneten Wohnform betreut werden, wenn und solange sie aufgrund ihrer Persönlichkeitsentwicklung dieser Form der Unterstützung bei der Pflege und Erziehung des Kindes bedürfen. [...]
> (2) Während dieser Zeit soll darauf hingewirkt werden, dass die Mutter oder der Vater eine schulische oder berufliche Ausbildung beginnt oder fortführt oder eine Berufstätigkeit aufnimmt.
> (3) Die Leistung soll auch den notwendigen Unterhalt der betreuten Personen sowie die Krankenhilfe nach Maßgabe des § 40 umfassen.

Zwischen der emotionalen Fantasie vom *eigenen* Kind bzw. einer *eigenen* kleinen Familie und der Realität der durchwachten Nächte und durchfeuchteten Tücher auf der anderen Seite liegen neun lange Monate. Die erste Zeit des Mutterwerdens ist ausgefüllt von Ultraschallbildern, Beratungsgesprächen und langen nächtlichen Gesprächen über Vornamen. Gerade schwachen Jugendlichen aus weniger stabilen Elternhäusern eröffnen sich hier Momente hoher emotionaler Intensität. (Friedrich et al. 2008)

Auch Mädchen mit Migrationshintergrund bietet ein Leben in der Familie als Mutter und Hausfrau eine ehrenvolle Perspektive ganz ohne Beruf. (Schittenhelm 2005: 231) Das Abtauchen in die Hausfrauenwelt einer Migrantin wird teilweise durch Verwendung bestimmter Symbole der türkischen Kultur (wie etwa das Kopftuch) geradezu inszeniert. (Schittenhelm 2005: 234) Und es funktioniert: Kaum hat ein Mädchen ein Kopftuch und einen Kinderwagen, so verschwindet sie aus unserer Wahrnehmung. Sie sind da, auf der Straße, beim Obsthändler an der Ecke, aber sie werden nicht mehr bemerkt.

Ehre erwächst diesen Mädchen aus dem Mutter-Sein. Das eigene Leben – so die Fantasie – wird schon dadurch wertvoll, dass es ein anderes Leben schafft. Und ob man es selbst zu etwas bringt, verliert an Bedeutung, wenn man Rückschläge und Verzicht mit der Verantwortung für ein Kind vor sich selbst rechtfertigen kann.

Slam (2008)

„‚Ich behalte das Baby‘, sagte sie. Irgendwie hatte ich es gewusst. [...] Um ehrlich zu sein, hatte ich ganz vergessen, dass man sich auch anders entscheiden konnte. ‚Oh‘, sagte ich. ‚Und was wurde aus *wir*?‘ ‚Was meinst Du?‘ ‚Gerade hast Du noch gesagt, ich sollte davon reden, was *wir* machen werden. Und jetzt sagst du mir, was *du* machen wirst.‘ ‚Das ist was anderes, oder?‘ ‚Warum?‘ ‚Weil, solange das Baby hier drin ist, ist es mein Körper. Wenn es rauskommt, ist es unser Baby.‘ Irgendwas schmeckte mir nicht an dem, was sie sagte, aber ich konnte nicht den Finger drauflegen." (Hornby 2008: 147)

Die jungen Väter profitieren nur bedingt von der Familienoption. Sie bemühen sich zwar häufig ihrer Verantwortung als Vater und Versorger gerecht zu werden: In einer Studie der Bundeszentrale für gesundheitliche Aufklärung waren von 45 Fällen waren zum Zeitpunkt des ersten Interviews 32 Kindsväter präsent. Doch in den Folgeinterviews wurde deutlich, dass sie den Erwartungen der jungen Mütter nicht entsprechen konnten. Weder waren sie bei der Betreuung der Kinder so engagiert, wie sich die Frauen dies wünschten, noch vermochten sie, ihre Familien finanziell zu unterstützen. (Friedrich et al. 2008: 125)

Gangsta

Natürlich sind die allermeisten der Jugendlichen, die Gangsta-Rap hören und in Bushido-Konzerte und 50-Cent-Filme gehen *keine* Gangster. Sie könnten aber! Die Fantasie, machtvoll, böse und regellos zu sein, wird nicht nur von entsprechender Musik und den dazugehörigen Erfolgsstories genährt. Eine ganze Welle von Symbolen, Kleidungsstilen und Haartrachten bietet die imaginäre Möglichkeit, Ehre über Männlichkeit und Gewalt zu erlangen.

16. Shell-Jugendstudie (2011) Fallbeispiel Tom

Tom, 22, ist Interviewpartner der Shell-Studie. Die Schule hat er nach der 8. Klasse abgebrochen. Er lebt bei seiner Mutter und geht keiner geregelten Arbeit nach. Er erzählt von nächtlichen Sprühaktionen, an denen er hin und wieder teilnimmt. Er verbindet mit den Graffitis „Respekt". Zwar will er „nicht sagen, dass ick hier der Held bin, weil ick det schon so und so lange mache." Aber: „det is ja eigentlich auch dieses Graffiti-Ding, weeß ick nicht, dieses Respektzeug und so. Dieser ganze Scheiß halt. Können natürlich auch ein paar Macken sein von uns Kerlen. Keiner will irgendwie hingestellt werden wie ein Volltrottel, ist halt einfach so, wir wollen alle geachtet werden und respektiert werden und wenn es halt nur in dem Sinne ist, dass er mit mir normal umgeht, wie ick mit den anderen Leuten umgehe." (Albert 2010: 326)

Tom verdient – anders als mancher Kleinkriminelle oder Dealer – kein Geld mit Kriminalität. Seine Gratifikation besteht im Respekt, den er durch Graffitis zu erhalten glaubt. Gerade männliche Jugendliche identifizieren sich mit einer Symbolik der Männerehre, die kriminellen und gewalttätigen Milieus entlehnt wird. Wenn man vom Drogenhändler zum Millionär werden kann wie 50-Cent – wer möchte dann noch Tellerwäscher sein?

Schwer zu sagen, woher diese – eigentlich ja recht kindliche – Idealisierung scheinbar unverletzlicher, gewalttätiger Männer stammt. Es sind ja auch die Kinder aus bürgerlichen Familien, die ihre Eltern mit der Mitteilung verblüffen, so etwas wie *Gang-Bang* sei im Grunde ganz normal. Gangsta-Rap vertont Ideale einer ungebrochenen Männlichkeit, die ganz ohne Regeln einer bürgerlichen Ordnung auszukommen scheint.

Bushido

„Ich bin der, der seine scharfe Knarre zeigt
Hier kommt der G-G-Gangsta
Ich renn vor Bullen nicht davon.
Ich will nur, dass mich die Bullen nicht bekommen
Und dieser Scheiß pumpt krass,
denn wir hören den Polizeifunk ab
G-G-Gangsta
Gangstarap ist für mich langsam nur noch Freizeit
Kein Scheiß; ich überfall die Tanke, ich will reich sein."
(Bushido, Gangsta)

Hunderttausende Jungen und junge Männer, die uns in der Straßenbahn mit Knopf im Ohr gegenübersitzen, hören diese Texte. Die allermeisten von ihnen überfallen die Tanke nicht. Aber diese Möglichkeit wird in ihrer Fantasie zur Alternative, zur Exit-Option, wenn sonst nichts mehr geht.

Der Soziologe Joachim Kersten arbeitet an der Deutschen Hochschule der Polizei. 2008 veröffentlichte er einen Artikel in der tageszeitung (taz) über die Gründe für Jugendgewalt auf der Straße. Er beschreibt den Verhaltenscode von Straßenkulturen:

Joachim Kersten (2008)

„Im Kern des Codes steht der Begriff ‚Respekt'. Das ist die Währung, die zählt. Ursprünglich bedeutet Respekt ‚Rücksichtnahme'. Doch hier geht es um das genaue Gegenteil: um den Respekt als Tributleistung an die gesellschaftlich Nichtrespektablen. [...] Der Code der Straße gibt den Rahmen ab für die Wahrung und Wartung von ‚Respekt'. Das Erscheinungsbild einer Person, ihre Kleidung und ihr Auftreten sollen wie bei den Samurai verdeutlichen, dass ein gewisses Maß an ‚Respekt' selbstverständlich aufzubringen ist. Man wird als Respektsperson nicht ‚angemacht', nicht ‚gedissed'. [...] Ausdruck findet das Selbstwertgefühl in bestimmten materiellen Dingen, vor allem Luxusobjekten: Jacken, teure Sportschuhe und Goldschmuck sind das nach außen gezeigte Symbol des Eigenwertes, des Besitzes, den man verteidigen kann und wird, falls ihn jemand anrühren sollte. Um dazuzugehören, muss man die angesagten Luxusobjekte, die ‚korrekte' Kleidung, die entsprechenden Markenschuhe etc. vorzeigen können. Wer das nicht kann, wird verspottet oder sogar angegriffen. Das Selbstwertgefühl, das auf Dingen beruht, ist ein prekärer Zustand."

(Joachim Kersten 2008: 4)

Noch einmal: Natürlich lebt nicht jeder Jugendliche, der uns an der Straßenbahnhaltestelle in der martialischen Aufmachung eines Gangsta entgegenkommt, nach dem Gewaltcode der Straße. Doch dieser beherrscht – mangels gangbarer Alternativen – seine Fantasie und sein Weltbild. Eine ganze Musikkultur rankt sich um *battles* und das *dissen* des Gegners. Der Mythos vom Leben auf der Straße, bei dem harte, vom Leben gestählte Jungs gleichzeitig Opfer der Verhältnisse *und* atemberaubend reich und mächtig sein können, dringt mit jedem neuen Beat durch die Ohrstöpsel der Jugendlichen. Der Charme dieses Mythos liegt darin, dass Scheitern als Zeichen der Zugehörigkeit gefühlt werden darf und sich *gleichzeitig* das Versprechen von Macht und Reichtum daran knüpft. „Die street bleibt" rappt Fler. Und besingt seinen sagenhaften Aufstieg vom Ghetto in die Berühmtheit der Rapperwelt. Diesen Mythos der Unverletzlichkeit des Gangsta nähren wir jedes Mal, wenn wir nicht den Jungen mit Kappe und Machojacke, sondern die ältere Dame nach der Uhrzeit fragen, jedes Mal wenn wir der Dreiergruppe tätowierter Helden ausweichen, die den Bürgersteig für sich in Anspruch nimmt.

Auch der Jugendsoziologe Helsper sieht in der Überhöhung von Gewalt bei Jugendlichen ein Symptom für Schwächen der Erwachsenengeneration. Eltern, Lehrkräfte und Sporttrainer wollen selbst jung sein und leben Autorität nicht mehr selbstverständlich. Die allein gelassenen Heranwachsenden werden nicht sozialisiert, sondern sozialisieren sich selbst. Sie entziehen sich (recht erfolgreich) dem Zugriff der Erwachsenen und suchen sich ihre

Sozialisationsbedingungen in Peergroups selbst. Dies eröffnet nicht nur neue Freiheiten, sondern auch neue Belastungen und Risiken. Die Jugend entwirft sich als eigenständig und autonom. So wird alles zum Makel, das noch abhängig, bedürftig und auf die Hilfe anderer verwiesen erscheint und muss schleunigst überwunden werden. (Helsper et al. 2009: 29)

Diese Verschiebungen zugunsten der jüngeren Generation schwächen nicht bestimmte Gruppen von Erwachsenen (Eltern, Lehrkräfte, Ausbilder), sondern jede von ihnen; die Kritik am *Versagen* der jeweils anderen Gruppe geht ins Leere. Jede Empörung über das Unvermögen der heutigen Eltern, Lehrkräfte und Ausbildungsbetriebe kann mit einer ebenso empörten Kritik der jeweils anderen Gruppe beantwortet werden. Nicht *die* Eltern oder *die* Lehrkräfte sind schuld – das Verhältnis zwischen Erwachsenen und Kindern hat sich insgesamt geändert.

In der Regel spielt sich die Gangsta-Option vor allem in den Köpfen und Fantasien von Jugendlichen ab, die sehr wohl zwischen einem Video-Clip und der Realität unterscheiden können. Manche Jugendliche jedoch erleben Gangsta-Sein real als gangbare Alternative. In seiner Autobiografie „Türken-Sam. Eine deutsche Gangsterkarriere" schildert der junge Cem seinen Werdegang als Börsenbetrüger.

Cem (2010)
„Es war eine großartige Zeit. Wir waren alle Gangster, wir waren alle cool. Ich hatte schon mit 25 Jahren mehr Geld als alle meine erwachsenen Verwandten, ausgenommen Onkel Can natürlich. Ich musste nirgendwo mehr Schlange stehen, um in einen Club zu gelangen. Nein, wir wurden durchgewunken, wir zahlten nicht mal Eintritt. [...] Alle wollten nett zu uns sein. Und das Beste daran: Wir waren in ehrenwerter Gesellschaft. Wir waren erfolgreiche Geschäftsleute unter erfolgreichen Geschäftsleuten. Sollten wir da etwa malochen gehen wie unsere Eltern? Dreckige Jobs machen für lausiges Geld? Krummbuckelnde Kannaken sein für 1500 Mark? Anders zu leben kam für mich gar nicht mehr infrage." (Gülay/Kuhn 2010: 13)

Gerade Jugendliche, die sich ausgegrenzt sehen, sich an manchen Stellen auch selbst ausgrenzen, konstruieren sich mit einer gewissen Lust als Angehörige des Ghettos. So cool, so erfolgreich, so ungebremst männlich zu sein, entschädigt für viele Frustrationen in Schule und Ausbildung. Der Kult um Körperlichkeit, Kleidung und Frisur, ja selbst um die angemessen coole Körperhaltung und den richtigen Gang bietet äußere Ehre dort, wo sie auf anderem Wege kaum mehr herzustellen ist. Kraftsportstudios und Kampfsportclubs haben hohen Zuspruch. Hier erarbeitet man nicht nur Muskeln und Schnelligkeit, sondern auch Respekt, Ehre und Männlichkeit.

Cem (2010)
„Wir sind damals alle in die Kampfsportschulen gerannt, weil wir sahen, dass dort
draußen Krieg herrschte. Die Deutschen wie die Türken. Ich wusste: Ich muss mich
psychisch und physisch so ausbilden, damit ich mich verteidigen und meine kleinen
Brüder beschützen kann. [...] Was prägt denn in Berlin-Neukölln oder in Hamburg-
Harburg neben den Dönerbuden und Spielhallen das Bild der Hauptstraßen? Kampf-
schulen. Karate, Kung Fu, Boxen, Thaiboxen, Taekwondo, Ultimate Fighting. Das sind
die Fortbildungsstätten der Hinterhöfe." (Gülay/Kuhn 2010: 48)

Ob der Rückzug in den lokalen Raum (die Straße, das „Ghetto") lediglich
ein imaginärer Fluchtweg aus einer allzu komplexen realen Welt ist oder ob
tatsächlich neue Lebensräume in deutschen Großstädten entstehen, die mit
den banlieues in Frankreich vergleichbar sind – mindestens in der Fantasie
stellen sie für Jugendliche einen Rückzugsraum dar, in dem klare Regeln
herrschen und Macht durch Männlichkeit herstellbar ist.

Ehre erwächst diesen Jugendlichen aus der Gewaltgemeinschaft in ihrem Kiez, ihrem Quartier. Sie definieren sich als ehrenvoll, weil sie kämp-
fen und ihre Gemeinschaft schützen. Gewalttätiges Handeln gilt als ehrenvoll und Ehre legitimiert – quasi im Ringschluss – gewalttätiges Handeln.
„Gewalt ist dabei die Macht der Machtlosen. Sie schafft Gleichrangigkeit."
(Speitkamp 2010: 268)

Nachhaltig funktioniert diese Strategie in der Regel freilich nicht. Die
Jugendlichen erlangen auf diese Weise subjektiv Ehre, doch fatalerweise
grenzen sie sich zugleich von dem aus, was sie im Grunde suchen: Sicherheit, Familie, ein übersichtliches Leben. Staatliche Justiz könnte dazu beitragen, dass den Jugendlichen dies etwas rascher deutlich würde. Doch u.a.
die Jugendrichterin Kerstin Heisig wies in den vergangenen Jahren immer
wieder darauf hin, dass von der Tatbegehung bis zur Hauptverhandlung zu
viel Zeit vergehe, so dass die Jugendlichen sich in ihrer Illusion, stark und
unverletzlich zu sein, zu lange sicher fühlen können. Kirsten Heisig forderte
daher kurze Wege in der Strafjustiz, eine bessere Zusammenarbeit mit der
Polizei und stadtteilbezogene Zuständigkeiten für die Justiz.

Ein beschleunigtes Verfahren sei sinnvoll, denn nur dann sei der Täter
„in der Hauptverhandlung kurz nach der Tat emotional noch dicht am Er-
lebten. Er kann sich damit anders auseinandersetzen, als wenn bereits ein
halbes Jahr vergangen ist: Das ist im Leben eines 14-Jährigen ein beacht-
licher Zeitraum. Da hatte er inzwischen zwei neue Freundinnen, hat einmal
die Schule gewechselt und noch ein paar weitere kleine Straftaten begangen, frei nach dem Motto: ‚Welche Bushaltestelle meinen Sie denn, Frau
Richterin?'" (Heisig 2010: 183)

Resilient und erfolgreich

Zugegeben – diese Skizzen der Handlungsstrategien schwacher Jugendlicher der vorangegangenen Seiten sind plakativ. Viele Jugendliche tun nichts dergleichen oder aber sie bedienen sich situativ aus dem beschriebenen Spektrum, ohne ganz einer der Varianten zurechenbar zu sein. Außerdem vernachlässigen die Beschreibungen die Gruppe derer, die unspektakulär und mit durchschnittlichem Engagement Schritt für Schritt ihren Weg gehen. Erst recht lassen sie jene Gruppe außer Acht, die trotz zum Teil widriger Lebensumstände aktiv Bildung als Chance nutzt. G8 und PISA zum Trotz setzen sich diese resilienten und erfolgreichen Jugendlichen im Schulsystem durch, entziehen sich geschickt Begrenzungen und erobern die moderne Welt. Besonders weibliche Migrantinnen genießen hier in letzter Zeit – völlig zu Recht – Aufmerksamkeit. So schrieb die Abiturientin Melda Akbaş in ihrer Autobiografie „So wie ich will":

Melda Akbaş (2010)
„Ich kann mit keinem dieser Klischees dienen. Na und! Ich denke auch nicht im Traum daran, mich zu ändern. Mein Deutsch ist – ich sagte es bereits – ziemlich gut, ohne dass ich damit angeben wollte. Ich besuche ein Gymnasium, gehöre dort nicht zu den Schlechtesten, war sogar Jahrgangssprecherin und in der Schülervertretung, und das ganz freiwillig, weil ich finde, dass es nichts bringt, nur rumzumeckern. Man muss schon was tun, wenn man etwas ändern will. Und falls nichts schiefgeht, werde ich in diesem Jahr das Abitur schaffen. Danach will ich studieren oder erst mal eine Zeit lang ins Ausland gehen, nach England vielleicht oder nach Frankreich; mein Französisch könnte es vertragen. Aber dann will ich auf jeden Fall studieren. Im Augenblick favorisiere ich Jura. Staatswissenschaften könnte ich mir aber auch vorstellen. Mal sehen." (Akbaş 2010: 11)

Diese klugen, jungen Frauen durchlaufen nicht nur erfolgreich ihre Schulkarriere, sie tun dies betont als Migrantinnen und grenzen sich dabei – mit Witz und Ironie – von der deutschen Kultur ebenso ab wie von ihren allzu traditionellen Elternhäusern. Die Deutschen werden mit freundlichem Spott bedacht:

Hatice Akyün (2007)
„Hans und Helga heißen alle Deutschen bei uns Türken. Und es ist klar, dass Hans ein braver Brötchenholer ist. Zu seinem ersten Date kommt er gerne mit dem Fahrrad, mit buntem Fahrradhelm und Hosenschutz. [...] Wenn der Kellner beim Zahlen fragt, zusammen oder getrennt, dann antwortet Hans höflich und korrekt – und allenfalls mit einem verschämten Seitenblick auf Helga – getrennt.
Helga wiederum würde niemals zum Friseur gehen, einfach nur um sich die Haare föhnen zu lassen. Sie trägt keine Absätze, die höher sind als vier Zentimeter, und was der perfekte Bogen einer gezupften Augenbraue ist, weiß sie auch nicht. Sie ist aber sehr interessiert daran, es zu erfahren." (Akyün 2007: 8)

Die ständige Auseinandersetzung damit, als *anders* wahrgenommen zu werden, wendet diese Gruppe in besondere Leistungsanstrengungen. Traditionen und die Religion des Herkunftslandes gelten ihnen als *Anker* der Identität. Sie lehnen die Opferrolle ab, engagieren sich in Migrantengruppen und sprechen ein besonders gepflegtes Hochdeutsch, um gleich zu Beginn zu signalisieren: Ich bin deutsch. Was immer sie tun: Ob sie sich besonders beflissen deutschen Verhaltensnormen anpassen oder sich bewusst auf die Werte ihres Herkunftslandes beziehen – sie tun es in Reaktion auf ihre besondere Situation als Migrantin. (Madubuko 2011: 209)

Statt mit Brachialgewalt agieren erfolgreiche Jugendliche eher auf dem Verhandlungswege. Sie müssen weniger Widerstand und – da sie Achtungserfolge durch Leistung erzielen – ihre Ehre weniger heftig verteidigen. Stattdessen suchen sie Verbündete in Familie, Schule und Ausbildung, die sie strategisch nutzen, um Hindernisse zu überwinden. Ganz pragmatisch setzen sie sich über Gebote und Verbote dann hinweg, wenn es ihnen notwendig erscheint.

Melda Akbaş (2010)

„So sind sie [die Eltern, U. C.] eben. Mit einem Minirock verletze ich nichts Geringeres als ihre Ehre, und die ist ihnen heilig. Deshalb sehe ich zu, dass ich ihnen das nicht allzu häufig antue. Was an meinem Look allerdings prinzipiell nichts ändert, natürlich nicht, wäre ja noch schöner. Ist alles nur eine Frage der Taktik. Um ihnen und mir die leidigen Diskussionen zu ersparen, verlasse ich die Wohnung, wenn ich zu einer dieser Partys aufbreche, einfach so züchtig gekleidet, wie sie sich das von einer anständigen Tochter wünschen. Meine Partyklamotten verstecke ich so lange in einer Tasche. Die ziehe ich dann später an – eine kleine Verwandlung, als würde ich mein zweites Ich überstreifen – und vor dem Nachhauseweg eben wieder aus." (Akba 2010: 12)

Auch bei den Angehörigen dieser Gruppe handelt es sich insofern um schwache Jugendliche, als sie mit schwierigen Voraussetzungen in Ausbildung und Beruf gehen und sich mit Begrenzungen und Abwertungen konfrontiert sehen. Doch sie reagieren auf Hindernisse, indem sie die Flucht nach vorne antreten, setzen sich energisch und strategisch durch. Die Anerkennung in Schule und Beruf ist für erfolgreiche Jugendliche das Ticket zu mehr Freiheit: Sie erhalten Anerkennung durch Leistungen in Schule und Ausbildung und erwerben dort Kompetenzen, die es ihnen ermöglichen, sich freier zwischen den Welten ihrer Familie und der Gesellschaft zu bewegen. Aus dieser Freiheit erwachsen ihnen neue soziale und intellektuelle Ressourcen. Schließlich bewegen sie sich souverän zwischen den Kulturen, wählen aus, was ihnen weiterhilft und blenden aus, was sie behindert. Ehre ist bei ihnen nicht mehr national oder subkulturell begrenzt, sondern entsteht aus der Souveränität, grenzüberschreitend Elemente unterschiedlicher Sphären gekonnt miteinander zu verknüpfen und für sich zu nutzen.

Die Jugendforschung hat sich in den vergangenen Jahren intensiv mit der

Frage beschäftigt, welche Faktoren dazu beitragen, dass schwache Jugendliche so widerstandsfähig und erfolgreich (d.h.: resilient) sein können. Zu inneren Schutzfaktoren gehören Eigenschaften des Temperaments, die dazu geeignet sind, soziale Unterstützung hervorzurufen (Offenheit, Aktivität, Flexibilität), Problemlösefähigkeit, ein positives Selbstkonzept, Selbstwirksamkeitsüberzeugungen, eine optimistische Lebenseinstellung und die Fähigkeit, Impulse kontrollieren zu können. Äußere Schutzfaktoren sind mindestens *eine* stabile, verlässliche Bezugsperson, die Sicherheit und Autonomie fördert und die als positives Rollenmodell fungiert, ein wertschätzendes Klima in der Schule und die dosierte Übernahme von sozialen Verantwortlichkeiten bzw. Leistungsanforderungen. (Wustmann 2010: 74)

Resilienz kann sich nicht ohne gute soziale Erfahrungen entwickeln: Kein Kind ist von Geburt an resilient. „Der Glaube, für die Welt wichtig zu sein und Einfluss nehmen zu können, eine positive Einstellung zu sich selbst sowie die Möglichkeit, die eigenen Bedürfnisse ausdrücken zu können und auch gehört zu werden, sind bedeutende Schutzfaktoren, um auch unter schwierigen Lebensumständen zu gedeihen." (Wustmann 2010: 76)

Wo die Jugendlichen stärkende Beziehungen finden, ist von nachgeordneter Bedeutung. Manche dieser resilienten Jugendlichen wählen eine Verwandte oder einen Nachbarn; andere machen die Schule zu einem Zufluchtsort vor konfusen Familiensituationen, zu einem Ort der Ordnung und Struktur in einem sonst chaotischen Alltag. Wichtig ist, dass sich die oder der erwählte Erwachsene der Herausforderung, Bezugsperson zu sein, nicht verschließt. Ein Vertrauensverhältnis dieser Art lässt sich nicht organisieren und nicht herbeiführen (auch durch Ausbildungsbegleiter, Senior-Partner oder Patenschaften nicht). Organisieren lassen sich aber Gelegenheiten für Beziehungen, die zu Vertrauensverhältnissen heranwachsen können. In jedem Fall bedarf es aber Erwachsener, die es sich zur Ehre gereichen lassen, von schwachen Jugendlichen als Sparring-Partner des eigenen resilienten Entwicklungsprojektes ausgewählt zu werden, und die sich dieser Herausforderung stellen.

Ehrbarkeit und Lebensstrategien Jugendlicher

Aus diesen zugegebenermaßen kursorischen und eher plakativen Skizzen der Lebensstrategien schwacher Jugendlicher am Übergang zwischen Schule und Beruf lässt sich als Fazit festhalten: Die Wege ins Erwachsenenleben sind heute langwieriger, hindernisreicher, schlechter ausgeschildert und riskanter als früher. Auf den ersten Blick scheinen sich die Optionen vermehrt zu haben – auf der anderen Seite stellen sich viele dieser Möglichkeiten dann doch als unzugänglich oder riskant heraus. Ulrich Beck wies schon 1986 darauf hin, dass sich die biografischen Normalentwürfe entlang von Herkunft und Geschlecht aufzulösen beginnen. (Beck 1986) Arbeiterkinder *könnten* vielleicht auch Anwälte, Arzttöchter auch Schreinerinnen werden. Familien *könnten* sich als Normal-, Patchwork- oder Rumpffamilie bilden. Die neue Freiheit ist jedoch auch mit neuen Unsicherheiten verknüpft. Die Verheißungen erweisen sich als trügerisch; viele Wege verschließen sich, kaum dass sie für die Jugendlichen sichtbar wurden.

Schwache Jugendliche erleben beide Aspekte dieser Vervielfältigung von Lebensentwürfen mit Wucht: Sie stehen vor einer verwirrenden Vielfalt von Möglichkeiten und erfahren gleichzeitig, dass die meisten davon für sie bereits verschlossen sind. Sie werden mit medial vermittelten Erfolgsgeschichten Einzelner konfrontiert und gleichzeitig mit dem eigenen Versagen im Versuch, auch nur einen Praktikumsplatz zu ergattern. Sie haben die biografische Aufgabe, sich selbst als Person zu entwerfen, sehen aber kaum verlässliche Anhaltspunkte dafür, dass sie diese Entwürfe werden realisieren können. Im Gegenteil: Die biografische Erfahrung derer, die im Übergang zwischen Schule und Beruf Schleifen drehen, verweist ja deutlich auf die Sackgassen und Engführungen des Systems.

Kluge Mädchen mit Kopftuch, harte Jungs mit Tattoos oder Nerds im Internet – nicht alle Strategieoptionen der Jugend werden von Erwachsenen gebilligt. Doch das entsetzte Kopfschütteln und die Entgeisterung angesichts aktueller Jugendinszenierungen ist doppelt problematisch: Einerseits weil sie die Freiheit der Wahl nicht respektiert *und* weil sie außer Acht lässt, dass sich Entscheidungen der Jugend leichter korrigieren lassen als dies im Erwachsenenalter der Fall ist. Erinnert man sich ehrlich an die eigene Jugend, dann sind die Entscheidungen heutiger Jugendlicher gar nicht *so* skandalös und noch nicht einmal besonders originell. Wie viele von uns sind damals ein Jahr durch Europa getrampt, haben ein Haus besetzt oder ein merkwürdig überflüssiges Studium begonnen und nie abgeschlossen? Von Drogenerfahrungen und anderen Verirrungen gar nicht zu reden?

Wir sollten die Lebensentscheidungen Jugendlicher als gewählt anerkennen, im Wissen, dass die gewählten Optionen nicht nur das Ergebnis freier Entscheidungen sind, sondern durch ungünstige Sozialisationsbedingungen und Benachteiligung beeinflusst werden. Die Wahl von Lebensformen ist nur bedingt dem freien Willen und immer auch den günstigen oder weniger günstigen Angeboten und Bedingungen der sozialen Umwelt geschuldet. Doch man würde junge Menschen entmündigen, betrachtete man ihre Wahl nur als Resultat von Bedingungen, die sie nicht zu verantworten haben.

So fremd uns einige der jugendlichen Lebensformen erscheinen mögen – sie werden nachvollziehbar, wenn man sie als Versuch interpretiert, eine *Gegenehre* zum gesellschaftlichen Mainstream bzw. der (schlecht erreichbaren) Erwachsenenehre aufzubauen. Manche Migrantengruppen, Rapper oder Gangsta etablieren Ehre, wo sonst keine ist. Sie ist durchaus vergleichbar mit der Ehre von „Vaganten, Ganoven, Häftlingen, Dirnen und Schmugglern" (so die Überschrift eines Artikels von Girtler 1994), die seit jeher eigene Sprach- und Umgangsformen, Bekleidungsregeln, Tabus etc. entwickeln, um jenseits von der anständigen Gesellschaft Anerkennung zu erlangen.

Ich habe im Kapitel über die Geschichte der Berufsehre zu zeigen versucht, dass sich diese unterschiedlichen Formen der Ehre wechselseitig bedingen. Der ehrbare Kaufmann und der ehrliche Handwerker konnten als kulturelle Figur nur bestehen, indem sie sich von anderen abgrenzten und sie als unehrenhaft diffamierten. „Was in einer Gesellschaft als ehrenhaft gilt, wird letztlich durch den Bereich des Unehrenhaften festgelegt. Das wiederum aber schließt nicht aus, daß Bereiche und Gruppen, die gesamtgesellschaftlich als unehrenhaft gelten, ihrerseits eigene, sehr strenge Ehrbegriffe ausformen können." (Vogt/Zingerle 1994: 30)

Erwachsene, die sich darum bemühen, schwachen Jugendlichen Wege in die Arbeits- und Berufswelt aufzuzeigen, tun gut daran, diesen Kreislauf von Abwertung und Gegenehre nicht weiter zu bedienen. Sie ehren Jugendliche als eigenständige Persönlichkeiten und verzichten bewusst darauf, die eigene Identität durch Abwertung der Jugendlichen zu stärken. Dramatisierende und konsequenzlose Klagen im Lehrerzimmer und am Stammtisch über die Abgründe jugendlicher Inkompetenz und Unzuverlässigkeit meiden sie. Billiger Solidarisierung von Erwachsenen, die aus Diffamierung der ihnen Anvertrauten entsteht, misstrauen sie.

Stattdessen respektieren sie Jugendliche, indem sie sie als Entscheidungsträger ernst nehmen und gerade deshalb auf Konsequenzen aus ihrem Tun bestehen. Hier will die Balance gehalten werden: Wir haben Entscheidungen zu akzeptieren *und* insofern gelassen zu bleiben, als wir die Jugend der Personen in Rechnung stellen.

Wir müssen gewählte Optionen nicht gut finden. Es mag im Gegenteil richtig und bedeutsam sein, sie als abweichend und unerwünscht zu markieren. Dennoch ist es richtig, zu respektieren, dass die Jugendlichen sich in einem komplexen Entscheidungsfeld befinden und bisher *diese* Option gewählt haben, um den Herausforderungen des Erwachsenenlebens zu begegnen. Indem wir die Entscheidung, sich einen Ring durch die Nase ziehen zu lassen, so behandeln, wie die Entscheidung, einen Ring am Finger zu tragen (Sieht er schön aus? Was hat er gekostet? Was bedeutet der Ring?), *ehren* wir unser jugendliches Gegenüber. Souveräne Erwachsene verbinden die Ernsthaftigkeit, die aus der Anerkennung der Freiheit des Anderen erwächst, mit einer gewissen Gelassenheit gegenüber jugendlichen Identitätsprojekten. Und sie bemühen sich darum, die Jugendlichen an einer Ehre teilhaben zu lassen, die ihnen nachhaltigere Perspektiven bieten kann.

Auf den folgenden Seiten versuche ich, eine Ausbildungskultur zu skizzieren, die *schwache* Jugendliche in besonderer Weise anspricht und fördert. Schwache Jugendliche *in Ausbildung*, das sind schon einmal die, die nicht die Optionen des Abwartens, Sozialstaatsurfens oder das Gangsta-Dasein gewählt haben. Mindestens im Moment der Unterzeichnung des Ausbildungsvertrages stehen sie an der Schwelle zu Ausbildung und Arbeit.

Aufgabe der Ausbilderinnen und Ausbilder ist es, ihnen Möglichkeiten des Ehrerwerbs deutlich zu machen und zu zeigen, dass sich diese Perspektive lohnen kann.

Gelingende Ausbildung in einer pluralen Welt

Berufsausbildung in Deutschland ist Teil einer alten, in Köpfen und Körpern verwurzelten Kultur. Als solche hat sie (wie alle anderen Kulturen) materielle Aspekte: Ausbildungsordnungen, Verträge und Türaufkleber mit der Aufschrift: *Dieser Betrieb bildet aus* – zum Beispiel. Sie lebt aber auch von immateriellen Wahrnehmungs-, Denk- und Handlungsvorgaben, Werten und Lebensformen. (Klein 1995: 174) Diese ideelen Bestandteile der Ausbildungskultur müssen Neulinge erst erlernen, sich zu eigen machen und später ein wenig umgestalten, bis sie selbst Trägerinnen und Träger der Kultur geworden sind und sie an andere weitergeben.

In der Ausbildung werden Neulinge Teil einer Betriebskultur und lernen, wie in *ihrem* besonderen Betrieb *der Laden läuft*, wie sie Dinge zu interpretieren, Prozesse auszuführen und mit den Menschen um sie herum umzugehen haben. Darüber hinaus ist die Ausbildungskultur umfassender als die Betriebskultur, so wie der *Beruf* über die besonderen Anforderisse an *einem* Arbeitsplatz hinausweist. Was ein Betrieb von Sven, Sandra oder Sarah erwartet, ist nur bedingt von diesem einen Betrieb und diesem besonderen Meister abhängig. Überformt werden die Ansprüche von den kulturellen Deutungen, die seit Jahrhunderten in Deutschland an Lehrlinge gerichtet werden.

Jugendliche erkennen im Laufe ihrer Ausbildung die gedanklichen, sozialen, emotionalen und produktbezogenen Rahmungen dessen, was im Beruf geschieht. Die Tierpflegerin lernt einen ökonomisch-versachlichten Umgang mit Tieren, der zu ihren ursprünglichen romantischen Vorstellungen zunächst nicht passt. Der Handwerkslehrling gewöhnt sich an, mit einer Kundin anders zu sprechen als mit seinem Kumpel. Der Altenpfleger erfährt sich neu, wenn Patienten sterben und übernimmt emotionale Bewältigungsmuster seiner Kolleginnen usw. Sie alle werden in eine Kultur der Arbeit mit Produkten, Kunden und Kollegen eingeführt, mit der sie sich auseinander setzen müssen. Auch und vor allem geht es um den Umgang mit sich selbst. Ob Ausbildung erfolgreich verläuft, hängt unter anderem davon ab, wie sich die Beteiligten zu diesen Mustern verhalten und wie sie sich diese zu eigen machen – oder eben nicht.

So weit, so gut, ließe sich einwenden. Was aber ist zu tun, wenn das gerade nicht mehr funktioniert? Wie macht man komplexe und vielschichtige kulturelle Muster verständlich, wenn die Jugendlichen die (sub-)kulturellen

Voraussetzungen nicht mitbringen (sondern ganz andere)? Wenn nicht nur das Handwerk selbst, sondern ebenso die kulturspezifische Sprache, Umgangsformen, Denk- und Verhaltensmuster, Kleidung und Körper neu erlernt werden sollen? Und wenn gleichzeitig die Betroffenen ihre eigene Sprache, Umgangsformen, Denk- und Verhaltensmuster, Kleider und Körper als ureigensten Ausdruck ihrer Identität auf keinen Fall preisgeben wollen?

Sollte man die Ausbildungskultur stark machen? Sie transparent und klar als Anspruch formulieren und mit Macht durchsetzen? Oder wird sie dann zu starr, altbacken und unbeweglich? Soll die ausbildende Person auf die Einhaltung der Erwartungen pochen und sie mit all ihrer Autorität durchsetzen? Oder soll sie Kompromisse machen und sich auf die Interpretation der Jugendlichen einlassen? Sie *dort abholen, wo sie stehen*? Private Probleme ausklammern, anhören, lösen?

Wenn ich hier vorschlage, *Ehre* zum Ausgangspunkt der Reflexion und Gestaltung von Ausbildung zu machen, so mag das anachronistisch wirken. Doch so hilfreich viele Tipps und Tricks mit viel moderneren Begrifflichkeiten auch sein mögen – mir scheint gerade die Zeitlosigkeit des *Spiels der Ehre* und die Bedeutung, die es offenbar im Leben gerade schwacher Jugendlicher bis heute hat, ein Hinweis für seine besondere Ernsthaftigkeit und Wirkkraft zu sein.

Prof. Dr. Winfried Speitkamp
So fremd uns diese Riten und so archaisch uns manche Inhalte des Ehrbegriffs erscheinen, so sehr eint die Menschen aus allen Kulturen, Zeitepochen und Gesellschaftsgruppen doch das Bedürfnis nach Anerkennung und Ehre, das sich unterschiedlicher Inhalte bedient, aber ganz ähnliche Formen benutzt. Die Signale und Symbole der Ehre sind über Zeit und Kultur hinweg viel ähnlicher, als man vielleicht vermuten könnte. (Interview mit Prof. Dr. Speitkamp am 10.03.2011)

Erfolgreich ist Ausbildung dann – so meine These – wenn sie Jugendlichen eine attraktive Form der Ehre in Betrieb und Beruf nahebringt *und* die Jugendlichen sich auf diese Ehrbegriffe einlassen, sie übernehmen und weiter leben. *Ehrbare Ausbildung* kann in diesem Verständnis bedeuten: Die Erwachsenen erkennen an, dass die Jugendlichen nach Ehre streben und ermöglichen ihnen systematisch Zugang zu ihr. Sie respektieren die Jugendlichen in ihrem Versuch, Ehre zu erwerben bzw. zu erhalten und sie gestalten bewusst eine soziale Umgebung, die Respekt und Anerkennung eher unterstützt als gefährdet. Die Jugendlichen nehmen das Angebot an, verbinden es mit ihren eigenen Formen der Ehre und gestalten sie entsprechend aus. Auf den folgenden Seiten möchte ich versuchen, Merkmale einer ehrbaren Ausbildung in einem solchen zeitgemäßen Sinn zu skizzieren.

Ankommen – der Ausbildungsbeginn

Eine ehrbare Ausbildung beginnt mit der Aufnahme in einen Betrieb – und im Grunde sogar schon vorher. Ausbildende Betriebe gehen Risiken ein, die umso höher sind, je kleiner der Betrieb ist. Dabei fürchten Betriebe in Bezug auf Ausbildung weniger finanzielle Risiken als vielmehr arbeitsorganisatorische und soziale Probleme. Unternehmen scheuen – angesichts der Entscheidung, auszubilden oder nicht – eher Schwierigkeiten in der Zusammenarbeit mit Auszubildenden als hohe Ausbildungskosten. (Gericke et al. 2002: 17)

Genauso gehen Jugendliche mit der Wahl eines Berufes und eines Ausbildungsbetriebes ein erhebliches Risiko ein: Sie können ihre Bildungszeit in den Erwerb eines Berufs investieren, der sich später als brotlos, langweilig, überfordernd, gesundheitsschädigend o. ä. erweist. In der Wahrnehmung der Gesellschaft und der sozialen Umgebung der Jugendlichen sind längst nicht alle Berufe anerkennenswert und prestigeträchtig. (Vogt 1997: 350) Wie ehrenvoll es z. B. ist, Installateur, Ver- und Entsorger oder Polizist zu werden, ist abhängig von Normen der jeweiligen sozialen Umgebung – und die können sich ändern.

Auch bei der Wahl des Ausbildungsbetriebes kann man sich irren: Die Qualität der Ausbildung kann mangelhaft, die sozialen Beziehungen problematisch sein. Der ganze Betrieb kann in der Insolvenz zugrunde gehen. Kurz: Es kann passieren, dass Ausbildung unerfreulich, quälend, ineffizient ist; sie kann scheitern. Für die Betriebe ist eine Fehlentscheidung ärgerlich und belastend; für die Jugendlichen ist sie nur unter hohen biografischen Kosten revidierbar und kann existenzbedrohend sein.

Um die Ängste zu binden, die solche Risiken mit sich bringen, suchen die Jugendlichen schon vor Beginn der Ausbildung nach Hinweisen darauf, dass ihre Entscheidung für einen bestimmen Ausbildungsberuf und -betrieb richtig ist. Dem Betrieb eilt in der Regel ein bestimmter Ruf voraus. Wenn es sich um ein Unternehmen mit guter Reputation handelt, sind die Jugendlichen stolz, gerade von dieser Firma zur Ausbildung eingestellt worden zu sein. Der Status in der Peergroup steigt, die Jugendlichen erfahren Anerkennung und Respekt in der Clique, die Familien, das weitere soziale Umfeld reagieren positiv. Das Image des Unternehmens ermöglicht es ihnen, sich an den regionalen Status der Firma anzulehnen und ihren Selbstwert durch die Aussicht auf künftige Zugehörigkeit zu steigern.

Für Betriebe lohnt es sich, systematisch und kontinuierlich um gute Absolventinnen und Absolventen zu werben. Erfolgreiche Unternehmen arbeiten häufig mit Schulen und Bildungsträgern zusammen, um auf ihr Unternehmen aufmerksam zu machen. Gerade gute Schülerinnen und Schüler informieren sich über Bedingungen und Qualität der Ausbildung sowie über die Möglichkeit der Übernahme nach der Ausbildung.

Stadtreiniger Kassel

Wer „Fachkraft für Kreislauf- und Abfallwirtschaft" hört, kann sich kaum vorstellen, dass sich dahinter ein anspruchsvoller Beruf verbirgt, für den in Deutschland nur ca. 450mal ausgebildet wird. Entsprechend wichtig ist für die Stadtreiniger, eine gute Werbung für ihre Ausbildung, das „recruiting", wie Volker Gundlach, Leiter des Personalwesens bei den Stadtreinigern Kassel das nennt. Aber auch das *Danach* wird immer wichtiger. Hieß es jahrelang *Hauptsache Ausbildung*, so werde heute genau nachgefragt, wie es nachher weitergeht. Ein Jahr Übernahmegarantie, so wie es auch schon im Tarifrecht verankert ist, reiche da häufig nicht aus. Für Betriebe, die über Bedarf ausbilden, so wie dies bei den Stadtreinigern der Fall ist, keine einfache Situation.

In der Stadt Kassel haben sich unterschiedliche kommunale und kommunenahe Betriebe (die Verkehrsbetriebe, die gemeinnützigen Wohnungsbaugesellschaften, die Stadtverwaltung, das kommunale Krankenhaus, das Tourismusbüro usw.) zum Stadtnetz Kassel zusammengeschlossen. Eine der Maßnahmen, die in diesem Netz erfolgreich stattfinden, ist das „Azubi-Sharing". Vera Merwar erzählt: „Da kann schon einmal ein Koch zwei Wochen ins Tourismus-Büro. Oder eine Bürokauffrau geht zur Gemeinnützigen Wohnungsbausgesellschaft und schaut: Was machen die eigentlich mit den Abfallrechnungen, die sie von uns bekommen." Dies helfe den Jugendlichen über den Tellerrand zu schauen, aber nicht nur: „Manch einer hat darüber auch schon den Anschluss gefunden, nach der Ausbildung übernommen zu werden."

(Interview mit Vera Merwar/Volker Gundlach, Stadtreiniger Kassel am 26.05.2011)

Jugendliche am Übergang zwischen Schule und Berufsausbildung haben Ängste bezüglich der dort geforderten Leistungen, des sozialen Umgangs mit Kolleginnen und Kollegen oder ihrer eigenen Position im Betrieb. Positive Vorstellungen und Fantasien in Bezug auf den künftigen Ausbildungsbetrieb mildern solche Sorgen. Man kann davon ausgehen, dass Jugendliche eine große Bereitschaft mitbringen, Vertrauen für den Ausbildungsbetrieb zu empfinden, schon um ihre Angst binden und unter Kontrolle halten zu können.

Gelingt es, diesen Prozess durch eine positive Reputation und bedeutungsvolle Gesten (z.B. Präsenz auf Ausbildungsmessen, Betriebszeitung etc.) zu unterstützen, dann festigt dies ihre Einstellung zum Unternehmen und trägt zu einer positiven, vertrauensvollen Grundeinstellung bei. Welche Erwartungen Jugendliche an den Betrieb richten, lässt sich strategisch nicht herstellen, wohl aber positiv beeinflussen.

Auszug Gruppendiskussion Industriekaufleute Betrieb A, 1. Lj.

B3 „Also, ich kenne richtig viele Leute, die hier unbedingt her wollten und es ist halt wirklich so eine Sache, hier ist das halt wirklich, das ist das Unternehmen, bei dem man sich bewirbt. [...].

I1 Und warum, was macht das aus?

B3 Ich weiß es nicht genau, also [Betrieb A] ist halt wirklich, also, ich sehe halt immer die positiven Sachen. Jetzt nicht unbedingt von diesem, ja, okay, bei [Betrieb A] verdienen wir das meiste Geld, sondern dass man eher, bei [Betrieb A] fühlt man sich wohl, bei [Betrieb A] hat man einen sicheren Arbeitsplatz, bei [Betrieb A] ist die Stimmung schöner oder was weiß ich. [...]

B5 Vor allen Dingen weiß man aber auch, dass man hier wirklich gefördert wird. [...] Also, es sind einfach so viele Sachen, dass man weiß, wer bei [Betrieb A] eine Ausbildung macht, der hat auch später, selbst wenn er hier nicht bleiben möchte, was zwar die meisten wollen, aber der hätte rein theoretisch gesehen gute Chancen auf dem Arbeitsmarkt. Man ist hier wirklich gut vorbereitet und das macht das Ganze auch sehr reizvoll."

(Gruppeninterview Clement Betrieb A, 1. Lehrjahr)

Die hier gezeigte Begeisterung ist freilich in aller Regel nicht von unbegrenzter Dauer. In einer Studie mit Auszubildenden aus drei Lehrjahren, die Prof. Dr. Heidi Möller, Prof. Dr. Peter Eberl und ich im Jahr 2010 durchführten, stellten wir eine typische Verlaufsform von Ausbildung fest: Die neu im Betrieb Angekommenen waren vollständig begeistert. Der Betrieb war großartig, die Kollegen freundlich, das Klima wunderbar, die Firma einfach ein Glücksgriff. Im zweiten Lehrjahr überwogen die kritischen Stimmen. Dieses und jenes laufe überhaupt nicht, es gebe Konflikte und man habe inzwischen verstanden, dass wirklich nicht alles Gold sei, was glänzt. Im dritten Lehrjahr hatten sich die Wogen geglättet. Die Auszubildenden berichteten, sie seien nun gut integriert und würden mit wichtigen Aufgaben betraut.

Prof. Dr. Heidi Möller:

Meine Kollegin ist Professorin für Theorie und Methodik der Beratung an der Universität Kassel. Sie vergleicht den Beginn eines Ausbildungsprozesses mit dem Anfang einer Liebesbeziehung: „Zu Beginn idealisieren wir den Partner. Er ist so schön, sie ist so klug, alles ist so wundervoll. Wir fühlen uns verstanden wie noch nie, erleben uns selbst als liebenswert, kompetent, kreativ, witzig uvm.. Durch dieses Hochgefühl – Freud bezeichnet den Zustand des Verliebtseins als einen psychotischen – wehren wir einen Teil der Realität ab. Denn wenn wir uns verlieben, begeben wir uns auch in eine Abhängigkeit zu einem andern. So betrachtet ist das Verliebtsein sowie der neue Lebensabschnitt Ausbildung eine Krise, die uns labilisiert. Krisen lösen Angst aus und diese Angst können wir nur dadurch binden, dass wir die Partnerin oder den Partner überhöhen. Wir würden unsere Freiheit schließlich nicht für jede oder jeden aufgeben! Etwas Ähnliches spielt bei den Jugendlichen, die – gerade in den Betrieb gekommen – mit glänzenden Augen berichten, alles sei toll und sie seien schon ein Teil des Großen, Ganzen.

Die Ernüchterung folgt auf dem Fuße: Man geht nach dem anfänglichen Hoch in eine kritische Distanz, sieht auf einmal auch die Fehler und Macken, krittelt und nörgelt, passt sich an und erzwingt Anpassung beim anderen. Diese Distanzierung löst die Abhängigkeit von Menschen oder in Organisationen noch nicht, sondern dreht sie herum. Psychologen nennen das ‚Gegenabhängigkeit'. Je heftiger ich behaupte, mich zu distanzieren, umso mehr beschäftige ich mich innerlich mit der oder dem anderen. Diese zweite Phase ist schmerzhaft, weil sie mit dem Verlust des eigenen Idealselbst und des idealen anderen einhergeht, aber sie ist immens wichtig! Wir brauchen die Auseinandersetzung, die wechselseitige Kritik und Anpassung. Nur Idealisierung und Entwertung sind keine gesunden Formen von Beziehung. Diese Phase sehen wir im zweiten Lehrjahr, wenn die Jugendlichen unzufrieden sind und behaupten, in der Realität angekommen zu sein und nun zu wissen, wie der Betrieb wirklich funktioniert.

In der dritten Phase – wenn die Beziehung denn die zweite übersteht – kann es dann zu einer reifen Einschätzung der Partnerin oder des Partners kommen. Wir sehen die negativen Seiten des anderen und die positiven, und wir arrangieren uns mit beiden. Es wird klar, was gut ist zusammen zu tun und wo Distanz richtiger ist. Im günstigen Fall werden wir kompetenter und finden einen realisierbaren Weg für eine partnerschaftliche Beziehung. So ähnlich erlebe ich die Aussagen der Jugendlichen im 3. Lehrjahr, wenn sie erzählen, was sie inzwischen schon können und tun. Sie sind autonomer und reifer geworden, indem sie das sowohl-als auch erkennen können."
(Interview mit Prof. Dr. Heidi Möller, Universität Kassel)

Wer neu in eine Organisation eintritt, ist auf Informationen angewiesen. Man sucht nach Hinweisen darauf, *wie der Laden läuft*, wer mit wem kann und wer nicht. Für Außenstehende ist es manchmal verblüffend, wie schnell die Auszubildenden *wir* sagen (*wir* machen das immer so, bei *uns* geht das so). Es ist ein Zeichen für den Willen und die Notwendigkeit, möglichst reibungslos zum Teil des neuen Ganzen zu werden, sich selbst in der Erwachsenenrolle erleben zu dürfen.

Allerdings: Je weiter entfernt die Betriebskultur von den bislang bekannten kulturellen Codes und den bislang gefundenen Ansätzen eigner Identität entfernt ist, umso schwerer fällt eine solche Identifikation mit dem Betrieb. Man möchte, man weiß aber nicht wie. Gerade schwache Jugendliche laufen mit ihren Wünschen, sich möglichst rasch in die betriebliche Kultur einzugliedern, manchmal ins Leere, weil sie die kulturellen Codes und Signale der neuen Kultur nicht verstehen oder nicht zu beantworten wissen. Sie verfügen nur bedingt über die Möglichkeit, in der neuen Umgebung anzudocken und treffen dort auf Irritation, Unverständnis und Ablehnung. Diese Reaktionen bedrohen aber nicht nur die noch verletzliche Fantasie, möglichst schnell Teil des betrieblichen Ganzen werden zu können, sondern ihr gesamtes, eher fragiles Identitätsprojekt *Beruf*. Schon um ihre Ängste zu lindern, würden sie sich gerne orientieren, finden aber nicht die nötigen Informationen. Je strukturierter und freundlicher die Umgebung ist, in die sie eintreten, und je deutlicher ihnen die Regeln mitgeteilt werden, umso rascher werden sie sich orientieren können. Eine entscheidend wichtige Funktion haben hier die erwachsenen Rollenvorbilder im Kollegenkreis sowie nachvollziehbare und verlässliche Rituale und Routinen im Arbeitsalltag.

Irgendwann – häufig gegen die Mitte der Ausbildungszeit – haben ausbildende Erwachsene und Jugendliche das Gefühl, nun sei der Lehrling im Betrieb angekommen. Die Hürden auf dem Weg nach *drinnen* sind überwunden. Über den Betrieb hinaus identifizieren sich die Jugendlichen zunehmend mit ihrem Beruf und begreifen sich als Bäckerin, Elektroniker oder Versicherungskauffrau. Auszubildende entwickeln z. B. Überzeugungen über sich selbst oder darüber, wie ihr Berufsstand sei, zur Betriebskultur oder der „Stilistik einer bestimmten Expertengruppe". (Unger 2010: 14) Ich handele *so*, weil Schreiner, Elektroanlagenmonteure oder Friseurinnen so handeln, so sprechen, sich so fühlen.

Sprache spielt dabei eine wichtige Rolle, denn sie vermittelt zwischen der Reflexion des Selbst und der Reflexion der Umwelt. In unterschiedlichen sozialen Berufswelten wird unterschiedlich gesprochen (auf dem Bau anders als in der Arztpraxis oder einer Marketingabteilung). Die fachsprachlichen Besonderheiten (was heißt eigentlich *körnen?*) oder die vielen unternehmensspezifischen Abkürzungen *(wenn der ABBA zum AL geht und das 3er Formular holt)* erhalten eine besondere Bedeutung für den Aufbau einer Berufs- und Betriebskultur. Sie markieren die Grenze zwischen Dazugehören und Fremdsein.

Entlehnte Ehre – neue Formen meisterlicher Autorität

Ausbildung im dualen System bedeutet seit Jahrhunderten: Vom Meister oder der Meisterin lernen. In der Ausbildung von Künstlern ist *Meisterschüler* heute noch ein gültiger Status und auch in der Wissenschaft zählt, *von wem man kommt*, d. h. wer die akademische Karriere als Doktorvater (oder -mutter) begleitet hat. Wer bei einer guten Meisterin, einem guten Meister lernt, kann sicher sein, nach der Ausbildung den Herausforderungen der Arbeitswelt gewachsen zu sein und erhält die Möglichkeit, etwas Bedeutungsvolles und Exklusives lernen zu dürfen. Ein kompetenter Meister kann den Neuling vor Fehlern bewahren. Dafür, dass er sein Wissen weitergibt, erhält er Zuarbeit und Anerkennung, aber auch die Gewissheit, dass sein Können weiter tradiert wird und selbst nach seinem Tod nicht verloren geht.

Beiden Seiten entstehen aus dem Lehrling-Meister-Verhältnis Verpflichtungen: Der Lehrling muss sich unterordnen, sich anstrengen, lernen und durch seine Arbeit zum Erfolg des Betriebes beitragen. Der Meister muss seine fachliche Kompetenz aufrechterhalten und weitergeben und ist zur Fürsorge gegenüber dem Lehrling verpflichtet.

Diese kulturelle Figur der Meister-Lehrling-Beziehung ist seit Jahrhunderten bekannt und bietet die Folie für den *psychologischen Vertrag*, den Meister und Lehrling miteinander schließen. Und trotz aller Klagen und Schwierigkeiten: Meiner Wahrnehmung nach sind sich sowohl die Jugendlichen als auch die Ausbildenden dessen bewusst.

Nach wie vor ist die Beziehung zum Ausbilder für die Jugendlichen von zentraler Bedeutung. Von ihr hängt – mindestens in der Anfangsphase – nicht nur das subjektive Wohlbefinden der Auszubildenden, sondern ihre Einschätzung der Ausbildung schlechthin ab. Für die Jugendlichen ist die

Frage, wie es ihnen in der Ausbildung geht, gleichbedeutend mit der Frage, wie sie mit den Ausbilderinnen bzw. Ausbildern klarkommen. Die Berufspädagogin Diana Schröter berichtet aus einer Befragung bei schwachen Jugendlichen: „Das Verhältnis zum Ausbilder fungierte als eine Art Barometer, an dem die Jugendlichen ihren jeweils aktuellen Leistungsstand ablesen. [...] ‚Mit dem Meister läuft es sehr gut, gibt keine Probleme [...] wenn man normal mitarbeitet, hat man keine Probleme,‘ (A5,11) – ‚Die Sache läuft gut, ich habe keinen Ärger mit den Ausbildern. (A1, 3)“ (Schröter 2010: 100)

Grundsätzlich können wir also von einer Bereitschaft der Neulinge ausgehen, sich kompetenten Meistern anzuvertrauen und ihre Autorität zu akzeptieren. Auch hier geht es letztlich um Ehre: Ein Teil des Glanzes einer wichtigen und machtvollen Person fällt auf diejenigen, die ihr nahestehen; allerdings nur solange, wie die eigene – vergleichsweise fragile – Ehre nicht in Frage gestellt und angegriffen wird.

In Gesellschaften, in denen die Wege zu Identität und Ehrbarkeit klar vorgegeben sind, ist es für Jugendliche erträglich (bzw. alternativlos), sich Autoritäten unterzuordnen, die den Weg in die ehrenvolle Zukunft ebnen, selbst wenn dadurch Ehrverletzungen in Kauf genommen werden müssen. Besteht konkrete Aussicht auf späteren Ausgleich, können selbst grausame Initiationsrituale positiv bewertet werden: Sie sind zwar schwer erträglich, mitunter sogar schmerzhaft oder demütigend, aber sie bieten auch die Gewähr dafür, in einen exklusiven Kreis aufgenommen zu werden.

Bis in die fünfziger Jahre hinein durften Lehrherren die Auszubildenden noch körperlich strafen. Speitkamp (2010) nennt hier insbesondere die Ohrfeige als Symbol der Ehrverletzung. Sie ist weniger Ausdruck körperlicher Züchtigung als vielmehr einer Demütigung und Schmach, die das Gesicht und damit die Selbst- und Fremdachtung des anderen verletzt. Ohrfeigen darf man in Hierarchien nur von oben nach unten; Ohrfeigen bestrafen deshalb nicht nur, sie stellen auch „die Verhältnisse wieder richtig.“ (Speitkamp 2010: 35) Dieser Mechanismus funktioniert aber nur, wenn sowohl das Ohrfeigen, als auch das Einstecken derselben Teil der Alltagskultur ist. Beide Parteien müssen über Mechanismen verfügen, wie sie die mit der Ohrfeige gekennzeichnete Ausnahmesituation integrieren und die Ehre beider wieder herstellen können.

Heute klagen viele Betriebe darüber, dass Jugendliche den Meistern nicht in der Form Ehre erweisen, wie diese es erwarten. Schlechtes Benehmen, mangelnde Höflichkeit sowie fehlende Hilfsbereitschaft, Vermeidungsverhalten und Unpünktlichkeit seien an der Tagesordnung. Die übliche Erklärung dazu lautet, die Kinder lernten schon zu Hause keine Rücksicht und erst recht kein gutes Benehmen mehr. (z.B. Winterhoff/Thielen 2010: 50 ff.) Und tatsächlich scheint die Autorität der Älteren seit Mitte des vergangenen Jahrhunderts in mancher Weise gefährdet.

Neil Postman erklärte dieses Phänomen schon vor 30 Jahren mit dem

„Verschwinden der Kindheit". Er glaubte, dass die neuen Bildmedien (im Jahre 1983!) Kindern den Zugang zu Wissen verschaffen würde, das ihnen bis dato vorenthalten war. So würde die Kindheit als ein Raum, der scharf vom Erwachsen-Sein getrennt ist, verschwinden und es komme zu einer Nivellierung der Generationenunterschiede. Kulturelle Selbstverständlichkeiten, die zuvor für eine gewisse Asymmetrie der Generationen und eine damit verbundene Autorität der älteren Generation sorgten, sind heute mindestens teilweise außer Kraft gesetzt. Väter, die noch nicht einmal eine SMS schreiben können, Mütter, die die Fernbedienung des CD-Players von der des Fernsehgerätes nicht unterscheiden können, Lehrer, die nicht einmal einen Film zum Laufen bekommen – die Jugendlichen können da nur den Kopf schütteln. Erwachsene erscheinen ihnen häufig entsetzlich inkompetent.

Wissen und Welten, die bislang den Erwachsenen vorbehalten waren, sind im Internet über Knopfdruck für alle erreichbar; biografische Schritte, die früher an Erwachsensein und ökonomische Selbstständigkeit gekoppelt waren sind heute bereits für Jugendliche zugänglich, so dass *Erwachsen-Sein* einiges an Autorität eingebüßt hat. Auch von der anderen Seite her wird der Erwachsenen-Status brüchig: die ewige Suche nach Jugendlichkeit, die offensichtlichen Brüche und Risse in den Biografien der Erwachsenen und die Pädagogisierung vieler Lebensbezüge lassen viele Jugendliche an einer *natürlichen* Überlegenheit der Erwachsenengeneration zweifeln.

Früher konnten Meister mit einem Blick, einer Strafe, einer demütigenden Bemerkung oder mit einer Ohrfeige *die Ordnung wieder herstellen*. Heute fällt das schwer. Den Jugendlichen vergeht das Lachen nicht, sie setzen noch eins drauf, werden beleidigend oder entziehen sich. Manchmal reagieren Autoritätspersonen auf die mangelnde Unterwerfung mit einer Verdoppelung der Drohungen und Strafen: Verzweifelte Versuche, die eigene Autorität durch weitere Machtausübung zu erhalten.

Je weiter diese Eskalation jedoch geht, um so eher schwächt sie die Position der Erwachsenen: Zum einen, weil die Situation immer verfahrener und auswegloser wird und die angedrohten Konsequenzen zum Schluss kaum noch ohne Gesichtsverlust realisiert werden können. Zum anderen durch die Kritik und Verständnislosigkeit der Umwelt, der die Unverhältnismäßigkeit der Mittel und die dahinter stehende Hilflosigkeit immer deutlicher wird. (Omer/von Schlippe 2010: 41)

Wo die strukturellen Rahmungen für eine Asymmetrie zwischen Erwachsenen und Jugendlichen nicht mehr gegeben sind, helfen Aufforderungen wie die von Gerlinde Unverzagt: „Grenzen setzen – Kindern Halt und Orientierung geben" nicht weiter. Eltern, Lehrkräfte und Ausbilder scheitern an diesen Aufforderungen, weil sie auf Seiten der Jugendlichen nicht mehr auf Resonanz stoßen und weil mit Unterstützung anderer Erwachsener kaum zu rechnen ist. Die ältere Generation kann nicht qua Überzeugung und Beschluss Autorität verkörpern, wenn dies zu den Wissens- und Lebensformen unserer Gesellschaft nicht mehr passt. Es kann ja sein, dass eine Ohrfeige *uns auch nichts geschadet hat.* Dies gilt – wenn überhaupt – aber nicht, wenn Ihr Lehrling der einzige ist, der sie erhält.

Der auf Disziplin und Autorität beharrende Erwachsene benötigt viel persönliche Energie, um sich durchzusetzen und wird letztendlich häufig nicht mehr als ein Schulterzucken ernten. Seine Autorität funktioniert nur, solange es ihm gelingt, Angst zu verbreiten. Schwindet die Angst, vergeht der Einfluss; im schlimmsten Fall wendet sich der Jugendliche sogar gegen ihn. Der Unternehmensberater Moestl fasst zusammen: „Ein gefürchteter Herrscher verbringt einen großen Teil seiner Zeit damit, seine Position zu erhalten. Bei einem beliebten Machthaber erledigen diese Arbeit seine Untergebenen." (Moestl 2011: 115)

Wir benötigen also andere, zeitgemäße Formen der Autorität, die ohne die kulturellen Selbstverständlichkeiten einer überlegenen Erwachsenengeneration auskommen. Zugleich aber dürfen wir den Anspruch auf Einführung der Jugendlichen in die Erwachsenenwelt nicht aufgeben und die Jugendlichen mit dieser biografischen Aufgabe nicht alleine lassen. Autorität kann heute nicht mehr auf Angst und mangelnden Lebensalternativen beruhen – dazu sind die Fluchtwege und Optionen für Jugendliche zu zahlreich. Doch nach wie vor sind Erwachsene diejenigen, die durch Kompetenz und Macht Jugendlichen den Weg in die Arbeits- und Berufswelt öffnen oder verschließen.

Ein neuer psychologischer Vertrag ist gefordert. Wie zuvor beruht er darauf, dass die Weitergabe der meisterlichen Kompetenz gegen Zuarbeit und Lernanstrengung getauscht wird. Und auch heute gibt der Meister sein Wissen und Können weiter, um den Fortbestand des Berufs und Betriebs in die Zukunft zu verlängern. Doch Jugendliche müssen und können sich heute nicht mehr unterwerfen, um Einlass in die Berufsgemeinschaft zu erlangen. Initiation – ja. Aber eine Initiation, die die Freiheit des anderen in Rechnung stellt. Auch Anstrengung und Lernen sind weiterhin gefordert. Doch diese Anstrengung sollte von Anerkennung und Rückhalt begleitet sein. Autorität der Erwachsenen stützt sich heute nicht mehr selbstverständlich auf eine angenommene Asymmetrie zwischen den Generationen. Wohl aber lässt sich Autorität aus der Tatsache beziehen, dass Erwachsene über Kompetenz verfügen, die den Jugendlichen noch nicht zur Verfügung steht. Die Autorität der Ausbildenden beruht darauf, dass sie den Betrieb und die Berufsgemeinschaft verkörpern. Sie haben nicht die Gewalt über den Jugendlichen, aber sie haben die Pflicht, ihnen gegenüber bestimmte Regeln und Prinzipien zu vertreten.

Jugendliche an der Schwelle zum Arbeits- und Berufsleben haben zunächst nur unklare Vorstellungen von dem, was sie erwartet. Um zu begreifen, was von ihnen verlangt wird, benötigen sie Vorbilder (gute zum Nachahmen und schlechte zum Abgrenzen). In den Erwachsenen im Ausbildungsbetrieb begegnen viele der Jugendlichen zum ersten Mal Personen, die uneingeschränkt überlegen und kompetenter sind, als sie selbst. Hier treffen sie auf Ältere, die etwas Wichtiges können und wissen. Das erkennen sie in aller Regel an. Dürfen die Jugendlichen das erwachsene Gegenüber als kompetent, erfahren, *cool* erleben, so unterstützt dies das eigene Rollenlernen. Bedeutsam sind dabei bei weitem nicht nur Worte und Regeln: Die Auszubildenden nehmen mit allen Sinnen Untertöne, Haltungen, Einstellungen und Verhaltensroutinen wahr. Sie wollen möglichst rasch dazugehören und sind darauf angewiesen, auf der entsprechenden Klaviatur zu spielen.

Schon aus diesen Gründen ist *Präsenz* – bewusst oder unbewusst – das wirkungsvolle Werkzeug der Ausbildungsperson. Durch sie entstehen Bilder, Geschichten, Leitsätze, Rollenmodelle, die die Lernenden ihr ganzes Berufsleben begleiten werden. Wem von uns blitzt nicht hin und wieder das Bild des Lehrmeisters vor dem inneren Auge auf und der Gedanke daran, was er zu dieser oder jener Situation vermutlich gesagt hätte?

Psychoanalytisch gesehen handelt es sich hier um den Prozess der psychischen Repräsentation äußerer Instanzen (Vater, Mutter) und deren schrittweise Integration in das eigene Sein – für die Entwicklung von Identität und Moral ein unerlässlicher Prozess. Lehrkräfte und ausbildende Erwachsene stellen im Vergleich zu Eltern zwar schwächere Sozialisationsinstanzen dar, und ihre Wirkung auf die psychische Entwicklung ist begrenzter. Für die Ausbildung beruflicher Identität sind sie jedoch wichtige Rollenbilder und häufig die ersten Menschen, die Jugendliche außerhalb der Familie in einer Arbeitsrolle erleben. Sie verkörpern die Realität der Arbeitswelt. Alles, was sie sagen, wie sie es sagen, was sie tun, jede Geste, die Art, wie sie sich organisieren, welchen Ton sie Vorgesetzten, Untergebenen oder Kunden gegenüber anschlagen – alles dies ist Modell für die Neulinge, die sich selbst auf dem Weg hin zu einer beruflichen Identität befinden.

Die Ausbilderin oder der Ausbilder sind auch als Bezugsperson wichtig. Gerade schwache Jugendliche benötigen – das zeigt die Resilienzforschung – mindestens *eine* verlässliche Person in ihrem Leben, der sie vertrauen und an die sie sich binden können. Je tiefer das Vertrauen darin ist, dass sich diese Bezugsperson als Vorbild bewähren wird, umso leichter ist es möglich, Vertrauen in sich selbst auszubilden.

Autonomie entwickeln Menschen erst dann auf einer sicheren Basis, wenn zuvor das Bedürfnis nach Bindung ausreichend befriedigt ist. (Bowlby/Hillig 2008: 98) Fühlen Menschen sich geborgen und sicher, bewegen sie sich von der Bindungsperson (z.B. der Mutter) fort und beginnen Aktivitäten mit anderen oder erforschen die Umwelt. Sind wir dagegen müde oder ängstlich, suchen wir Nähe bei einer vertrauten Person.

Die Möglichkeit, dort feste Bindung und Zuwendung zu finden, d.h. „die verlässliche Basis" bildet eine unverzichtbare Voraussetzung, um das Leben bewältigen und psychisch gesund bleiben zu können. (Bowlby/Hillig 2008: 98ff.) Natürlich sind Auszubildende keine Kleinkinder und Ausbilderinnen bzw. Ausbilder keine Eltern. Doch es mag hilfreich sein, sich ab und zu daran zu erinnern, dass stabile, zuverlässige Vertrauensbeziehungen letztlich dazu beitragen, die Jugendlichen zu stärken und Autonomie möglich zu machen. „Zur Rolle des Fürsorgenden gehört erstens, verfügbar zu sein und zu antworten, wie und wann dies gewünscht wird, und zweitens umsichtig einzugreifen, wenn sich [...] die Person, für die gesorgt wird, in Schwierigkeiten bringt." (Bowlby 2009: 23 f.)

Vor diesem Hintergrund bedeutet *Präsenz* des ausbildenden Erwachsenen: aufmerksame Zuwendung, eine zuverlässige Bindung, die Bereitschaft, für Auszubildende ansprechbar zu sein, eine gewisse Hartnäckigkeit in der Kontaktaufnahme ihnen gegenüber.

Moderne Autorität ist durch Machtworte nicht herstellbar, wohl aber durch die verlässliche Gegenwart Erwachsener, die auf Auseinandersetzung und Verantwortungsübernahme immer wieder bestehen. Präsenz drückt sich nicht nur in körperlicher Anwesenheit Erwachsener aus, sondern in der gesamten Gestaltung des Arbeits- und Lernumfeldes. Wenn für Auszubildende spürbar ist, dass sie nicht mehr oder minder planlos im betrieblichen Alltag mitlaufen, sondern ihnen bewusst klare Aufgaben und Verantwortlichkeiten übertragen werden, dann ist in jeder Arbeitssituation die oder der Ausbildende auch als Person mit spürbar.

Präsenz beinhaltet die Anstrengung, Konflikten und Problemen nicht aus dem Weg zu gehen, sondern die Mühe einer Einmischung auf sich zu nehmen. Wo Meisterinnen und Meister ihre eigene Ehre nicht mehr von der Unterordnung der Auszubildenden abhängig machen, können sie Auseinandersetzungen führen, jedoch Eskalationen nach dem Motto *‚Du tust jetzt sofort, was ich sage, sonst kannst Du was erleben'* – *‚das wirst Du schon sehen, wer hier was erleben kann'* vermeiden. Es geht dann nicht mehr darum zu gewinnen, sondern darum, Regeln zu verdeutlichen und Optionen aufzuzeigen *(‚so wird das in diesem Betrieb getan – wie kann ich dich darin unterstützen, dass Du das auch tun kannst?')*. Es geht darum, geduldig und beharrlich immer wieder deutlich zu machen: *‚Ich bin Dein Chef. Ich stehe dafür ein, dass hier produktiv gearbeitet wird. Und ich werde nicht zulassen, dass Du Dir oder der Firma schadest.'*

Präsenz entsteht auch aus persönlicher Bindung, aus Gespräch und Offenheit. Allerdings sollten sich eine Meisterin und ein Meister bei den Jugendlichen nicht anbiedern. Als Vorbilder werden sie weder ausfällig, noch zutraulich. Sie sind dazu in der Lage, ihre Zuwendung nicht ungefiltert, sondern gezielt zu Gunsten des Jugendlichen einzusetzen. Freundliche Distanz ist so lange die richtige Haltung, bis die Jugendlichen selbst mehr suchen. Gerade sie haben ein feines Gespür dafür, ob sie als Person gemeint sind und ob das Gegenüber ehrlich agiert. Sie fordern Authentizität und tatsächliches Interesse.

Lino Munaretto (2010)

„Das Problem ist, dass Schulen, Eltern oder Politiker wie immer zu spät auf den Zug neuer Moden und Trends aufspringen, dabei aber, wenn überhaupt, gerade noch das Trittbrett erwischen. [...] wir misstrauen jenen, die eine künstliche Jugendlichkeit aufsetzen, und wir wissen, wann wir verarscht werden. Wenn man den Dialog mit uns sucht, muss man Interesse und Verstand zeigen, statt uns etwas vorzuspielen." (Munaretto 2010: 58 f.)

Gerade unsichere und unreife Jugendliche suchen im Grunde nach freundlicher, zugewandter Orientierung durch ein starkes, vertrauenswürdiges Gegenüber. Sie sind dankbar für meisterliche Präsenz, die Ehre durch Anlehnung an ein starkes, kompetentes Gegenüber ermöglicht. Und sie suchen nach Anerkennung und Bestätigung des überlegenen Erwachsenen. Allerdings macht auch hier nur Übung den Meister. Beharrlichkeit und häufige Wiederholung sind bei vielen Jugendlichen notwendig, um schrittweise das Verhalten zu erlernen, das im Betrieb gefordert wird.

Bildungsträger Buntstift

Buntstift ist ein freier Bildungsträger der Stadt Kassel und eine Produktionsschule. Der Ausbildungsleiter Cristiano Weinkauf erzählt von einem Auszubildenden zum Einzelhandelskaufmann, 18 Jahre alt, zweifacher Vater. Am 17. Mai dieses Jahres hatte er von 95 Arbeitstagen 68 durch Krankheit oder unentschuldigtes Fehlen versäumt. „In einem normalen Betrieb", meint Cristiano Weinkauf, „wäre er längst geflogen. Wir möchten ihn aber noch nicht entlassen, denn dann bleibt für ihn nur der Weg in prekäre Arbeit oder auf die Couch in seiner Wohnung. Also haben wir ein Gespräch mit dem Geschäftsführer angesetzt und ihn zunächst einmal mit seinen Fehltagen konfrontiert. Er war richtig verblüfft! Dass er häufig fehlte, war ihm schon klar, aber nur 27 Tage Arbeit seit Beginn? Das hatte er sich nicht klar gemacht. Seither führt er eine Laufmappe: Jeder Tag Anwesenheit oder Abwesenheit wird dreimal abgezeichnet: Vom Ausbilder im Kooperationsbetrieb, von ihm selbst und von uns. Und wir haben ihm unmissverständlich erklärt, dass es jetzt die letzte Chance ist und dass er selbst sich diese Chance nehmen kann und nicht wir."
Dieses individuelle Vorgehen erfordert eine hohe Aufmerksamkeit und eine enge Beziehung. „Ohne Bindung läuft hier gar nichts", betont Cristiano Weinkauf. „Unsere Arbeit ist vor allem Beziehungsarbeit. Und das bedeutet einerseits: ganz nah dran zu sein, etwas von sich preiszugeben, auch mal zu berichten, was man am Wochenende macht und welchen Film man gesehen hat." Andererseits muss man aber auch Distanz wahren. „Privates wird nicht erzählt. Wir siezen alle Jugendlichen, Vorname und Sie, das hat etwas mit Respekt zu tun. Wir sind authentisch, aber sehr selektiv authentisch. Und wir reden untereinander viel: Kann ich das mit diesem Teilnehmer so machen? Warum reagiert er so?"
Regelmäßige Gesprächsanlässe strukturieren die Kommunikation mit den Auszubildenden: ein langes Förderplangespräch zu Beginn, vierteljährige Folgegespräche, wöchentlich ein gemeinsames Frühstück, regelmäßiges Coaching mit einem externen Supervisor. Einmal in der Woche gibt es Teamgespräche, mindestens einmal im Monat wird über jede/n Jugendliche/n gesprochen. Die Anlässe sind häufig und die Kommunikation dicht. Sonst geht es nicht.
(Interview mit Cristiano Weinkauf, Bildungsträger Buntstift, Stadt Kassel am 24.05.2011)

Wie alle guten Pädagoginnen und Pädagogen, so haben auch ausbildende Erwachsene das Ziel, sich selbst mittelfristig überflüssig zu machen. Die Jugendlichen sollen das Erlernte in sich aufnehmen, zu einem Teil der eigenen Persönlichkeit machen und eigenständig weiterführen. Die Präsenz der ausbildenden Person verlagert sich gewissermaßen nach innen und wird in Bildern, Werten, Leitsätzen repräsentiert. Doch eben dazu ist zunächst Präsenz gefordert: Sie macht erst möglich, dass bei den Lernenden Bilder und Haltungen entstehen, in denen das Gelernte repräsentiert wird und dann nach und nach von der Person des Ausbilders unabhängig werden kann.

Respekt im Umgang

In modernen Gesellschaften leben Vorstellungen von Ehre in der sozialen Gestalt des Anstands und der Höflichkeit weiter. Wenn wir Briefe mit „Sehr geehrter Herr ..." beginnen, wenn wir die Tür aufhalten oder die Dame zuerst begrüßen, dann zollen wir Anerkennung und erweisen Ehre. (Speitkamp 2010: 262) Höflichkeit ist eine Form des freundlich-distanzierten Umgangs miteinander, die den Respekt gegenüber dem anderen zum Ausdruck bringen soll. Allerdings – und darin besteht die Crux in Bezug auf das Verhältnis zwischen unterschiedlichen Generationen – kann sich Höflichkeit entlang ganz unterschiedlicher gesellschaftlicher Normen ausdrücken. Gesten und Worte können in bestimmten sozialen Kontexten Respekt und Hochachtung bedeuten und in anderen aggressiv oder fehl am Platze wirken.

Auch wenn es nicht so aussieht: Gerade schwache Jugendliche reagieren auf mangelnde Höflichkeit oft sensibel. Wer die informelle Kleidung und Umgangsformen der Jugendlichen mit einem Mangel an Höflichkeit verwechselt, irrt. Erwachsene sind mit den Höflichkeitsnormen Jugendlicher nicht recht vertraut – doch sie existieren. Jugendliche an der Straßenbahnhaltestelle geben sich die Hand (was Erwachsene häufig nicht tun). Im Chat herrscht eine strenge Etikette – wer sie missachtet, fliegt raus. Jugendliche sind durchaus bereit und in der Lage, sich an Höflichkeitsnormen einer Betriebskultur anzupassen – wenn sie denn auf gegenseitigem Respekt gründet und das eigene Ehrgefühl nicht verletzt.

Betriebspraktikum

„Das Praktikum war okay, alle haben mich mit Respekt behandelt, mich begrüßt, gesiezt und so. Nur der Chef, bei der kleinsten Kleinigkeit hat er mich ausgeschimpft, mich beleidigt sogar. Zwei Minuten zu spät und schon hat er rumgebrüllt. Deswegen, da würde ich mich nie bewerben, auf keinen Fall."
(Bekim, 17 Jahre, über sein Betriebspraktikum)

Schwache Jugendliche, die in Bezug auf ihr Ehrgefühl tendenziell mit dem Rücken zur Wand leben, haben ein sensibles Gespür für Formalitäten. Auch wenn sie selbst nicht recht wissen, wie Höflichkeit gegenüber Kollegen oder Kunden aussehen soll – selbst fühlen sie sich leicht angegriffen. Sie sehen sich der eigenen Ehre beraubt, fühlen sich beschämt und greifen mitunter sogar zu Gewalt – in der Fantasie oder tatsächlich. Was jeweils Ehrgefühl weckt und Schamgefühle auslöst, ist für andere nicht immer nachvollziehbar. Ein Blick scheint hier manchmal zu genügen: Hey, was guckst Du?

Andererseits ist in Ausbildungsbetrieben (z. B. auf Baustellen oder in Großküchen) der Umgangston oft rau, mitunter beleidigend und ehrverletzend – selbst nach Maßstäben Erwachsener. Beleidigungen verletzen nicht nur die persönliche Ehre, sie machen auch Rangordnungen deutlich. Wer wen ungestraft beleidigen darf, zeigt an, welche Position jemand in der Hierarchie einnimmt. Lehrlinge stehen in der betrieblichen Hierarchie zunächst ganz unten, und so lange dies mit Gruppenzugehörigkeit, einem gemeinsamen Wertekonsens und dem Versprechen auf späteren Aufstieg einher geht, muss das nicht zum Problem werden. Doch Entehrungen (durch Beleidigungen, öffentliche Zurechtweisungen o. ä.) zerstören die Grundlage für diesen Konsens; sie errichten Trennlinien und werden als Zurückweisung und Ausschluss empfunden. (Vogt 1997: 338) Der Historiker Speitkamp schildert die Wirkung öffentlicher Entehrung so: „Die Öffentlichkeit, vor der der Einzelne Ehre sucht, ist die Gemeinschaft. […] Wird ihm Anerkennung entzogen, wird er als Person in Frage gestellt, so fühlt er sich entwurzelt, heimatlos; er meint eben den sozialen Tod zu sterben." (Speitkamp 2010: 321)

Ein höflicher und angemessener Umgang zwischen Ausbildenden und Jugendlichen ist also geboten, damit die Ehre beider Seiten gewahrt bleiben kann. Dennoch: Wenn hier von respektvollem Umgang die Rede ist, geht es nicht um weichgespülte Unterwerfung unter die Empfindlichkeiten der anderen. Respekt, so wie die Jugendlichen ihn verstehen, hat durchaus eine gewisse Härte und Klarheit. Wer sich selbst achtet, erwartet auch Achtung anderer und respektiert diesen Wunsch auch beim Gegenüber.

Respekt entsteht nicht als Gefühl gegenüber einer bestimmten Person. Er ist vielmehr Ausdruck einer Haltung, die Anerkennung gegenüber der eigenen Person erwartet und entsprechend auch anderen gegenüber bietet.

Boxcamp Kassel

Pit Gräber ist Diplom Sozialarbeiter und leitet seit 2004 das Boxcamp, eine Einrichtung der offenen Jugendarbeit des Internationalen Bundes in der Kasseler Nordstadt. Das Sportangebot wird von Jugendlichen bis 25 genutzt. Nicht immer geht es nur darum, den Boxsport zu erlernen. „Was man beim Boxen lernt", sagt Pit Gräber, „das ist Respekt vor dem anderen und Respekt vor sich selbst. Es geht darum, mit der Angst vor dem anderen umzugehen und sie in Achtung zu verwandeln. Das funktioniert dann, wenn ich Vertrauen zu mir selbst empfinden kann. Wer sich nicht selbst respektieren

kann, der respektiert auch andere nicht. Und dann wendet er sich früher oder später gegen andere oder wird gewalttätig gegen sich selbst."
(Interview mit Herrn Pit Gräber, Boxcamp Kassel am 20. 05. 2011)

Erfolgreiche Ausbilder erarbeiten sich eine solche Haltung, die auf Achtung und Selbstachtung beruht. Sie setzen Höflichkeit gezielt ein und achten auf guten Umgang gegenüber Auszubildenden, genauso wie sie es im Kollegenkreis oder gegenüber der Kundschaft tun.

Schule für Lern- und Erziehungshilfe:
Carsten Benthues arbeitet an einer Kasseler Schule für Lern- und Erziehungshilfe. Er spricht die Schüler oft und direkt mit Namen an. Er ist dabei ausgesprochen höflich, formuliert Bitten, bedankt sich. („Mein Wunsch wäre, dass Du, Tobias, ..." „Maria, würdest Du bitte", „Ich möchte Dich, Max, bitten ..."). Er vermittelt bewusst Führung und richtet seine Aufmerksamkeit immer wieder unmittelbar auf einzelne Schüler.
„Respekt ist für mich der zentrale Punkt. Die Schüler müssen spüren, dass sie hier ankommen können. Sie haben hier einen Platz, an dem sie mit Respekt behandelt werden und auch mir Respekt entgegen bringen müssen. Das lernen sie zunächst an meiner Person, die Achtung muss zugleich mir in meiner Rolle gelten. Das hat auch mit Anpassung und mit Unterordnung zu tun; geht aber nur, wenn sich die Schülerin oder der Schüler als Person angenommen fühlt.
Ich stehe auf verlorenem Posten, wenn ich außer Acht lasse, dass die Jugendlichen in der Gruppe agieren. Für sie bin zunächst mal nicht ich die wichtige Bezugsperson, sondern die anderen in der Gruppe. Das heißt, dass ich mich nicht vor der ganzen Gruppe auf einen Konflikt einlassen darf, denn dort muss der einzelne sich vor allen behaupten und beweisen.
Im Zentrum steht die Beziehungsarbeit. Ich muss persönlichen Kontakt zu den Einzelnen aufbauen und dabei die Klasse als Gemeinschaft wahrnehmen. Wichtige Konflikte kläre ich daher unter vier Augen. Dabei bin ich durchaus autoritär; ich führe die Klasse – wenn es sein muss auch ganz eng. Aber ich respektiere den Raum des Jugendlichen, d. h. ich würde z. B. verlangen, dass er im Unterricht die Kappe absetzt, würde ihm diese aber nicht (und schon gar nicht vor allen anderen) vom Kopf nehmen. Das hat mit der Achtung vor dem körperlichen Raum des Jugendlichen zu tun, jedoch zugleich mit dem Wissen um dessen potenzielle Erfahrungen mit körperlicher Gewalt oder Übergriffen.
Sich respektieren können beruht auf Verlässlichkeit. Viele der Jugendlichen erleben sich selbst und andere als ungebremst emotional und häufig eher willkürlich. Hier lernen sie, dass Verhalten verlässliche Konsequenzen hat und Vereinbarungen gelten können."
Ordnung und klare Strukturen spielen dabei eine wichtige Rolle. Unordnung und Unsauberkeit wird wahrgenommen und zwar auch dann, wenn die Urheberschaft nicht sofort geklärt werden kann. Die Schüler putzen die Tafel, fegen auch mal eben die Treppe. Kleine Rangeleien werden von Erwachsenen sofort unterbunden, auch auf dem Schulhof und auch von zufällig vorbeikommenden Lehrern. Entscheidend ist dabei die Zusammenarbeit im Team, die Zuständigkeit eines jeden Erwachsenen. Regeln sind klar kommuniziert und werden konsequent nachgehalten.
(Interview mit Carsten Benthues, Mönchebergschule Kassel am 01. 03. 2011)

Mehr noch als andere, sind schwache Jugendliche auf Anerkennung angewiesen. Sie können durchaus damit zurechtkommen, dass Erwachsene Ecken und Kanten mitbringen. Ein wenig wunderlich zu sein – das ist in Ordnung. Nicht in Ordnung sind Überheblichkeit, Übergriffe und Ironie. Humor und gemeinsames Lachen sind eine gute Grundlage für Vertrautheit und Nähe. Ironie jedoch kann leicht missverstanden werden. Schwache Jugendliche reagieren häufig empfindlich auf die in ihr versteckte Aggression und fühlen sich – im Grunde zu recht – angegriffen.

Nun bedeutet das nicht, Ausbildende sollten keine Kritik üben und nicht deutlich kommunizieren. Professionell kritisieren bedeutet, Sachprobleme zu benennen, deren Konsequenzen aufzuzeigen und Wünsche für die Zukunft zu formulieren. Es bedeutet nicht, die Integrität des Gegenübers in Frage zu stellen und seine Ehre anzugreifen. Entscheidend ist es für Jugendliche, auch in kritischen Situationen das Gesicht wahren zu können.

Rückmeldungen an die Auszubildenden sind hilfreich und notwendig für den Lernprozess, das wissen auch die Jugendlichen. Aber sie sollten sich auf die beobachtete Handlung und nicht die gesamte Person beziehen. Statt ‚hast du es schon wieder falsch gemacht‘, sind Rückmeldungen nach dem Schema *Wahrnehmung – Wirkung – Wunsch* hilfreich. Die ausbildende Person benennt die wahr genommene Tatsache (‚du hast hier dies getan‘), zeigt die Wirkungen auf (‚das führt dazu, dass‘) und formuliert einen Wunsch, was nun geschehen soll (‚gut wäre, du tust jetzt …‘).

Deutliche Kommunikation hat nichts mit Lautstärke zu tun. „Eine unklare oder undeutliche Anweisung wird nicht dadurch besser, dass Sie sie brüllen." (Moestl 2011: 157) Wer laut wird, verliert. Er verliert Macht über sein Gegenüber, selbst wenn dieses den Wutausbruch zunächst klaglos erträgt: Der Ausbilder macht seiner Wut Luft und geht zur Tagesordnung über. Die oder der Beschimpfte muss mit seiner Scham und Ehrverletzung umgehen und wendet sie im Inneren gegen den Ausbilder – oder gegen sich selbst.

Kritik an Auszubildenden und Auseinandersetzungen mit ihnen sollte in der Regel nicht vor anderen Personen stattfinden. Erwachsenen fällt es oft gar nicht auf: Ihre Aufmerksamkeit ist auf das aktuelle Problem oder Fehlverhalten gerichtet. Doch die Jugendlichen beziehen Verlauf und Ausgang des Konfliktes vor allem auf die eigene Stellung in der Gruppe und sind rasch gekränkt.

Migrationsbeauftrager der Polizei

Raif-Ercan Tunalioglu ist Polizeihauptkommissar und arbeitet als Migrationsbeauftragter am Polizeipräsidium Nordhessen in Kassel. Teil seines Aufgabengebietes ist die Arbeit mit solchen Jugendlichen aus der Kasseler Nordstadt, die bereits Kontakt mit der Polizei hatten. Ercan Tunalioglu ist ein kräftiger, sportlicher Mann, der lange auf Landesebene erfolgreich Kampfsport betrieben hat. „Das ist wichtig", sagt er. „Die Jungs wollen hin und wieder testen, wer ist oben, wer ist das Alpha-Tier." Dennoch zieht er Autorität auch daraus, die Distanz zu wahren. „Dann kommt einer und will mir einen Schlag zeigen, den er gelernt hat und es kommt der Punkt, da sage ich. Hör zu, das probiert Ihr untereinander aus, denn sonst könnte ich Dich treffen und Dir weh tun oder Du mir und das will ich nicht."

Ercan Tunalioglu ist erfolgreich in seiner Arbeit; die Teilnehmer in seiner Gruppe halten sich weitgehend straffrei. Den Grund für diesen Erfolg sieht er in der Verbindung von Führung und Verantwortung. „Ich mache von Anfang an klar, was wichtig ist, Offenheit und Ehrlichkeit und wer oben ist. Beleidigungen und Gewalt sind tabu. „Manchmal spüre ich, wie der andere wütend wird und dann sage ich: Jetzt würdest Du mich am liebsten schlagen, das ist okay, das würde mir vielleicht auch so gehen. Aber ich sage Dir das hier um deiner selbst willen: Du musst das jetzt aushalten. Du sollst hier mit erhobenem Haupt hinausgehen können, dann bist du derjenige, der oben ist."

Respekt und Anerkennung, das sind für Ercan Tunalioglu die zentralen und wichtigsten Elemente im Umgang mit den Jugendlichen. „Das kennen die doch gar nicht. Die Schule läuft nicht, die Eltern hacken auf ihnen herum. Dass die mal gelobt werden, Verantwortung übertragen bekommen, eine Aufgabe bekommen – das kommt gar nicht vor!"

(Interview mit Raif-Ercan Tunalioglu, Migrationsbeauftragter der Polizei Kassel am 13.05.2011)

Professionelle Pädagoginnen und Pädagogen wahren sogar dann Basisregeln des Respektes, wenn die Jugendlichen gar nicht anwesend sind. Wer in Lehrerzimmern, Dienstbesprechungen oder auf privaten Feiern Heiterkeitserfolge und Mitgefühl durch Klagen über die heutige Jugend erzielt („neulich wieder, ich sag es Ihnen, kommt so einer daher ..."), verhält sich illoyal. Er (oder sie) erhält zwar Rückhalt durch die Verbrüderung mit anderen Erwachsenen, doch es leidet die eigene Integrität und Haltung gegenüber den ihnen anvertrauten Jugendlichen. Die Skandalisierung des jugendlichen Verhaltens schafft die Grundlage für einseitige Wahrnehmung und respektloses Handeln. Wer ständig den eigenen Nachwuchs diskreditiert, um kurzfristig selbst Anerkennung zu erheischen, handelt nicht nur unprofessionell, sondern entehrt sich letztlich selbst.

Was aber, wenn man den Respekt beim besten Willen nicht verspürt? Wenn Jugendliche selbst beleidigend, aggressiv und ehrverletzend werden? Wenn angesichts der schluffigen Gestalt, der man die einfachsten Dinge schon zum siebten Mal ergebnislos erklärt, Respekt einfach nicht aufkommen mag? Soll man denn so tun, als ob?

Die Therapeuten Omer und von Schlippe beantworten diese Frage so: „Die implizite Annahme hinter einer solchen Frage ist die, Respekt sei ein spontanes Gefühl. Das ist nicht der Fall. Respekt ist das Resultat eines An-Sich-Selbst-Arbeitens. Gefühle von Respekt kommen auf, wenn wir bereit sind, unsere spontanen, negativen Urteile anzuzweifeln und bereit sind, uns ‚in die Schuhe des anderen zu stellen', also die Dinge aus seiner oder ihrer Perspektive zu sehen." (Omer/von Schlippe 2004: 176)

Es geht um eine professionelle Einstellung gegenüber den uns anvertrauten Jugendlichen, nicht um ein Gefühl. So wie man mit Kundinnen und

Geschäftspartnern auch dann freundlich und verbindlich umgeht, wenn man persönliche Sympathie nicht so recht zu empfinden vermag, so werden professionell Ausbildende Jugendlichen gegenüber zugewandt und respektvoll handeln. Von erfahrenen Pädagoginnen und Pädagogen können wir erwarten, dass sie höflich bleiben, selbst wenn das dem jugendlichen Gegenüber gerade nicht gelingt. Höflichkeit ist die Auffanglinie für Kommunikation: Selbst wenn im Augenblick nichts anderes gelingt, bleibt sie die Basis der Auseinandersetzung.

Statt in eine Eskalation der Entehrung einzutreten, verändern erfolgreiche Ausbilderinnen und Ausbilder die Dynamik: Sie bleiben gelassen und übernehmen sichtbar die Verantwortung für ihr eigenes Verhalten. Indem sie sachlich bleiben, machen sie ihre Entschlossenheit deutlich, selbst ehrenvoll zu handeln. *,Was immer auch Du tun magst',* so könnte man diese Haltung übersetzen, *,ich handele als Mitglied einer Berufsgemeinschaft und vertrete deren Ansprüche und Regeln. Verletze ich diese Regeln, dann würde ich mich selbst entehren und ich bin entschlossen, dies nicht zu tun.'* Indem die erwachsene Person Bezug auf Regeln der Berufsgemeinschaft oder des Betriebes nimmt, die außerhalb ihrer selbst liegen, stärkt sie nicht nur die eigene Position, sondern sie ermöglicht auch den Jugendlichen, Konflikte weniger persönlich zu nehmen und sie ohne Gesichtsverlust zu beenden.

Routinen und Rituale

Ein wichtiges Werkzeug der Ausbildung sind Routinen. Sie organisieren, wie wir unseren Tag beginnen und wie wir ihn beenden, wie wir Prozesse gestalten und wie wir miteinander kommunizieren. So wie das Herz rhythmisch schlägt, so tendieren wir dazu, erkennbaren Rhythmen zu folgen. Die rhythmische Wiederkehr von Arbeits-, Pausen- und Schlafzeiten, Wochentagen, monatlichen Einkünften, Lebenszyklen und Jahreszeiten vermittelt Ruhe und Sicherheit. Wenn es turbulent wird oder wenn wir abgelenkt, müde oder unkonzentriert sind, Routinen geben Halt. Routinisierte Handlungen laufen noch dann ab, wenn wir aus eigener Kraft nicht mehr tätig würden.

Durch stetige Wiederholung und dauerhafte Strukturen bilden Routinen feste Ankerpunkte für berufliches Lernen. (Steins/Welling 2010: 155) Routinen werden normalerweise befolgt; sie sind nicht verhandlungspflichtig. Routinen vermitteln das Gefühl kompetent zu sein: Wer die alltäglichen Abläufe beherrscht, hat die ersten Schritte in Richtung Beruflichkeit getan. Vielleicht haben die neuen Auszubildenden die Zusammenhänge noch nicht vollständig durchdrungen, vielleicht können sie ungewöhnliche Situationen oder Einzelfälle noch nicht beherrschen, doch die häufigen Routinefälle erscheinen immerhin handhabbar.

Moderne Produktionssysteme der Autoindustrie im Gefolge des Toyota-

Produktionssystems treiben die Prinzipien der Routinisierung und Standardisierung von Prozessen auf die Spitze. Im Trainingscenter eines großen Automobilherstellers werden Abteilungs- und Teamleitern bis hin zu Werkern in 1–2 tägigen Schulungen mit den Prinzipien des *Total Quality Management* vertraut gemacht. Inhaltlich erinnern diese Prinzipien zunächst an das, was seit Jahrhunderten von Arbeitern gefordert wird: Ordnung, Sauberkeit, Sparsamkeit. In den Anweisungen des Total Quality Management liest sich das z. B. so: die Methode 5s (selektieren, sortieren, saubermachen, standardisieren, Selbstdisziplin üben), die 7 Wege der Verschwendung (zu meiden sind z. B. Wartezeiten, Transporte, überflüssige Bewegungen, Überbearbeitung etc.), die Regel *first in first out* oder *one touch, one move* etc. Jeder Arbeitsplatz ist präzise geordnet, jede Bewegung ergonomisch und ökonomisch vermessen. Markierungen auf dem Fußboden und am Arbeitsplatz geben den genauen Ort an, an dem sich Ausstattungen und Gegenstände befinden sollen. Abweichungen von der Norm werden entweder möglichst verhindert oder – im Falle einer möglichen Verbesserung – zu neuen Standards fortentwickelt. Verbesserungsbedarfe werden kontinuierlich erfasst und verarbeitet.

Nicht jedes Unternehmen wird gut damit fahren, Arbeitsabläufe derart eng zu standardisieren. Wo Arbeitsanforderungen stärker variieren und individuelle Lösungen erforderlich machen, können allzu enge Routinen hemmend wirken und Kompetenzentwicklung der Mitarbeiterschaft begrenzen. Doch die modernen Produktionssysteme der Großindustrie zeigen, dass Effizienz in vielen Arbeitsbereichen davon abhängt, dass Arbeitsabläufe sorgfältig durchdacht, detailgetreu ausgeführt und ständig optimiert werden.

Gelingende Ausbildung hängt jedenfalls in hohem Maße davon ab, Lern- und Arbeitsroutinen bewusst und sinnvoll zu gestalten. Welche Aufgaben übernimmt wer zu welchem Zeitpunkt? Wie erhält man Informationen? Wie können einfache und komplexere Arbeiten sinnvoll unterschieden und verteilt werden? Wie werden Informationen, Ideen, Rückmeldungen kommuniziert? Wie wird dokumentiert? In welchen Abständen und in welcher Umgebung werden Gespräche geführt?

Überdenkt man Prozesse und Routinen der eigenen Arbeit, so geht es häufig nicht darum, Ausbildungsumgebungen völlig umzugestalten. Es mag aber hilfreich sein, vorhandene Abläufe pointierter zu organisieren, regelmäßige Kommunikationsgelegenheiten zu schaffen und Prozesse zu straffen. Routinen strukturieren nicht nur Arbeitsabläufe, sondern zugleich Kommunikation und Beziehung im Unternehmen. Von der gemeinsamen Mittagspause über Feedbackgespräche und Zielvereinbarungen bis zum Abschied mit Handschlag bei Feierabend – Routinen bilden Kristallisationspunkte für Vertrauen, weil sie Beziehung ermöglichen und wechselseitige Erwartungen deutlich machen. Anlässe, um Vertrauen aufzubauen, können schön und vergnüglich, aber auch langweilig und nervig sein. Das gemeinsame morgendliche Frühstück gehört eher zu ersteren, das wöchentliche Einfordern des Berichtheftes zur letzteren Kategorie. Wichtig sind sie beide.

Um die strukturierende Kraft von Routinen sinnvoll nutzen zu können, ist es zunächst einmal wichtig, sich ihrer bewusst zu werden. Wie verläuft das Zusammenspiel im Arbeitsteam an einem ganz normalen Arbeitstag? Wer tut wann was mit wem? Wer übernimmt Hauptrollen, wer muss immer Kaffee kochen? Welche Arbeitsroutinen sind aus der Wahrnehmung der Jugendlichen heraus wohl mit mehr oder weniger Ehre verknüpft? Von hoher symbolischer Bedeutung ist es, wenn z.B. Aufräumarbeiten oder Be- und Entladearbeiten eben nicht Auszubildende allein erledigen müssen, sondern hier alle mit anfassen. (vgl. dazu auch: Quante-Brandt et al. 2006: 51)

Auszug Gruppendiskussion Elektroanlagenmonteure, Betrieb B, 3. Lj.
B6 „Was so auffällt ist auch so bei anderen Firmen, du wirst immer als Auszubildender gesehen und erledigst teilweise echt so diese Drecksarbeit, was ich hier auch noch nicht hatte. Ich war ganz genau wie alle anderen Arbeiter mit eingebunden in die Arbeit, habe dieselbe Arbeit gemacht und wurde auch nicht als Azubi angesehen, sondern als normaler Kollege."

Viele Auszubildende sind froh, wenn ihnen Routinen verantwortlich übertragen werden. Gerade schwache Jugendliche, denen es schwerfällt, in komplexen Situationen flexibel zu reagieren und den Überblick zu bewahren, sind dankbar, wenn sie sich auf überschaubare Routinen zurückziehen können. Wenn sie einen höheren Ausbildungsstand erreicht haben, dürfen sie auch komplexere Routinen übernehmen, die mehr Verantwortungsbewusstsein erforderlich machen. Aufgaben, die regelmäßig anfallen und als Routine strukturiert sind, machen solche Übergänge besonders deutlich und bedeutungsvoll.

Entscheidend wichtig für die Gestaltung von Ausbildungsbeziehungen sind Kommunikationsroutinen. Die Dringlichkeiten eines hektischen Arbeitsalltags führen oft dazu, dass Gespräche zwischen Jugendlichen und Ausbildenden entweder sehr selten und/oder nur bei Problemen auftreten. Regelmäßige Gesprächsroutinen (z.B. monatliche Zielvereinbarungsgespräche) müssen nicht lange dauern. Aber sie führen zu mehr Verlässlichkeit und Sicherheit in der Ausbildungsbeziehung. Wenn es einen regelmäßigen Zeitpunkt für Lob und Kritik von beiden Seiten gibt, haben beide Seiten die Gewissheit, dass ihre Anliegen nicht untergehen werden. Das entspannt auch die Beziehung in den Zeiten zwischen solchen Gesprächen. Neben formalen Routinen wie Zielvereinbarungs- oder Rückmeldegesprächen können kleine, eher informelle Kommunikationsroutinen hilfreich sein. Eine Ausbilderin lässt sich z.B. persönlich täglich die Stechkarten aushändigen. Andere Ausbilder bestehen auf ein gemeinsames Frühstück. Gespräche müssen bei solchen informellen Treffen nicht immer tiefschürfend sein, sie ermöglichen jedoch Zuverlässigkeit und Kontinuität der Kommunikation.

Auch für Rückmeldungen und Kontrollen sind Routinen ein sinnvolles Instrument. Während punktuelle Kontrollen ein Moment der Machtausübung und Willkür in sich tragen, sind Routinerückmeldungen zu regelmäßigen Zeitpunkten und Anlässen von diesen emotionalen Aspekten befreit. Ein mir bekannter Manager geht immer freitags nachmittags bei allen Mitarbeiterinnen und Mitarbeitern vorbei und erkundigt sich nach dem Stand ihrer Arbeit. Eine solch regelmäßige Kommunikation wird eher als Zuwendung, denn als Kontrolle empfunden, erfüllt aber beide Funktionen.

Rituale ähneln Routinen insofern, als auch hier die Abläufe bereits festgelegt sind. Auch sie wiederholen sich, auch sie folgen einer vorgegebenen Dramaturgie. Doch während Routinen dazu dienen, Arbeitsabläufe und Tätigkeiten des Alltags zu strukturieren und zu rhythmisieren, stehen Rituale für übergeordnete Ordnungsprinzipien. Sie sind symbolischer Ausdruck für biografische Übergänge (Konfirmation, Junggesellenabschied, Zeugnisübergabe), Gruppenzugehörigkeit (Einstand, Jubiläum) oder Hierarchien (Unterwerfungsrituale). Routinen ordnen unseren Alltag, Rituale symbolisieren übergeordnete Ordnungen. Sie markieren Abschnitte und denkwürdige Ereignisse und spielen eine wichtige Rolle für die Entwicklung des Selbstbildes und damit der inneren und äußeren Ehre.

Schule für Erziehungshilfe

Die Jean-Paul-Schule öffnet ihre Türen morgens um 7.30 Uhr, eine halbe Stunde vor Unterrichtsbeginn. Jede und jeder der 200 Schülerinnen und Schüler wird von einer Lehrkraft mit Handschlag und einem „Guten Morgen" begrüßt. „Es gibt immer 2 oder 3 Schüler, die das nicht wollen" sagt Harald Sossalla, „und die ohne Handschlag vorbei gelassen werden. Aber ich bin immer wieder erstaunt darüber, in wie viele freundliche Gesichter wir schauen. Manche Schüler bleiben auch noch einen Moment im Foyer stehen, warten eine Pause ab und suchen das Gespräch."

Die anthroposophisch ausgerichtete Schule setzt insgesamt viel auf Rituale. So beginnt der Hauptunterricht mit einem Morgenspruch. Montags versammeln sich alle Schülerinnen und Schüler im Foyer zu einem Gemeinschaftstreffen. Einmal im Jahr gibt es eine große Theateraufführung, für die wochenlang geprobt wird. Freitags nachmittags wird im Oberstufengespräch über die in der Woche geleisteten Fortschritte berichtet. Am Mittagstisch wird erst ein Tagesspruch gesagt, dann das Essen aufgetragen und erst mit dem Essen begonnen, wenn alle sich genommen haben. „Diese Rituale stehen für die wechselseitige Wahrnehmung und für Rücksichtnahme", erläutert Ulrike Barth, eine Oberstufenlehrerin der Schule.

Als besonders bedeutsam werten die beiden Lehrkräfte die Beziehungsarbeit mit den Lernenden. Die hohe Erreichbarkeit und eine starke Zuwendung, die durchaus auch ins Privatleben hineinreiche, ermögliche es den Lernenden, sich geborgen und aufgehoben zu fühlen. Zwar gehe man auch „öfter in Clinch", doch dies sei ja auch Zuwendung und werde als Engagement der Lehrkräfte wahrgenommen und geschätzt. Die persönliche Beziehung sei letztlich entscheidend für den Schulerfolg und das stärkste Mittel zur pädagogischen Unterstützung.

(Interview mit Harald Sossalla und Ulrike Barth am 31.03.2011)

Die unbedingte Gültigkeit und Selbstverständlichkeit von Ritualen kann auch einengend wirken. Nicht umsonst haben viele Generationen ihre Leblosigkeit beklagt und sich gegen sie aufgelehnt. Die Revolte richtete sich gegen die Starrheit von Ritualen, die mit modernen Lebensverhältnissen nicht mehr in Passung zu bringen waren. Die alten Zöpfe sollten ab; Rituale wurden als Teil eines Überbaus entlarvt, in dem illegitime Machtstrukturen zu immer gleichen Handlungsvollzügen erstarrt waren. Zeremonien in Kirche, Staat und Gesellschaft sollten durch das Ausleben individueller Bedürfnisse und Impulse ersetzt werden. Man heiratete nicht mehr in Weiß (wenn überhaupt), schaffte Diplomfeiern ab und ging in Turnschuhen zur Ministerernennung.

In der Ausbildung wehren sich Auszubildendenvertretungen und Lehrlinge zu Recht gegen Unterwerfungsrituale in schlechten Ausbildungsbetrieben. Das Bierholen für einen mies gelaunten Meister kann ein Ritual mit hohem Symbolgehalt darstellen. Das Ritual des Aufenterns aus den Segeln kostete auf der Gorch Fock im November 2010 eine 25-jährige Soldatin das Leben. So wie es Rituale der Ehrverleihung gab und gibt, existieren auch Zeremonien des Ausschlusses und der Degradierung. Im weiteren Sinne können Kritikgespräche, Abmahnungen etc. zu solchen „Degradierungszeremonien" gezählt werden. (Mariak/Kluge 1998: 278)

Verblüfft stellen wir indes fest, dass es junge Leute wieder zu Ritualen hinzieht. Während die 40- bis 50-Jährigen bei Begrüßungen verlegen eine ungeschickte Umarmung andeuten, geben sich die 14-Jährigen wieder die Hand. Müttern stockt das Herz (und die Hand zur Brieftasche) wenn sie mit den Vorstellungen ihrer Kinder für die Abendgarderobe beim Abschlussball konfrontiert werden. Verlobungsfeiern erfahren eine ungeahnte Renaissance. Kurz: Jugendliche verlangt es wieder nach Zeremonien, die ihr Leben strukturieren und in einen Rahmen setzen. Gerade die Unbedingtheit und Selbstverständlichkeit, mit der Traditionen die eigene Biografie ordnen, haben einen hohen Reiz.

Wo Routinen und Rituale klug und bedacht gestaltet und verlässlich ausgeführt werden, können sie eine Ausbildungsumgebung schaffen, die Neulingen Vertrauen und Verantwortung vermittelt. Geburtstagsgrüße, Feierabendrituale oder Abschlussfeiern markieren Zugehörigkeit und ehren den Einzelnen wie die Gruppe. Gut haben es Zimmerleute, die Richtfeste feiern und ihre gemeinsame Leistung ehren. In anderen Kontexten können das hunderttausendste Werkstück, der Lehrling des Monats oder die bestandene Zwischenprüfung geehrt werden. Auch wenn es zunächst schwerfällt und die Umsetzung ein wenig ungelenk wirkt: Nutzen Sie die Gelegenheit, Auszubildende zu feiern! Der gedruckte Namen auf einem Flyer, der Blumenstrauß zum Geburtstag, die Belobigung auf der Betriebsversammlung – Ehrungen machen stolz und vermitteln Sicherheit.

In jedem Fall sollte der Abschluss einer Ausbildung mit einem Ritual geehrt werden – eine Anerkennung für die Absolventinnen und Absolventen selbst und für alle, die als Eltern, Ausbildende oder Kolleginnen bzw. Kollegen an der Ausbildung mitgewirkt haben. Ehrungen dienen auch als Spiegel für diejenigen, die eine solche Prüfung schon einmal abgelegt haben und als vorweggenommenes Versprechen für die, denen sie noch bevorsteht. Der Abschluss einer Berufsausbildung ist für viele Jugendlichen der Schritt ins Erwachsenenleben. Das Ritual der Abschlussfeier markiert den Übergang in die Welt des Berufes – oder aber in eine neue Suchbewegung und den nächsten Übergang. Dabei wird heute kein *Lehrbraten* mehr verlangt und der neu in die Zunft aufgenommene auch nicht *gehobelt, geschliffen und behauen* wie in früheren Zeiten. Aber etwas Gutes zu essen darf es gerne geben, wenn Auszubildende ihren Abschluss ehrenvoll erworben haben.

Ehrenvolle Aufgaben

Ehrenvoll sind solche Aufgaben, die Verantwortung beinhalten und besondere Kompetenz erforderlich machen – beides Dinge, die Auszubildende zunächst nicht mitbringen. Entsprechend häufig erleben sie Situationen, in denen sie weitgehend passiv bleiben oder aber monotone Handlanger- und Aufräumarbeiten verrichten. Es gehört zu den Selbstverständlichkeiten des Lernens, dass man zu Beginn einfache und ungefährliche Aufgaben auszuführen hat und darüber besteht bei den Jugendlichen in der Regel Klarheit. Dennoch ist es wichtig, dass sie ihre Arbeit als bedeutungsvoll für den Gesamtprozess erleben dürfen.

Die Unterscheidung zwischen *Auftrag* und *Aufgabe*, die der Berufspädagoge und Ingenieur Johannes Riedel schon 1958 traf, kann hier weiterhelfen. Der Auftrag ist die konkrete Arbeitsanweisung, die dahinterliegende Aufgabe betrifft den „lebendigen Sinn", den „Gesamtzusammenhang" einer Arbeit. (Riedel 1958: 59) Das heißt: Mag der konkrete Arbeitsauftrag auch langweilig, kleinteilig und anstrengend sein, so gewinnt er an Bedeutung (und damit an Potenzial für Ehre), wenn die dahinterliegende Aufgabe deutlich wird. (‚Wenn Du dieses Regal aufräumst, dann werden wir Verschwendung durch Suchen verringern können. Wie muss es dazu organisiert sein?' oder ‚danke, dass Du hier saubergemacht hast, für die Kunden ist es wichtig, dass wir hier alles gereinigt hinterlassen.')

In der Praxis, so Riedel, wird „dieses lebendige Verständnis für das, was die Aufgabenerfüllung verlangt, […] oft dadurch unterbunden, daß dem Arbeitenden der Einblick in die Zusammenhänge verwehrt wird, für die der Effekt seiner Arbeit im Grunde bestimmt ist. Die Entscheidung darüber, was zu tun notwendig ist, wird ihm dann abgenommen und durch Vorschriften für die Ausführung ersetzt." (Riedel 1958: 59) Erst dadurch, dass man eine Arbeit als bedeutungsvoll erkennt, bringt ihre Erledigung so etwas wie Ehre mit sich. Oder in den Worten Riedels: „Nur dadurch, daß etwas für ihn von Bedeutung ist, wird der Mensch überhaupt zum Handeln veranlaßt, und je größer diese Bedeutung für ihn wird, desto vielseitiger und gründlicher widmet er sich dem Handeln." (Riedel 1958: 59)

Befriedigung aus Arbeit kann also aus ihrer Zweckhaftigkeit entstehen, aber zugleich dann, wenn wir die *Schönheit* erkennen können, die ihr in ihr liegt. Aus der anthroposophischen Pädagogik nach Rudolf Steiner kommt der Gedanke, dass Werkstattarbeit ohne künstlerisches Tun, d. h. ohne den Versuch, ästhetisch und handwerklich schön zu arbeiten, abstrakt und unlebendig bliebe. Qualität der Arbeit heißt dann, sie gut zu machen, sie aber auch in einem fast künstlerischen Sinne zu gestalten. (Brater/Büchele u. a. 1988: 160 ff.)

Um freilich stolz auf die Erledigung von Aufgaben sein zu können, muss man sie auch bewältigen können. Schwache Lerner haben häufig nicht nur weniger Wissen, sie haben auch keine realistische Einschätzung ihres eigenen Könnens oder ihrer eigenen Fähigkeiten. Mangelndes Selbstvertrauen wechselt scheinbar wahllos in Selbstüberschätzung und zurück.

Selbstverantwortliches, sicheres und effizientes Handeln im Beruf gründet sich auf das Vertrauen in die eigene Kompetenz – ein Vertrauen, das Neulinge mit realistischer Selbsteinschätzung noch nicht haben *können*. Starke Jugendliche wissen, dass sie durch Anstrengung, Lernen und Übung zu mehr Kompetenz und damit zu mehr Selbstvertrauen kommen können. Sie vertrauen also (noch) nicht ihren beruflichen Fähigkeiten, wohl aber der eigenen Möglichkeit, diese Fähigkeiten zu erwerben. Schwachen Jugendlichen gelingt dies oft nicht. Sie können häufig nicht gut einschätzen, was sie schon wissen und welches Wissen ihnen noch fehlt. Entsprechend schwer fällt es ihnen, ihr eigenes Lernen zu organisieren, zu regulieren und zu überwachen. Eigene Lernleistungen sind ihnen ebenso wenig bewusst (,das war Glück/Pech', ,die Aufgaben waren zu leicht/zu schwer') wie Wissenslücken. „Wer nicht weiß, was er schon weiß und wer Lernen als nicht beeinflussbaren und passiven Vorgang betrachtet, wird sich entsprechend in Lernsituationen passiv, ziellos und unmotiviert verhalten." (Straßer 2005: 90 f.) Die psychischen Grundlagen für Selbstkonzepte und Selbstvertrauen werden früh gelegt. Sie sind zäh und von außen nur schwer zu verändern.

In der neuen beruflichen Situation allerdings ergibt sich so etwas wie eine zweite Chance. Selbst junge Menschen, die in der Kindheit und Schulzeit erfahren haben, dass sie immer und immer wieder scheiterten und die fest davon überzeugt sind, dass Erfolg oder Misserfolg sie ganz unversehens und ohne eigenes Zutun trifft, sind für Erfahrungen im Beruf relativ offen. Sie können hier die Chance haben, ihr Handeln als wirkungsvoll zu erleben. Ihr Tun wird unmittelbar sichtbar und kann ihnen selbst zugeschrieben werden. Sie erleben, dass ihre Leistung einen Unterschied für andere macht und dass sie selbst es waren, der sie vollbracht hat.

Erfolgreiche Ausbilderinnen und Ausbilder unterstützen das Selbstkonzept der Jugendlichen deshalb häufig dadurch, dass sie ihnen die Ehre für eine gelungene Arbeit überlassen. „Führen von hinten" nennt Moestl diese Strategie, die dem Geführten die Anerkennung überlässt (‚nicht wir, Du hast das erreicht‘), sich selbst zurücknimmt und gerade dadurch die eigene Macht erhält.

In ihrer beruflichen Rolle entwickeln Jugendliche Vertrauen in sich selbst, indem sie Verantwortung für bedeutungsvolle Aufgaben übertragen bekommen und sich gleichzeitig sicher fühlen können, dass diese Aufgaben verständlich und handhabbar sind. Hier geht es um die Balance zwischen der Möglichkeit, selbst tätig werden zu können und der Sicherheit, die aus dem eigenen Kompetenzerleben, aber auch der Möglichkeit, Fehler zugeben zu können, resultiert.

Auszug Gruppendiskussion Industriekaufleute Betrieb A, 2. Lj.

B3 „Man bekommt Aufgaben und sollte diese nach Möglichkeit irgendwie versuchen, alleine zu lösen. Und das zeigt ja schon, dass das Unternehmen oder dass die Mitarbeiter, die Vorgesetzten einem vertrauen, weil nicht ohne Grund gibt man einem Auszubildenden Aufgaben, die er erledigen soll, die vielleicht nachher auch für weitere, ja, Aufgaben und Entscheidungen wichtig sind. Und ich denke schon, dass das Unternehmen allen oder hier den Auszubildenden sehr vertraut." (84–88)

B3 ‚Ich bin in der Leistungserstellung, werde in der Produktion eingesetzt. (jemand räuspert sich) Wir haben da zwei neue Maschinen bekommen und für diese Maschinen habe ich eben die Aufgabe bekommen, Arbeitsanweisungen zu schreiben und Wartungsanweisungen zu schreiben, eigenständig zu schreiben und eben den Mitarbeitern, ja, auf das Papier zu bringen, vorzuschreiben, was sie eben an dieser Maschine, an dieser Anlage machen müssen. Und ich denke, wenn ich da irgendwas verkehrt mache, machen das die Mitarbeiter vielleicht später auch verkehrt und deshalb wird mir da schon sehr viel Vertrauen entgegengebracht. Und ich habe von dieser Maschine vorher auch noch keinen blassen Schimmer gehabt. Also, ja, mir wird da eben eine Aufgabe in die Hand gelegt und die gilt es eigenständig zu erarbeiten, zu lösen und man vertraut einem da einfach." (114)

Ehrenvolle Aufgaben zu stellen bedeutet daher: Vergeben Sie solche Aufgaben, die diese und diesen Jugendlichen zwar fordern, die sie oder er jedoch bewältigen kann. Der Berufspädagoge Arnulf Bojanowski von der Universität Hannover spricht hier von ‚doppelter Diagnostik‘:

Prof. Dr. Arnulf Bojanowski

Doppelte Diagnostik bedeutet erstens, die Aufgabe im Blick zu haben. Wie schwer ist das? Wie lange darf das dauern? Welches Ergebnis brauchen wir? Zweitens heißt es den Jugendlichen richtig einzuschätzen. Was kann er schon? Was braucht er noch? Das eigentliche Problem bestehe darin, beides den Jugendlichen gegenüber NICHT zu formulieren. Bojanowski: „Du bist der Ausbilder und es gehört zu Deinem Job, sowohl die Jugendlichen zu sehen und zu fördern, als auch die Aufgaben im Blick zu haben und umsetzen. Wie diese Balance gelingt, damit sollten weder Kunden, noch Auszubildende belastet werden. Also: ‚Mund zu!‘ und lass den mal machen!"

In der Montessori-Pädagogik übe man schließlich Jahre lang nichts anderes als sich her-
auszuhalten und den Moment abzuwarten, in dem es beim Lernenden klickt. Dieser Moment des Aushaltens, in dem man gelassen abwartet, zu welchen Lösungen der andere
kommt, sei entscheidend. „Gut ist zu sagen: ‚Schau mal, darum geht's, guck mal wie weit
Du kommst' und dann erst mal beiseite zu treten oder etwas anderes zu tun. Stattdessen
mischen wir uns ständig ein und halten uns für gut, wenn wir es besser wissen. Für
schwache Jugendliche ist das fatal!" Selbst Verantwortung übernehmen könne man nur,
wenn man zu Beginn mit Zeit und Gelassenheit eigene Lösungen habe finden dürfen.
„Nichts, aber auch gar nichts fällt einem deutschen Ausbilder so schwer, wie zuzusehen,
wenn einer einen Fehler macht!", sagt Arnulf Bojanowski. „Und auszuhalten, wenn wer
langsamer ist als er selbst. Nicht sofort dazwischen zu gehen. Mal sagen: ‚Ich geh mal
eben ums Eck, schau mal wie weit Du kommst. Ach klasse, das sieht ja schon gut aus.
Kriegst Du das an der Stelle auch noch rund? Ich komm gleich wieder.' Das haben wir alle
nicht gelernt! Immer müssen wir die Dinge gleich selbst in die Hand nehmen."
(Interview mit Prof. Dr. Arnulf Bojanowski am 06.06.2011)

Was also ist bei der Aufgabenstellung für schwache Auszubildende zu be-
achten? Schwache Lerner verwenden häufig weniger Zeit auf die aktive
Verarbeitung einer Aufgabenstellung. Ihnen wird dann nicht vollständig
klar, was von ihnen erwartet wird. Es fällt ihnen schwer, die Aufgabe in eigenen Worten wieder zu geben. Aus diesen Gründen ist es sinnvoll sicherzustellen, dass Ihre Arbeitsanweisung nicht nur gegeben wurde, sondern
dass sie auch verstanden worden ist. Notfalls bitten Sie die Auszubildenden
zu wiederholen, was sie tun sollen.

Aufgaben mit dem Vorwissen in Beziehung zu setzen, kann ebenfalls
ein Problem darstellen. Jeder Auftrag erscheint ganz neu und unbekannt.
Das bereits Gelernte wird nicht aktiviert und nicht genutzt. (Lauth 2000:
24 f.) Erinnern Sie deshalb daran, welche anderen, schon erledigten Aufgaben so ähnlich sind wie diese und worin ggf. die Unterschiede bestehen.

Schwachen Jugendlichen hilft es, immer wieder Zwischenstopps zu definieren. Gerade sie kontrollieren ihre Tätigkeit weniger als erfolgreich
Lernende. Sie folgen seltener übergeordneten Lernregeln und setzen sich
weniger verbindliche und erreichbare Ziele. Entsprechend fällt es ihnen
schwerer, ihren Lernweg zu überwachen und ggf. zu korrigieren. (Lauth
2000: 24 f.) Es ist daher hilfreich, wenn Sie festlegen, nach welchen Ar-
beitsschritten die Jugendlichen das Zwischenergebnis noch einmal vorlegen
sollen. Schwierigkeiten und Herausforderungen sollten deutlich benannt
werden. Und dann besteht – darauf wies ja Arnulf Bojanowski schon weiter
oben hin – die Kunst im gelassenen Wegschauen. Auszuhalten, dass Jugendliche langsam und ungelenk arbeiten, selbst wenn man es selbst
schneller und besser könnte, ist nicht ganz leicht. Es ist aber nicht immer
nötig einzugreifen und nicht überall ist es gut. „Wenn man Nicht-Tun nicht
mit Nichts-Tun verwechselt, kann es wahre Wunder wirken." (Moestl 2011:
228)

Allzu rasche Unterstützung kann Motivation behindern. Wer Hilfe bei eigentlich leichten Aufgaben angeboten bekommt, erhält gleichzeitig die Information, dass der andere ihn für unfähig hält, selbst klarzukommen. Wer dagegen Fehler machen darf und dafür eine Rückmeldung erhält, bekommt die Information, dass man ihm zutraut, die Aufgabe zu lösen. (Steins/Welling 2010: 122)

Auszug Gruppendiskussion Elektroanlagenmonteure Betrieb B, 2. Lj.

B5 „Ich habe eine Leiterplatte gefetzt, das war teuer.

I1 Was ist passiert?

B5 Ich hatte die Schrauben nicht draufgemacht, ich war in der Bestückung und die ist unterflutet. Das war dann gar nicht so lustig. Ich habe gedacht, die reißen mir den Kopf ab, aber das war nicht der Fall eigentlich. Ich bin dann zum Teamleiter gegangen, habe ihm das erklärt und da hat der sich die Platte erst mal angeguckt, hat gefragt, ja, woran es gelegen hat. Dann hat der das gesehen, dass ich vergessen habe, die Schraube draufzumachen. Wenn man die nicht richtig anzieht, dann rutscht es halt nicht? Und der hat mir das halt erklärt in Ruhe oder hat mir gesagt, ja, das und das hast du falsch gemacht, ob ich das überhaupt wusste, was passiert, wenn das nicht ist. Und ich habe gesagt, ja, wusste ich schon, ich habe es vergessen. Hat der gesagt, ja, nur aufpassen, dass es halt nicht noch mal passiert.

I1 War es schwierig da hinzugehen?

B5 Ich hatte Schiss.

I1 Das denke ich mir. (lacht)

B5 Auf jeden Fall, aber ich habe auch eher gedacht, dass schon geschimpft wird so, weißte, aber. [...] er hat mir das erklärt, so und so ist es und darauf hast du zu achten. Und dann war es okay und dann hat er gesagt, pass einfach ein bisschen auf, mach bisschen langsamer.

I1 Was wäre denn passiert, wenn Sie es einfach nicht gesagt hätten?

B5 Keine Ahnung, (lachend) habe ich noch nicht ausprobiert." (I2 lacht) [..]

Doch: Wie realistisch ist denn im konkreten Arbeitsalltag eine solche Zuwendung zum Auszubildenden? Wer kann sich das leisten, zumal wenn die ausbildenden Erwachsenen selbst unter Druck stehen? Wenn die Fehler der Jugendlichen Kosten verursachen?

In vielen Betrieben findet die Zuwendung zum Auszubildenden dort ihre Grenze, wo ökonomische Notwendigkeiten beginnen. *Sich um Kunden zu kümmern*, hat im Zweifel Priorität vor *sich um Auszubildende zu kümmern*. In einer Studie zu Beginn der 90er Jahre stellten Zielke und Lemke in Handwerksbetrieben keine Unterschiede im Umgang zwischen schwachen Jugendlichen und solchen mit besseren Startchancen. Betriebe orientierten sich in aller Regel nicht an den Defiziten der Jugendlichen sondern an Kundenaufträgen. (Zielke/Lemke 1991: 67) Und was bleibt ihnen – in aller Regel – auch übrig? Unter den Bedingungen heutiger ökonomischer Zwänge sind viele Ausbildende nicht mehr ohne weiteres bereit, die Erziehungsfunktion auszufüllen, die Meisterinnen und Meistern seit Jahrhunderten ganz fraglos zufiel. Sogar Jugendhilfebetrieben müssen (wenn auch einge-schränkt) Gewinne verbuchen, um weiter tätig sein zu können; selbst sie entwickeln ökonomische Rationalitäten, wenn es um Einstellung und Aus-bildung von Jugendlichen geht. (Lex 2001)

Für die meisten Auszubildenden sind (vorübergehende) Zeiten von Ar-beitsdruck und Stress nachvollziehbar und verständlich. Wenn erklärt wird, warum und wie lange im Augenblick Druck vorhanden ist und einfach an-gepackt werden muss, dann können sie das in der Regel gut annehmen. Im Gegenteil: Ehrenvoll ist es, selbst in harten Zeiten ins Team eingebunden zu sein und durch Anstrengung zum gemeinsamen Erfolg beitragen zu können. Insbesondere dann, wenn sich die Auszubildenden darauf verlassen können, dass in ruhigeren Zeiten wieder die Möglichkeit zu eigenverantwortlicher Arbeit und Lernen besteht.

Auszug Gruppendiskussion Industriekaufleute Betrieb A, 3. Lj.

B4 „Also, ich hatte erst vorletzte Woche, in der Woche vorm Urlaub erlebt, dass wir eben an verschiedenen Standorten jetzt weltweit versprochen haben, dass wir eine Lis-te am Montagabend fertig haben mit Artikeln und Preisen usw. Und wir hatten halt ver-bindlich gesagt, wir schicken das den Abend weg und am Nachmittag hat sich eben halt, das war eben auch mein Ziel diese Deadline zu erreichen, weil ich verantwortlich da für die Liste war und halt diesen Auftrag von einem Kollegen bekam. Und dann hat sich halt am Nachmittag herausgestellt, dass da noch einige Unstimmigkeiten waren, dass es halt eben, denke ich, auch an meiner Vorbereitung gelegen hat, dass es nicht richtig geklappt hat. Und da hat halt auch mein Kollege, der mir das aufgetragen hat, die Verantwortung ergriffen und hat dann halt eben gesagt, dann machen wir das zu-sammen halt eben noch mal so schnell es geht, dass wir das Ziel erreichen. Und dann sind wir halt mal ein bisschen länger geblieben, aber haben es eben dann letztlich ge-schafft, aber ich stand nicht alleine da und er hat gesagt, hättest du mal besser vorbe-reitet, dann wären wir jetzt fertig und das musst du jetzt tragen, sondern er sagt, ich habe dir den Auftrag gegeben und wir machen das jetzt zusammen halt, so dass wir es hinkriegen, nicht?"

Zeit und Zuwendung für Auszubildende spart an anderer Stelle Ärger und Zeitverlust, der durch Widerstand oder Fluchtverhalten der Jugendlichen entsteht. Wer sich ihnen in ruhigen Zeiten zuwendet, erspart sich Probleme, die mit großer Zuverlässigkeit dann auftauchen, wenn man sie am wenigs-ten brauchen kann.

Ehrengaben und Ehrenworte

Fragt man Jugendliche, ob ihr Ausbildungsbetrieb ein guter sei, dann be-richten sie häufig davon, was sie dort erhalten: Dass sie Kleidung gestellt bekommen, dass sie ihr eigenes Werkzeug haben, dass es einen Bonus gebe etc. Umgekehrt reagieren sie empfindlich auf nicht eingehaltene Versprechen oder empfundene Benachteiligung. Offenbar stehen Zuwendungen und Versprechen nicht nur für den konkreten materiellen Wert, den sie verkörpern, sondern für mehr.

Auszug Gruppendiskussion Elektroanlagenmonteure Betrieb B, 2. Lj.
B4 „Uns geht es hier gut einfach, zum Beispiel nur alleine der Kaffee, das ist traumhaft.
B2 Ja.
B4 Das gibt es kaum irgendwo. [...]
B6 Ja, ein Kaffeeautomat, Wasser. Arbeitskleidung ..."

Bekommen die Auszubildenden etwas, so geht damit die wechselseitige Erwartung einher, dass sie der Firma etwas zurückgeben. Es handelt sich nicht um einseitige Geschenke, sondern um *Ehrengaben*; Kristallisationspunkte, an denen sich Vertrauen entwickeln kann.

Soziale Regeln für Geschenke und Gegengeschenke sind kulturell tief verankert. Ethnologen wie Marcel Mauss haben sich intensiv mit der Frage beschäftigt, welche kulturellen Regeln für materielle (z.B. Gastgeschenke) oder immaterielle Gaben (z.B. Einladungen und Gegeneinladungen) existieren. Nimmt man eine Gabe an, dann verpflichtet man sich nicht nur implizit zu einer Gegengabe, sie muss sogar *verzinst* zurückgegeben werden. (Vogt 1997: 109)

Das T-Shirt mit Firmenlogo, der gedruckte Willkommensgruß in der Betriebszeitung, der kostenlose Kaffee aus der Maschine des Betriebs, das Namensschild – gerade neue Betriebsmitglieder sind sehr empfänglich für den Symbolgehalt solcher Dinge. Jugendliche schätzen diese Leistungen des Betriebs und erkennen ihren symbolischen Gehalt als Angebot der Zugehörigkeit zu einem größeren, bedeutsamen Ganzen. Symbole nehmen Anerkennung vorweg, die sich die Neuankömmlinge eigentlich erst noch erarbeiten müssen. Sie lassen erahnen, wie es wäre, schon selbst erwachsen und kompetent zu sein. Betriebe und Schulen, die Symbole bewusst gestalten und deutlich machen, für welche Werte sie stehen, halten ein machtvolles Werkzeug der Ausbildung in ihren Händen.

Ehrengaben symbolisieren einen Vertrauensvorschuss des Betriebs gegenüber den *Neuen*, der diese sozial bindet. Die *Geschenke* stehen für die Annahme, dass die jungen Mitarbeiter dem Betrieb keinen Schaden zufügen werden. Es geht also um ein sich Anvertrauen, in Vorleistung treten. (Kassebaum 2004; ähnlich auch Baier 2001). „Vertraut man anderen, dann räumt man ihnen die Gelegenheit der Verletzung ein und zeigt sich sogleich zuversichtlich, dass sie diese Gelegenheit nicht nutzen werden." (Baier 2001: 43)

Der Betrieb, der Jugendlichen eine teure Werkzeugkiste, Arbeitskleidung oder ein anderes Symbol der Betriebszugehörigkeit gibt, macht deutlich: Du könntest den Betrieb schädigen, wir vertrauen aber darauf, dass Du dies nicht tust. Ab sofort bist Du eine/r von uns und wir rechnen auf deine Loyalität.

Doch die kulturelle Gestalt der Ehrengabe ist insofern verzwickt, als sie zusätzlich ein Element von Freiwilligkeit enthält: Wer ein Geschenk in strategischer oder gar manipulativer Absicht macht, eine Gegengabe zu erhalten, entehrt sich selbst. Das Parfüm, das die Dame zu Beginn einer Bekanntschaft erhält, ist nur dann ein schönes Geschenk, wenn damit keine konkrete Erwartung verbunden ist – ansonsten wird die ehrbare Dame die Gabe empört zurückweisen. Ein Geschenk ist dann ein gutes, wenn die Erwartung des Gegengeschenks gerade *nicht* Motiv des Handelns ist. Die soziale Bindung funktioniert nur, wenn das Geschenk absichtslos gegeben wurde.

Vertrauen ist immer die Mitte zwischen Wissen und Nicht-Wissen, zwischen Hoffnung und Kenntnis. Wir machen eine Erfahrung und schließen auf eine Gesetzmäßigkeit – gerade in der Interaktion mit anderen Menschen gibt es jedoch nur sehr wenige Gesetze. Menschen leben nicht nach Kausalitäten. Sie sind *frei*. Zum Glück: Denn Vertrauen kann leider genauso in manipulativer Absicht eingefordert werden und es wäre fatal, wären wir nicht so frei, dies zu erkennen und uns zu entziehen. Für patriarchale Machtverhältnisse ist es typisch, Vertrauen mit Loyalität und Gehorsam zu verwechseln („ja, vertraust Du mir denn gar nicht mehr'). Ein solchermaßen eingefordertes Vertrauen kann fassadenhaft sein und manipulativ eingesetzt werden. Glaubwürdiges, *echtes* Vertrauen unterscheidet sich davon durch die Orientierung an gemeinsamen relevanten Prinzipien wie Partizipation, Gerechtigkeit, Kooperation und Moral. Es benötigt Zeit und wiederholtes Handeln, um entstehen und sich festigen zu können.

Gelingt der Aufbau einer Vertrauensbeziehung, so werden – ganz im Sinne einer sich selbst erfüllenden Prophezeiung – Kettenreaktionen in Gang gesetzt, die Vertrauen bestätigen und verstärken. Wenn A einer Person B Vertrauen schenkt, dann erhöht sich erstens die Wahrscheinlichkeit, dass A das Handeln von B als vertrauenswürdig interpretiert (dies wird sie schon deswegen zu tun geneigt sein, weil sie sich nicht selbst widersprechen will) und zweitens, dass das Handeln von B diesem Vertrauensvorschuss tatsächlich gerecht wird (um den sozialen Erwartungen zu entsprechen). Im gelingenden Fall entsteht so eine Vertrauensbindung zwischen A und B, die beide wechselseitig sozial verpflichtet und gleichzeitig nach außen hin wirkt – ein Effekt, der wiederum die Vertrauensbeziehung zwischen beiden stärkt. Ist einmal fest in der Firmenkultur verankert, dass *unsere Azubi* fleißig, zuverlässig und selbstständig arbeiten, und vertrauen alle Beteiligten dieser Vorannahme, dann werden die Auszubildenden dieser Erwartung mit hoher Wahrscheinlichkeit gerecht werden wollen.

Erfolgreiche Ausbildungsbetriebe gewähren daher ihren Auszubildenden Vorteile und Vergünstigungen. Sie wissen, wie bedeutsam sie für die

Jugendlichen und den Aufbau beruflicher Identität und Ehre sind. Was jemand in seiner Ausbildung bekommt, ist häufiges Thema zwischen Jugendlichen. Kluge Betriebsleiter nutzen die Symbolkraft solcher Ehrengaben. Ihnen ist jedoch klar, dass solche Ehrengaben zwar das Angebot und die Aufforderung zu vertrauen enthalten, dass dieses Vertrauen jedoch nicht erkauft, sondern nur erarbeitet bzw. geschenkt werden kann.

Regeln der Ehrbarkeit

Bei Neulingen ist es so: Alles außer ihnen war schon vor ihnen da. Oder doch das allermeiste. Die Dinge und Prozesse sind bereits geordnet und zwar nach Ideen und Prinzipien, die man noch nicht nachvollziehen kann. Ein neues Mitglied der Organisation kann Regeln akzeptieren oder ablehnen, befolgen oder missachten, uminterpretieren oder ignorieren – in jedem Fall sind sie vorhanden und bilden die Grundlage für die Zusammenarbeit. In aller Regel werden sich neue Organisationsmitglieder bemühen, Regeln so rasch wie möglich zu erkennen und sich zu eigen zu machen, denn nur so können sie sich zugehörig fühlen.

Ausbildungsberater der IHK

„Unsere Generation, wir 40–60-Jährigen, sind nun an der Reihe für gesellschaftliche Regeln und Werte gerade zu stehen. Wenn wir nicht für Recht und Gesetz einstehen und sie durchsetzen – wer sollte das dann tun? Bei wem wollen wir uns beschweren, wenn sie verloren gehen?"

Gerade weil wir selbst in den 60er, 70er und 80er Jahren selbst manchmal riskant und intensiv gelebt haben, sei die heute erwachsene Generation berechtigt, nun Regeleinhaltung einzufordern. „Ich sage meinen Jungs dann: Ich habe die Fehler selbst gemacht und sage Dir deshalb: tu es nicht!" Nun sei es seine Rolle, als Erwachsener dafür zu sorgen, dass bestimmte Normen erfüllt werden. Und dieser Rolle versuche er, gerecht zu werden. „Warum eigentlich" fragt er, „denken wir nie an die Coolness der Älteren? Die Coolness, die daraus entsteht, dass wir über Jahre hinweg Kompetenz und Lebenserfahrung gewonnen haben? Und die es uns ermöglicht, mit Vielem gelassener und weiser umzugehen? Ist das nicht eigentlich viel cooler als die Rebellion der Jugend?"

(Interview mit Herrn Ruß, Ausbildungsberater der IHK Kassel am 04.05.2011)

Jugendliche lehnen Regeln ja nicht ab – eher im Gegenteil. Besteht die Belohnung für Regeltreue in Zugehörigkeit, Anerkennung und Ehre, dann sind Jugendliche meist bereit, sich Regeln anzueignen.

Je größer ein Betrieb ist, umso eher und detaillierter werden Regeln verschriftlicht. Betriebsordnungen großer Kaufhausunternehmen z.B. enthalten umfangreiche Vorschriften in Bezug auf Verhaltensstandards, Verpflichtungen auf Arbeitstugenden wie Sauberkeit und Ordnung bis hin zu Durchführungsbestimmungen für Taschendiebstähle und Regeln für das Verlassen des Betriebs (Taschenkontrollen etc.). (vgl. Mariak/Kluge 1998: 81)

Jenseits dieser formalen Regeln existiert ein paralleles, für Außenstehende sehr viel undurchsichtigeres Regelwerk, das mit Bezug auf den Rechtssoziologen MacNaughton-Smith auch als „zweiter Code" bezeichnet wird. Der zweite Code sorgt dafür, dass *der Betrieb tatsächlich läuft*. Er interpretiert, ergänzt oder konterkariert die offiziellen Regeln – nicht umsonst gilt der *Dienst nach Vorschrift* nicht als Versprechen, sondern als Kampfmaßnahme.

Der zweite Code existiert zwar nur als Fiktion in den Köpfen der Handelnden, bestimmt jedoch ihr Erleben, ihre Bewertungen und ihr Handeln im Alltag. „Ohne seine Beachtung und die Mißachtung formaler Regeln wären Unternehmensaufgaben nicht durchführbar." (Mariak/Kluge 1998: 250)

Für die Auszubildenden (die weder betriebliche Arbeit kennen, noch die zugrunde liegenden Werte der erwachsenen Arbeitenden teilen) sind die Regeln des zweiten Codes häufig nicht klar und schwer zu fassen. Einerseits handelt es sich dabei einfach um Informationsdefizite. Andererseits aber birgt der zweite Code „nicht nur für berufliche Neulinge – die Gefahr, daß der Regelkatalog jederzeit und fast beliebig durch betriebliche Entscheidungsträger umgestaltbar ist, was ihn zu einem gewichtigen Machthebel formt." (Mariak/Kluge 1998: 257)

Den Jugendlichen, die *hinein* möchten, d.h. die sich als erwachsene, anerkannte Mitglieder der Betriebsgemeinschaft fühlen möchten, entsteht ein doppeltes Risiko: Sie kennen die Regeln nicht, nach denen sie sich verhalten sollen und die Regeln können je nach Bedarf geändert, uminterpretiert oder gegeneinander ausgespielt werden. Für diejenigen von ihnen wenig sozialer Flexibilität und Wahrnehmungsfähigkeit, aber einem hohen Ehrgefühl, entstehen hier Probleme. Sie werden die Forderungen und Sanktionen der Erwachsenen in Bezug auf den zweiten Code mitunter als willkürlich erleben, die ihr eigenes Handeln wahlweise mit Bezug auf den einen oder den anderen Code rechtfertigen. Wenn die Regel des Meisters vom Gesellen missachtet wird, sobald der Chef die Baustelle verlässt, wenn Sicherheitsvorschriften erst verkündet und dann beiseite geschoben werden, wenn sich Regelbrüche als pragmatisch praktisch erweisen – dann ist Orientierung für Neulinge schwierig. Was *normal* und im Betrieb *immer so* ist, wird widersprüchlich, diffus und beliebig.

Besonders zu Beginn der Eingliederung in einen Betrieb ist es wichtig, die Maßgaben für wechselseitiges Vertrauen ausführlich und explizit zu formulieren. Daher werden zum Beispiel in Begrüßungsansprachen so häufig Maximen der Zusammenarbeit verkündet. Wenn in hierarchischen Beziehungen zweideutig und unklar kommuniziert wird, fühlen sich Menschen allein gelassen – man kennt das von unverständlichen Gebrauchsanweisungen. Je unpräziser eine Anweisung ist, umso unwahrscheinlicher wird es, dass der andere sie richtig umsetzen kann und pampig reagiert.

Aus Sicht der Jugendlichen droht darüber hinaus dort Ehrverlust, wo Regeln des Betriebes diejenigen aus anderen Lebenszusammenhängen (z.B.

des Freundeskreises oder der Jugendkultur) verletzen. Kleidungsvorschriften im Betrieb können demütigend uncool sein, Verhaltensregeln spießig und peinlich. Jugendliche verstehen Regeln allerdings mitunter als Angriff auf ihre persönliche Autonomie. Die Sitten und Verhaltensmaßgaben im Betrieb können ja durchaus in Konflikt zu denen in anderen Bereichen ihres Lebens stehen. Dadurch werden immer wieder Entscheidungen erforderlich, welchem Ehrbegriff man denn nun folgen soll. (vgl. Vogt 1997: 160)

Wo aber unsere Freiheit bedroht ist und wir bisher vorhandene Handlungsspielräume eingeschränkt sehen, entsteht Reaktanz. Darunter verstehen Psychologen einen Zustand, in dem wir uns mit einer gewissen inneren Erregung gegen die Einschränkung unserer Freiheit wehren und beharrlich versuchen, das bedrohte Verhalten nun gerade doch auszuführen. Gelingt das nicht, führen selbst Umwege nicht zum Ziel, wird das verbotene Verhalten in Gedanken immer attraktiver und erstrebenswerter. (Steins/Welling 2010: 155) In der Ausbildungspraxis entsteht Reaktanz häufig entlang bestimmter Reizthemen (Kleidung und äußere Erscheinung etc.). Je heftiger Erwachsene auf die Einhaltung der Regeln pochen, desto stärker wird der sichtbare oder innere Widerstand.

Regeln werden also beileibe nicht immer eingehalten – sei es aus Unverständnis, Pragmatik, Nachlässigkeit oder offener Rebellion. Bei manchen Regeln kann das daran liegen, dass sie tatsächlich ihren Sinn verloren haben (oder ihn nie besaßen). Sie sollten schon im betrieblichen Interesse neu verhandelt werden. Bei anderen Vorgaben ist die Einhaltung sinnvoll und notwendig, ihre Durchsetzung Teil der pädagogischen Arbeit.

Berufsschule

„Ich kann auch streng sein", verkündet der pädagogische Leiter der Oskar-von-Miller-Schule in Kassel, ein ansonsten eher freundlicher Mann, und schaut grimmig über den Rand seiner Lesebrille. Die berufliche Schule, an der Wilfried Dülfer tätig ist, betreut rund 2000 Schüler im Elektrobereich. Dass er Konsequenz und Strenge für ein wichtiges „Instrument" der beruflichen Bildung hält, nimmt man ihm sofort ab. „Aber", gibt er zu bedenken: „Strenge ist es nicht alleine. Ich setze zum Beispiel im Informatikunterricht durch, dass zu Beginn der Stunde alle ihren Laptop schließen. Ich sage denen, dass ich nicht auf schwarze Platten, sondern ihnen in die Augen gucken will. Und so beginnt jede Stunde mit einer Kontaktaufnahme. Wo stehen wir? Was ist passiert? Wie ist die Lage? Erst dann gehen die Laptops auf und der Unterricht beginnt. Ich bin also streng, setze das durch, aber es ist klar, dass ich es FÜR die SchülerInnen tue. Ich erkläre, warum eine Regel gilt. Manche Regeln setze ich, dann sage ich, das ist jetzt so, daran haltet Ihr Euch. Und andere können sie selbst bestimmen. In jedem Fall gilt: Regeln kennen alle und sie werden konsequent nachgehalten. Und sie sind FÜR die Jugendlichen, nicht gegen sie. Denn die Grundlage für die Regeln ist die Empathie, die ich für sie empfinde. Und die Begeisterung für das Fach. Die müssen sie spüren, da ist jemand, der brennt für das, was er tut. Der findet das RICHTIG gut. Mathe – das ist mein Fach – das ist klasse, damit kann ich die Welt erklären, dafür empfinde ich was!"

Wenn man Wilfried Dülfer nicht kennt, dann könnte das fast ein bisschen altmodisch klingen. Aber zugleich ist er derjenige, der an der Schule maßgeblich daran beteiligt war, moderne Lehr-Lern-Designs umzusetzen. Auf drei Stockwerken wurden in der Schule Wände eingerissen und große Selbstlernzentren eingerichtet. Bis zu siebzig Schülerinnen und Schüler arbeiten hier an individuellen Lernaufgaben und Selbstlernprojekten. „Wir brauchen diese modernen Konzepte," erklärt Wilfried Dülfer. „Aber gerade die schwachen Schüler brauchen uns, uns als Person. Sie brauchen Begleitung, Unterstützung, Konsequenz." Und das hat mit der Lernform zunächst einmal nur am Rande zu tun.
(Interview mit Wilfried Dülfer, pädagogischer Leiter einer Berufsschule am 24.05.2011)

Wie also sollte man auf Regelbrüche reagieren? Sofort und konsequent? Offen und verhandlungsbereit? Und wie lassen sie sich verhindern? Ist da Vertrauen gut, Kontrolle aber besser? Oder doch umgekehrt?

Manche Vertrauensforscher beschreiben eine *Eskalation von Kontrolle* und fordern, diese durch Vertrauen zu durchbrechen. (z.B. Wittmann 2009; Hubig 2004) Aus ihrer Sicht führt Kontrolle dazu, dass die Kontrollierten Verantwortung tendenziell abgeben und sich der Aufsicht entziehen. Dieser innere oder äußere Rückzug führt dazu, dass die Person von außen als faul und widerständig wahrgenommen wird, so dass ihre Kontrolle umso enger erfolgen muss. Ein Teufelskreis aus Kontrolle und Rückzug setzt ein. Im Gegensatz dazu könnte *Vertrauen* Selbstverantwortung fördern und Menschen an die Organisation binden.

Prof. Dr. Peter Eberl

Peter Eberl ist Professor für Personal und Organisation an der Universität Kassel und forscht seit Jahren zum Thema Vertrauen in Organisationen. Im Dezember 2010 schilderte er in einem Vortrag in Kassel den Unterschied zwischen einer Unternehmensstrategie, die auf Vertrauen setzt und einer Strategie, die auf Kontrolle abzielt. „Das Ziel von Kontrolle ist es zu verhindern, dass der andere seinen eigenen Interessen folgt und sich (so nennen Wirtschaftswissenschaftler das) opportunistisch verhält", erklärte er. „Durch Kontrolle wird das Risiko reduziert, dass eine Mitarbeiterin oder ein Mitarbeiter so handelt, dass es ihr oder ihm selbst nutzt und dem Betrieb schadet.
Vertrauen dagegen setzt auf Freiwilligkeit und die Eigenverantwortung eines jeden Einzelnen. Man akzeptiert Risiken und ermöglicht Handlungsspielräume im Vertrauen darauf, dass der andere sie nicht missbrauchen wird. Vertrauen kostet – anders als Kontrolle – zunächst einmal nichts. Allerdings können Mitarbeiter das Angebot, autonom zu handeln, missverstehen und willentlich oder versehentlich Schaden verursachen, wenn sie sich unbeobachtet fühlen.
Kontrolle und Vertrauen sind also beides Mittel, um betriebsschädigendes Verhalten zu begrenzen und Nutzen zu steigern. Beide haben ihre Berechtigung, können jedoch auch in Konflikt miteinander geraten. Es ist daher wichtig, sich ihre Funktionsweise klar zu machen und bewusst mit ihnen umzugehen."
(Vortrag Peter Eberl, Symposium Vertrauen, 10.12.2010)

Über diese Komplementärfunktion von Vertrauen und Kontrolle hinaus: In pädagogischen Beziehungen kann es sogar Vertrauen befördern, wenn Vorgesetzte oder Ausbildende sich über Leistungen ihnen Anvertrauten regelmäßig informieren und auf diese Weise Interesse und Unterstützung signalisieren. Hier ist entscheidend, aus welcher Logik heraus Kontrolle erfolgt. Dient sie dazu, den anderen zu unterwerfen, ihm Fehler nachzuweisen, die eigene Macht zu stärken? Oder geht es um Beobachtung, Unterstützung und die Vermittlung von Sicherheit?

Es macht einen Unterschied, ob eine Autoritätsperson anwesend ist, um sich über einen Arbeitsstand zu informieren oder ob sie mit Sanktionen droht. Es ist sachlich für alle Beteiligten nachvollziehbar, dass Regelverletzungen verhindert und wieder in Ordnung gebracht werden müssen. Der Fokus bei der Kontrolle der Arbeit von Auszubildenden sollte nicht bei der Aufsicht über die Jugendlichen, sondern bei der Abnahme des Arbeitsergebnisses liegen. Positiv ist dabei: Kontrolliert man, um die Qualität und Sachgemäßheit eines Arbeitsergebnisses sicherzustellen, dann geht es nicht nur um die Ahndung von Fehlern. So können auch das angemessene Verhalten und das gute Ergebnis wahrgenommen und gelobt werden. (Steins/ Welling 2010: 208)

„Aktive Geduld" forderte Hannah Arendt 1941 in einem ganz anderen Zusammenhang als Leitprinzip politischen Handelns (Arendt 2004). Wenn es wahr sei, so schrieb sie, dass Politik mit dem langsamen Bohren sehr harter Bretter zu vergleichen sei, „so ist Geduld in der Politik das beharrliche Fortsetzen dieses Bohrens. Und nicht das apathische Warten auf ein Wunder. Wunder geschehen nicht in dieser Welt, aber selbst sehr harte Bretter können durchbohrt werden." Was die Wunder dieser Welt angeht, so bin ich mir weniger sicher und sind Auszubildende keine Bretter, die es zu durchbohren gilt. Doch *aktive Geduld* scheint mir als Leitmotiv des Umgangs mit schwachen Jugendlichen sinnvoll zu sein.

Sehr hilfreich finde ich in diesem Zusammenhang die Konzepte der systemischen Therapeuten Haim Omer und Arist von Schlippe (Omer/von Schlippe 2010). In Büchern wie „Autorität durch Beziehung" oder „Stärke statt Macht" zeigen sie praxisnah, wie Autorität heute ohne Machtkämpfe auskommen kann. Dabei setzen sie auf Präsenz und Hartnäckigkeit sowie konsequenten Verzicht auf Gewalt. Widerstand gegen destruktive oder negative Verhaltensweisen sei nicht notwendig Kontrolle und Zwang. „Die Autorität widersetzt sich, darin besteht ihre Pflicht," schreiben sie. „Doch ihr ist bewusst, dass sie [den Jugendlichen] nicht zwingen kann. Der Unterschied zwischen Widerstand und Bestrafung [...] drückt sich in einer veränderten Logik aus. Die Aufmerksamkeit einer Autoritätsperson, die Widerstandsmaßnahmen ergreift, richtet sich auf die eigenen Handlungen". (Omer/von Schlippe 2010: 45)

Prof. Dr. Arist von Schlippe

„Jugendliche suchen auch den Widerstand, dann muss man in die Rolle des Erwachsenen hinein gehen und markieren, wo Grenzen überschritten werden. Die Kunst besteht darin, prägnant und klar zu sein, aber den Kontakt nicht abbrechen zu lassen; präsent zu sein, aber nicht zu demütigen. Keine gute Idee ist es zu sagen: ‚Du machst jetzt, was ich will‘. Unterstützend ist zu sagen: ‚Wir stehen gemeinsam vor einer Aufgabe. Wie kann ich Dir helfen, sie zu meistern? Und: Wie kannst Du mir helfen, Dir zu helfen?‘“ Das Geheimnis guter Führung bestehe in einem kontinuierlichen Kontaktangebot. Erst wenn man persönliche Stärke und den Willen zur Unterstützung zeige, lohne es sich für die Jugendlichen, sich zu binden. Jugendliche wollen weder Zwang noch Kontrolle, wohl aber eine attraktive, starke Person, an der sie wachsen können.

Ganz entscheidend ist für Arist von Schlippe körperliche Präsenz. „Auf den ersten Blick mag ein präsenter Chef so ähnlich aussehen, wie ein kontrollierender Chef. Aber er folgt einer anderen Logik. Die Präsenz ist hier ein Kontaktangebot: ‚Wie läuft es? Wo stehst Du? Wie kann ich Dir helfen?‘ Das kann durchaus bedeuten: ‚Zeig mir mal den Stand deiner Arbeit‘, aber diese Aufforderung kommt nicht aus dem Wunsch zu kontrollieren, sondern gemeinsam weiter zu kommen. Sie stellen sich nicht vor den Jugendlichen und gehen in Konfrontation, sondern neben oder hinter ihn, um einer Herausforderung gemeinsam zu begegnen.“

Kommt es zu offenen Konflikten, dann ist es für Ausbilderinnen und Ausbilder wichtig, den Prozess der Eskalation zu verstehen. „Eskalationen verlaufen symmetrisch oder asymmetrisch,“ erklärt Arist von Schlippe: „Symmetrische Eskalationen steigern sich nach dem Muster: ‚Du kannst mir gar nichts‘ – ‚das wirst Du schon sehen, was ich kann‘. Jeder will gewinnen und setzt noch einen drauf. Asymmetrische Eskalationen leben davon, dass einer gewinnen will und der andere sich unterwirft. Umso kleiner er sich macht, umso mehr wird er gepiesackt.“

Das Konzept des gewaltfreien Widerstands vermeidet beide Wege. Stattdessen empfehlen Arist von Schlippe und Haim Omer, den Fokus auf ein höheres Drittes zu richten. „Man kann sagen: ‚Es interessiert mich nicht, Dich zu besiegen. Ich will nicht besser sein als Du. Aber es ist meine Aufgabe und Pflicht als Ausbilder, die Belange des Betriebes zu vertreten. Ich kann nicht anders als …‘ In dem Augenblick, in dem ein dritter Bezugspunkt ins Spiel kommt, wird das Spiel ums Gewinnen und die Eskalation unterbrochen.

Entscheidend ist hier etwas, was Michael Grabbe „Bündnisrhetorik“ nennt: Statt in Konfrontation zu gehen und die Schuld für ein Problem dem anderen anzulasten, lassen sich über Sprache Bündnisse schließen, mit deren Hilfe das Problem anzugehen ist: „‚Hier ist die Herausforderung. Wie kann ich dich darin unterstützen, sie zu bewältigen?“

Sprache hat für Arist von Schlippe zwei Funktionen: Sie kann Grenzen markieren und Grenzen überschreiten. Wenn jemand sagt: ‚Das werde ich nicht mehr länger akzeptieren,‘, dann zeigt sie oder er, wo die eigene Grenze verläuft. Wenn man aber sagt: ‚Du hast dieses und jenes schon wieder nicht getan‘, dann geht man sprachlich in den Raum der anderen Person. „Eltern tun das übrigens dauernd,“ erklärt von Schlippe. „Auf Englisch heißt das ‚parental nagging‘. Die Eltern nörgeln und kritisieren den ganzen Tag. Sie überschreiten ständig die eigenen Grenzen und spazieren in ihren Kindern herum. Das Einzige, was sie dabei ernten, ist Abwehr und Rückzug. Viel sinnvoller wäre es, gut zu überlegen, welches Verhalten man nicht mehr länger hinnehmen möchte und das prägnant zu formulieren. Zum Beispiel wenn man sagt: ‚Dein Verhalten kann ich so nicht hinnehmen. Ich werde mir überlegen, was nun zu tun ist.“

Auf diese Weise trennt man Aktion und Reflexion. In der Konfliktsituation selbst ist es oft besser zu schweigen als zu schimpfen. Das Schweigen ist dann aber nicht als Strafe gemeint, sondern als Beziehungsangebot. ‚Damit bin ich nicht einverstanden. Darüber muss ich nachdenken.' Zu einem späteren Zeitpunkt kann man die Sache dann besprechen. „Das Eisen schmieden, wenn es kalt ist", nennen Omer und von Schlippe das. Erst wenn die Emotionen abgeklungen sind und beide Parteien sich selbst und der anderen wieder zuhören können, lassen sich Positionen klären und Lösungsvorschläge formulieren. Dann kann man sagen: ‚Dies ist geschehen. Das kann ich nicht akzeptieren. Ich habe die Pflicht, hier einzugreifen, so sehr ich das persönlich bedauern mag. Nun warte ich auf Vorschläge von Dir, wie Du dieses Problem lösen wirst.' (Interview mit Prof. Dr. Arist von Schlippe, am 06.06.2011)

Wenn Regeln in einer Organisation dazu da sind, Abläufe sicher und effizient zu machen und Zugehörigkeiten zu markieren (jedenfalls tun dies die sinnvollen Regeln!), dann bedeuten Regelbrüche auch: Ich gehe aus der Gemeinschaft heraus. Autoritätspersonen tendieren dazu, dies mit Gleichem zu vergelten: Wer sich falsch verhält, wird von der Gruppe ausgeschlossen, geächtet, darf bei der Klassenfahrt nicht mit etc.

In einer solchen Situation kann es gut sein, einen Regelbruch gerade nicht mit Distanz und Ausschluss zu beantworten. Im Gegenteil: Die Präsenz kann hier verstärkt, die Bindung noch enger werden. (‚Wenn Dir diese Regel noch nicht klar ist, dann werde ich wieder näher bei Dir bleiben'). Wenn der Jugendliche die Regeln nicht von alleine einhält, steigt der Grad der Einmischung.

Von den Erwachsenen fordert diese Einmischung Selbstbewusstsein und Einfühlungsvermögen. Sie laufen Gefahr, unausgesprochene Regeln zu verletzen, wenn sie Autonomie beschneiden, indem sie näher an Jugendliche rücken und sie wieder stärker an die Hand nehmen. Solange dies aber nicht in aggressiver Absicht geschieht, sondern in dem Bewusstsein, einer Fürsorgepflicht nachzukommen, stärkt es die Bindung und ermöglicht spätere Selbstständigkeit. „Beharrlichkeit ist nicht mit eiserner Konsequenz gleichzusetzen. Die Autoritätsperson darf sich durchaus einen Aufschub gönnen, sich zeitweilig zurückziehen und Handlungsweisen ändern. Sie ist aber dazu verpflichtet, ihre Präsenz zu zeigen und ihren Widerstand gegenüber destruktiven Verhaltensweisen […] immer wieder neu aufzunehmen." (Omer/ von Schlippe 2010: 55)

Es geht also nicht um den Nachweis, wer der Stärkere und Durchsetzungsfähigere ist, sondern um den kontinuierlichen und beharrlichen Versuch, immer wieder die positiven Stimmen im Jugendlichen anzusprechen. „Die Aussage lautet dann: ‚Ich kann dich nicht dazu zwingen, nach meinem Wunsch zu handeln, aber ich werde in deiner Nähe sein und mich entschieden jeder negativen Handlungsweise entgegenstellen' oder einfacher gesagt: ‚Hier stehe ich, ich kann nicht anders!' Diese Einstellung des Widerstehens statt der Logik der Kontrolle verleiht der Autoritätsperson neues

Gewicht und wahrt gleichzeitig die Autonomie des anderen." (Omer/von Schlippe 2010: 44)

Das bedeutet auch: Wenn Jugendliche *austicken*, wenn sie sich in einer Dynamik von verbalem und körperlichem Ausagieren ihrer Aggression verstrickt haben, beleidigend und ausfallend werden, dann ziehen sich erfahrene Pädagoginnen und Pädagogen in der akuten Situation zurück. Sie schützen sich und die anderen und warten ab, statt sich in eine Eskalation oder einen Machtkampf verwickeln zu lassen. Provokationen und Angriffe der Jugendlichen gehen insoweit ins Leere, als die Person des Ausbildenden nicht in Reichweite des Angreifenden liegt.

Wo immer das möglich ist, sollte man Attacken der Jugendlichen sportlich nehmen oder – in Begriffen der Ehre ausgedrückt – sich klarmachen, dass Auszubildende einfach nicht satisfaktionsfähig sind. Ausbildende agieren nur mittelbar als Person, sondern stehen stellvertretend für den ganzen Betrieb. Beleidigungen und Angriffe meinen sie daher nicht persönlich. Diese distanzierte Haltung bedeutet allerdings nicht, dass der Vorfall vergessen oder vernachlässigt würde. Ist die Lage wieder abgekühlt und kehrt die oder der Jugendliche in die Gruppe zurück, wird der Vorfall vor allen besprochen und mit Konsequenzen belegt. Die Bearbeitung des Vorfalls ist nicht nur für die beteiligte Person selbst wichtig, sondern auch für den Rest der Gruppe. Sie erfährt Sicherheit und Verlässlichkeit, wenn die Ordnung wieder etabliert wird.

Arnulf Bojanowski weist noch auf einen anderen Gewährsmann für diese Überlegungen hin: Anton Semjonowitsch Makarenko.

Prof. Dr. Arnulf Bojanowski – Hinweis auf Makarenko

In seinem gut siebenhundertseitigen Werk mit dem irritierenden Titel „Der Weg ins Leben" beschreibt der jahrzehntelang als „Sowjet-Pädagoge" verpönte Anton Semjonowitsch Makarenko einen pädagogischen Aufbruch aus den 1920er Jahren. Der Ich-Erzähler berichtet über seine Anfänge als Pädagoge in der Gorki-„Kolonie" für obdachlose, verwahrloste oder straffällig gewordene junge Menschen. Das „Pädagogische Poem" (so der Untertitel) ist als Tatsachenbericht geschrieben, entfaltet aber schon nach wenigen Seiten ein plastisches Bild einer Pädagogik der „Schwierigen".

Im ersten Winter der Gorki-Kolonie notiert Makarenko: „Jeder Tag meines damaligen Lebens bestand aus Glauben, Freude und Verzweiflung" (66). Plötzlich ereignet sich folgendes: Im Schlafraum gehen die Jungen mit Messern aufeinander los. Makarenko eilt herzu, beobachtet, wartet, die Jungen verstummen allmählich. Der Streit wird geschlichtet, aber der Hass lodert weiter, wochen- und monatelang, bis wieder einmal „wütende, nicht mehr menschenähnliche Zöglinge" mit Messern hintereinanderher jagen. Makarenko befiehlt den „hartnäckigsten Messerhelden" Tschobot zu sich und eröffnet ihm, dass er am nächsten Morgen die Kolonie verlassen muss. Nach kurzem Disput ergibt sich Tschobot seinem Schicksal, auch wenn nun plötzlich alle anderen Jungen für ihn bürgen. Aus dem Text:

Nach dem Frühstück tritt Tschobot zu mir und sagt:

„Leben Sie wohl, Anton Semjonowitsch. Ich danke für die Lehre ..."

„Auf Wiedersehen – behalte mich in gutem Angedenken. Sollte es dir schwer ankommen, so kehre zurück ... aber nicht früher als in zwei Wochen!
Nach einem Monat erscheint er, abgemagert und blaß.
„Da bin ich wieder – ... so wie Sie gesagt haben."
„Hast du also einen solchen Ort nicht gefunden?"
Er lächelte.
„Warum ... sollte ich keinen finden? Es gibt schon solche Orte. Ich bleibe in der Kolonie ... ich werde kein Messer mehr anrühren."
Freudig begrüßten uns die Zöglinge in Schlafsaal:
„Sie haben ihm also doch verziehen ... wir wussten es ja!" (68/69).
In dieser Episode zu Anfang des Pädagogischen Poems geht es um Klarheit und Grenzsetzung im Umgang mit schwierigen Jugendlichen. Sie lassen Verschmelzungsphantasien oder Überidentifikationen mit den Randgruppen absurd wirken. Makarenko würde sagen: Schwierigen Jugendlichen Respekt zu erweisen heißt, sich auch gegen sie zu stellen und aus dieser Auseinandersetzung etwas Neues entstehen zu lassen. Regeln müssen mit den Jugendlichen ausgehandelt, oftmals aber auch gegen ihre kurzfristigen Interessen durchgesetzt werden. Es handelt es sich hier alltägliche Gratwanderungen pädagogischer Praxis, die nicht technologisch entschieden werden können, sondern die des pädagogischen „Takts" bedürfen (um hier Herbarts Begriff zu verwenden).
Makarenko lässt sich Zeit, er beobachtet, greift nicht sofort ein, sondern wartet ab, bis die Messerstecherei abebbt. Er lässt Unbestimmtheit zu, agiert nicht pedantisch oder schematisch – aber er ist dann klar in seiner Handlung, konsequent und unnachgiebig.
Die Szene zeigt noch etwas: Auch bei benachteiligten, verhaltensauffälligen Jugendlichen kann es zu Persönlichkeitsveränderungen, zu überraschenden Kompetenzschüben kommen! Was meinen wir nicht alles aus den Akten und auf der Grundlage unserer Vorerfahrungen zu wissen – und der junge Mensch handelt nicht nach unseren Mustern, sondern überrascht uns, macht einen Neuanfang, findet sein Motiv, tastet sich durch das Leben. Ein Neuanfang ist möglich, auch wenn man Fehler begangen hat. – das ist die zweite Botschaft, die Offenheit für die Selbstentwicklungen des Heranwachsenden signalisiert. Hier zeigt sich Makarenko in seiner Modernität. Er geht gelassen und unbefangen auf die Entwicklungen junger Menschen ein.
Und so können wir vieles von Makarenko lernen: Wir gewinnen ein Verständnis von Professionalität („wortkarges Wesen"), von Individualität und Kollektivität, wir lernen, dass Jugendliche verschieden „Perspektiven" entwickeln müssen oder dass die gemeinsame „wirtschaftliche Sorge" ein Konstituens einer jugendlichen „Lerngemeinschaft" werden kann, und und und ....
Exkurs von Prof. Dr. Arnulf Bojanowski über: Anton Semjonowitsch Makarenko: Der Weg ins Leben. Ein pädagogisches Poem, Berlin und Weimar 1951

Sind sie denn alle noch zu retten?

Am Ausgangspunkt dieses Buches standen die offensichtlichen Unverträglichkeiten zwischen denjenigen Jugendlichen, die dem dualen Ausbildungssystem heute noch zur Verfügung stehen, und dem kulturell tief verwurzelten Muster der Meisterlehre. Klagen über mangelnde Ausbildungsreife und die Schwierigkeit den *tüchtigen Hauptschüler* als Prototyp erfolgreicher Lehrlingsausbildung noch finden zu können, stehen auf der einen Seite. Die biografischen Entscheidungen der Jugendlichen, die sich implizit in der Form des Lebensstils und explizit in der Anwahl allgemeinbildender Bildungswege von betrieblicher Ausbildung immer weiter zu verabschieden scheinen, stehen auf der anderen. Ich habe versucht, die Gründe und Hintergründe dieser Phänomene mit Hilfe des Begriffs der *Ehre* zu beschreiben. Ehre – das ist ein durchaus traditioneller, vielleicht sogar ein wenig verschrobener Begriff. Und doch scheint er mir manche Aspekte der beruflichen Bildung recht gut zu beleuchten:

Mit dem Begriff der Ehre ließ sich nicht nur erklären, wie sich historisch die Zunft- und Berufsgemeinschaften als zuverlässig und redlich konstituierten, so dass Vertrauen in ihre Tätigkeit und damit ein Markt für ihre Dienstleistungen und Produkte entstehen konnte. Es ließ sich zugleich zeigen, dass auch der soziale Ausschluss von dieser Gemeinschaft von Beginn an über Ehre funktionierte: Nur in Abgrenzung vom ehrlosen *Anderen* lässt sich eigene Ehre sichern.

Entsprechend waren es historisch einerseits die Adligen, andererseits aber immer zugleich die unehrlichen, unfreien, unchristlichen Menschen, von denen sich der ehrbare Kaufmann und Handwerker zu unterscheiden hatte, wollte er seine eigene Ehre schützen und pflegen. Im Laufe der Zeit verschoben sich die Konnotationen: Die Handwerker- und Kaufmannsehre wurde von äußeren Merkmalen der Standeszugehörigkeit mindestens teilweise nach innen verlagert und umfasste somit zugleich Aspekte wie Tüchtigkeit, Zuverlässigkeit und Ganzheitlichkeit im Arbeitsvollzug. Entsprechend galten Handlanger- und Fabrikarbeit in ihrem *entseelten* Maschinentakt als unehrenhaft. Gleichzeitig konnte gezeigt werden, dass die Ausschlusskriterien für Ehre nicht am Handeln und Sein der einzelnen Menschen festgemacht wurden. Standesehre (und Berufsehre ist Standesehre) funktioniert nicht entlang der Frage, wie ein Mensch arbeitet und lebt. Es sind vielmehr Kriterien wie *falsche* Geburt, *falsche* Religion oder regionale Mobilität, die dazu führen, dass Menschen Ehre abgesprochen wird. Auch wenn seit den 60er Jahren diese Kriterien als *Benachteiligung* gedeutet werden und sich dadurch die Blickrichtung und die Handlungsoptionen verschieben – an der Inhaltlichkeit dieser Merkmale hat sich kaum etwas geändert.

Der Begriff der Ehre trägt aus meiner Sicht Nützliches bei, um uns die Lebenswelt schwacher Jugendlicher zu erschließen. Zu jeder Ehre gibt es Gegenehren, d. h. die Ehre derjenigen, die ausgeschlossen bleiben und nun darauf verwiesen sind, sich eigene Bezugsnormen des Handelns aufzubauen. Von der Vaganten- und Ganovenehre bis hin zur Ehre der heutigen Jugendkulturen wird der Versuch sichtbar, eine Gegenwelt der Ehre zu errichten, die denen Anerkennung schafft, die sich ihrer in der Gesamtgesellschaft beraubt sehen.

Moderne Identitätstheorien operieren nicht mit dem Ehrbegriff. Sie verweisen vielmehr darauf, dass Identität in der postmodernen Gesellschaft als durchgängige, verlässliche Grundlage des eigenen Selbst kaum mehr vorhanden sein kann. Stattdessen gelte es, parallel und nacheinander, unterschiedliche Identitätsprojekte zu entwickeln, in denen eigenes Fühlen, Erleben und Handeln in der Interaktion mit der Umwelt ausprobiert und abgeglichen wird. Solchen Identitätsprojekten haftet nicht nur eine gewisse Flüchtigkeit und Beliebigkeit an, sie sind mindestens teilweise Produkt aktiver Entscheidungen eines suchenden Subjektes. Und hier, so meine ich, hilft wiederum der Ehrbegriff weiter: Die Suche nach einer sichtbaren und durch andere erkennbaren Identität bedarf inhaltlicher Grenzsteine und Markierungen. Gerade schwache Jugendliche, die auf nachvollziehbare und verlässliche Maßgaben zum Aufbau gefährdeter Identitäten angewiesen sind, greifen auf vorhandene Ehrkonzepte dankbar zurück. Die Ehrbarkeitsregeln bestimmter Jugendkulturen oder Lebensformen geben den eigenen Projekten Orientierung und gewähren eine gewisse Sicherheit, sich auf der richtigen Seite zu befinden. Auf diese Weise – so stelle ich mir das vor – wird Ehre zur sichtbaren und für die Außenwelt lesbaren Außenhaut der eigenen, labilen und wechselhaften Identität.

Ich habe versucht, dies für verschiedene Gruppen schwacher Jugendlicher durchzudeklinieren und zu zeigen, wie sehr gerade sie – die sie von der ehrbaren Berufsgemeinschaft tendenziell zurückgewiesen wurden – auf Ehre angewiesen sind. Die häufige Bezugnahme auf Ehre in den Aussagen und der Musik der Jugendlichen spricht hier eine beredte Sprache. Denn besonders häufig spricht der von Ehre, der die seine gefährdet sieht.

Wenn aber nun sowohl für Fachkräfte und Ausbildende als auch für die Jugendlichen Ehre eine solch zentrale Rolle spielt – sollte sich dann nicht Berufsausbildung so gestalten lassen, dass diese Kraft genutzt wird? Mein Versuch, Ausbildung für schwache Jugendliche mit Hilfe des Ehrkonzeptes zu akzentuieren, bleibt sicherlich unvollständig und skizzenhaft. Vielleicht ist es aber gelungen, darauf aufmerksam zu machen, an wie vielen Stellen berufliche Bildung implizit oder explizit Ehre ermöglicht oder in Frage stellt. Ein respektvoller Umgang, Rituale und Routinen, Ehrsymbole und ehrenhafte Aufgaben – eine Ausbildung, die diesen Möglichkeiten Ehre zu generieren, Rechnung trägt, kann (so meine These) gerade für solche Jugendliche unterstützend wirken, die hier verletzlich sind.

Die Autorität, die ausbildenden Erwachsenen in einer so verstanden *ehrbaren* Ausbildung zuteilwird, stützt sich nicht auf den Wunsch, Jugendliche bezwingen zu wollen. Sie erwächst aus der Verpflichtung, für den Auftrag und die Regeln des Betriebs einzustehen.

Für das Verhältnis zwischen Kindern und Erwachsenen schreiben Omer und von Schlippe: „Das Ziel der Autoritätsausübung liegt in der Erfüllung der Pflicht als Eltern und Lehrer. Wenn diese Pflicht richtig wahrgenommen wird, stellt sie eine beständige und moralische Autorität dar, die nicht dadurch in Frage gestellt wird, dass das Kind sein Verhalten nicht ändert." (Omer/von Schlippe 2010: 34)

Für das Verhältnis zwischen ausbildenden Erwachsenen und Jugendlichen ist diese Aussage sicherlich zu erweitern. Ausbilderinnen und Ausbilder haben keinen staatlich fixierten Erziehungsauftrag, allerdings eine Fürsorgepflicht. Sie sind dazu verpflichtet, dafür zu sorgen, dass der Auftrag des Betriebs, seine Sorgfaltspflicht gegenüber der Kundschaft und die Sicherheit im Betrieb nicht gefährdet werden. Teil der Fürsorgepflicht des Betriebes ist auch, sich darum zu kümmern, dass die oder der Jugendliche die Ausbildung möglichst erfolgreich durchlaufen. Aus diesen Aufgaben erwachsen Pflichten, für sie stehen wir als Erwachsene ein. Daher scheint mir die Haltung, die Omer und von Schlippe vorschlagen, für die Beziehung zwischen Ausbildenden und Jugendlichen fruchtbar zu sein: Die Erwachsenen stehen in ihrer Funktion für den Gesamtbetrieb und als Pädagoginnen und Pädagogen verkörpern sie auch einen pädagogischen Auftrag. Daraus leiten sich Aufgaben und Pflichten gegenüber den Jugendlichen ab, die als solche schon Autorität begründen. Der Erfolg von Ausbildung kann unter modernen Bedingungen von Ausbildung nur noch begrenzt daran gemessen werden, dass jede und jeder Jugendliche sich den Bedingungen des Betriebs unterordnet. Letztlich beruht Ehre in der Ausbildung darauf, dass die Jugendlichen frei sind, Entscheidungen zu treffen.

Und doch: Bleibt nicht ganz am Ende ein Unwohlsein? Ehre – so hatten wir eingangs festgestellt – konstituiert sich immer (auch) an der Ehrlosigkeit des anderen. Eine „Weltehre" (Speitkamp) gibt es nicht und kann es nicht geben. Heißt das nicht auch: Wirklich *alle* Jugendliche kann Ausbildung eben doch nicht erreichen? Brauchen wir nicht das Bild des unehrenhaften (faulen, nachlässigen, unpünktlichen, in der sozialen Hängematte chillenden Taugenichts), wenn wir auf der anderen Seite den anständigen (anstelligen, zuverlässigen, gut erzogenen etc.) Jugendlichen konstruieren möchten? Ist es statthaft und politisch richtig, *Ehre* zum Leitmotiv von Ausbildung schwacher Jugendlicher zu machen, wenn gleichzeitig durch sie der Ausschluss vollzogen wird? Macht man so nicht die Waffe zum Heilmittel? Den Bock zum Gärtner?

Etwa jede und jeder 5. Auszubildende beendet die Ausbildung frühzeitig – viele aus freien Stücken, um eine neue Ausbildung zu beginnen und eine als falsch empfundene Entscheidung zu revidieren. Doch viele Ausbilderinnen und Ausbilder berichten von Fällen, an denen sie trotz allen Engagements gescheitert seien. Man habe diesen oder jenen Jugendlichen schließlich entlassen müssen, sie hätten einfach nicht in den Betrieb gepasst, provozierten ihren Rausschmiss selbst, es sei ihnen einfach nicht zu helfen gewesen. Aus manchen dieser Geschichten spricht so etwas wie ein trotziger Stolz auf die eigene Konsequenz und den siegreichen Ausgang einer langen Auseinandersetzung, aus den meisten aber das Gefühl des Scheiterns. Der pädagogische Auftrag, diesen jungen Menschen ans Ziel zu bringen, blieb erfolglos, der betriebene Aufwand vergeblich. Wie ist mit Jugendlichen umzugehen, die immer und immer wieder Regeln verletzen und sich permanent allen Unterstützungsangeboten zu entziehen scheinen? *Manche wollen sich einfach nicht retten lassen*, heißt es dann.

Hier kommt nun eine andere Ehre ins Spiel, nämlich die der Pädagogin und des Pädagogen. *Diese* Ehre nämlich beruht gerade darauf, Kinder und Jugendliche, die uns anvertraut sind, in die Gesellschaft hinein zu geleiten, und *nicht* fallen, *nicht* gehen zu lassen. Während also in der betrieblichen oder korporativen Logik Ausschluss und Abgrenzung notwendiger Bestandteil der eigenen Ehre ist, läuft die Fürsorgepflicht und pädagogische Ehre dem zuwider. Diesen Widerspruch spüren wir täglich, wenn wir einerseits mit einer gewissen Lust über diese Schülerin oder jenen Auszubildenden und deren je skandalöse Unzulänglichkeiten klagen und gleichzeitig ein (hoffentlich) schlechtes Gewissen wegen dieser Illoyalität aushalten müssen. Oder wenn wir umgekehrt Jugendliche *herausprüfen* mit dem Gefühl, sie oder ihn vielleicht doch noch hätten halten zu können. Diese Spannung gilt es auszuhalten, denn nicht immer enden Ausbildungen erfolgreich.

Wie aber ist die Aufkündigung des Ausbildungsverhältnisses *pädagogisch* zu rechtfertigen? Auf diese Frage gibt der Psychologe Arist von Schlippe keine schnelle Antwort.

Prof. Dr. Arist von Schlippe

„Das ist ein Dilemma," gibt er zu. „Wir wollen niemanden ins gesellschaftliche Aus schicken und haben eine gewisse Verantwortung für die Jugendlichen. Andererseits schwächt man sich auf Dauer, wenn man Scheitern von vornherein ausschließt und alle es immer schaffen. Scheitern ist ja auch eine Herausforderung, an der man den Ernstcharakter einer Situation erkennt und an der man wachsen kann. Scheitern kann existentiell sein, nur brechen sollte es den Jugendlichen nicht." Der Unterschied zwischen traditioneller und gewaltfreier Führung bestehe für ihn darin, dass die Möglichkeit des Scheiterns frühzeitig benannt wird und zwar nicht als Drohung oder Erpressung, sondern als Option. „Wichtig ist die rechtzeitige Benennung des Problems und eine Haltung, die den Betroffenen unterstützt und nicht bedroht. Man kann sagen: ‚Ich bin interessiert an Dir und einem guten Ausgang deiner Ausbildung. Aber ich bin gegenüber dem Betrieb in der Pflicht. Daher kann ich nicht dulden, dass .... Es gibt hier eine Grenze, über die ich nicht gehen kann, da habe ich keine Wahl.' Auf diese Weise wird die Verantwortung an den Jugendlichen zurückgespielt. Er hat die Freiheit zu entscheiden und man selbst wird – wenn auch bedauernd – diese Wahl respektieren." Arist von Schlippe hält nichts davon, in solchen Problemsituationen die Lösungen gleich mitzuliefern. Es sei ein Ausdruck von Respekt, hier Kontaktangebote zu machen, jedoch auf konkrete Ratschläge zu verzichten. „Besser ist es, die Verantwortung beim Jugendlichen zu lassen und zu sagen: ‚Ich weiß keine Lösung; ich warte da auf Vorschläge von Dir. Ich bin aber nicht bereit, dieses und jenes hinzunehmen. Ich will dich damit aber nicht erpressen und nicht bezwingen. Ich habe einfach keine Wahl. Entscheiden musst jetzt Du!"

(Interview mit Prof. Dr. Arist von Schlippe, am 06.06.2011)

Letztlich kann der Widerspruch zwischen Fürsorgepflicht und betrieblichen Zwängen, zwischen Integration und Grenzziehung individuell nicht aufgelöst werden. Wir können als Erwachsene für unsere eigenen Werte und unser Weltverständnis stehen. Wir können uns als Pädagoginnen und Pädagogen definieren und so für die heranwachsende Generation Partei ergreifen. Aber wir tragen Verantwortung für das Ganze, das wir repräsentieren und haben daher die Pflicht, Optionen nicht nur zu öffnen, sondern an anderer Stelle auch zu begrenzen. Letztlich sind es die Jugendlichen selbst, die ihren Weg in die Erwachsenenwelt gestalten. (Und schließlich die Welt selbst gestalten werden.) Pädagogisch ehrenvoll handeln kann daher bedeuten: Räume dafür zu öffnen, dass nun die Jugendlichen Verantwortung übernehmen, loslassen und sich auf Tempo und Richtung der Jugendlichen einlassen.

Fachlehrer Berufsvorbereitung

Hermann Karne[1] sieht aus wie ein freundlicher Fleischermeister, und das ist er auch. Seine eigene Metzgerei hat er allerdings vor Jahren aufgegeben. Nun arbeitet er als Fachlehrer in einer Klasse zur Berufsorientierung mit besonders schwierigen Jugendlichen. Die benötigen, so meint Hermann Karne, „ein hartes Regelwerk und eine klare Ansprache." Für jeden Schüler werden Förderpläne geschrieben, die Pünktlichkeit wird stundenweise im Klassenbuch nachgehalten. Nur mit kleinen Schritten in Richtung Vertrauen seien die Jugendlichen zu gewinnen. Als erstes erhalten sie bei Beginn der Ausbildung einen Kittel geschenkt. Das sei ein Zeichen der Zugehörigkeit und eben auch ein Geschenk. Aber: Der Kittel muss gewaschen und gebügelt jedes Mal wieder mitgebracht werden. Ist er nicht dabei, dann kann man nicht mitkochen und schreibt stattdessen eine Ausarbeitung.

Man kann es sich vorstellen, wie Hermann Karne auch in schwierigen Situationen die Ruhe nicht verliert. Und dass er nicht mit Vorwürfen reagiert („das bringt mir doch gar nichts.") Stattdessen wartet er mitunter ab, bis sich die Konsequenzen des Handelns ganz von selbst ergeben. Einmal, so erzählt er, sei er mit einer Gruppe Jugendlicher auf einer Kanutour unterwegs gewesen. „Da haben die gesagt, auf Paddeln hätten sie nun

---

1 Der Interviewte möchte seinen Namen ungenannt lassen, so dass das Interview anonymisiert wurde.

aber gar keine Lust. ,Ist doch gar kein Problem', habe ich gesagt: ,das macht doch die Strömung für Euch.' Und dann haben die sich treiben lassen, von Melsungen bis Edermünde. Dann habe ich gesagt: ,nun wird das doch ein bisschen wenig Strömung hier vor der Staustufe. Dann ziehen wir jetzt das Boot aus dem Wasser und lassen uns abholen, wenn Ihr nicht paddeln wollt. Und erst als sie das schwere Boot aus dem Wasser schon heraus hatten, haben sie gesagt, jetzt wollen wir doch paddeln und dann waren sie bis weit in den Abend noch eifrig dabei." Andere Erwachsene hätten wohl versucht, die Jugendlichen zu überreden und an sie heranzureden. Hermann Karne tut das nicht. Er lässt die Jugendlichen entscheiden, hört ihnen zu, wenn sie unter sich ins Gespräch kommen. Tut ein wenig mit. „Jeder ist anders," sagt der Nordhesse und versucht, einen jeden bei der Ehre zu packen. Jedes Jahr z. B. führt er ein Rohwurst-Projekt durch. Die Schüler produzieren eine Wurst, lagern und pflegen sie. Und dann kommt die Innung und testet. Die Schüler erhalten ein Innungszertifikat, das sie ihren Bewerbungen beilegen können. Das Projekt wurde dreimal durchgeführt, aber einmal hat eine Gruppe sich dagegen gewehrt. Also wurde die Rohwurst zwar hergestellt, aber die Innung kam nicht. „Man muss loslassen können", sagt Hermann Karne. „Wenn die Gruppe das so entscheidet, dann ist das so."
(Interview mit Hermann Karne, Ausbildungsmeister der Fleschereiinnung Kassel und Fachlehrer an einer beruflichen Schule)

Sind wir also zum Ende dieses Buches gerade so weit wie zu Beginn? Ist die Spannung zwischen Engagement für schwache Jugendliche und dem potenziellen Scheitern dieses Engagements nun zwar ein wenig besser erklärbar, aber letztlich ebenso wenig auflösbar wie zu Anfang? Ich fürchte: Manchmal ja. Man wird es aushalten müssen, dass nicht alle den Weg gehen, den wir selbst für den besseren halten. Wir werden aushalten müssen, dass wir nicht immer das Richtige sagen oder tun (können), um die oder den Jugendlichen zu halten. Es ist ein schmaler Grat zwischen diesem *die Spannung ertragen* bzw. dem Respekt vor der Entscheidung des Gegenübers auf einerseits und der inneren Abkehr von Jugendlichen (die uns ja auch provozieren, enttäuschen oder zurückweisen) andererseits. Allzu leicht schützen wir uns ja selbst, wenn wir Jugendliche diffamieren, die *nicht laufen*. Genau dies aber nicht zu tun und diese Spannung zu ertragen, das macht aus meiner Sicht die professionelle Pädagogin oder den professionellen Pädagogen aus. Professionell handelt man dann, wenn man nicht mehr aus eigener Verletzlichkeit oder eigenem Machtbedürfnis die Ehre des Gegenübers beschädigen muss. Professionell ist es, Ehre aus der Erfüllung des eigenen Auftrags abzuleiten und sich nicht dadurch beirren zu lassen, dass das Gegenüber unerwartete Dinge tut. Professionell ist es, Jugendlichen ihre eigene Ehre zuzugestehen und sie zu respektieren, ohne die Bezugspunkte für *die eigene* Ehre zu verlieren.

Literatur

Abraham, Karl (1957): Einige Aspekte funktioneller Erziehungswirkungen im Betrieb. In: Gisela Stütz (Hg.): Das Handwerk als Leitbild der deutschen Berufserziehung. Göttingen: 171–192.

Akbaş, Melda (2010): So wie ich will. Mein Leben zwischen Moschee und Minirock. 5. Aufl. München.

Akyün, Hatice (2007): Einmal Hans mit scharfer Sosse. Mein Leben in zwei Welten. 7. Aufl. München.

Alber, Martin (2000): An den Stärken ansetzen – aber wie? Anmerkungen zum Empowerment in der arbeitsweltbezogenen Jugendarbeit. In: Axel Pohl und Sabine Schneider (Hg.): Sackgassen, Umleitungen, Überholspuren? Tübingen: 104–134.

Albert, Mathias u. a. (2010): Jugend 2010. Eine pragmatische Generation behauptet sich. Frankfurt am Main.

Alt, Robert (1970): Die Arbeitserziehung in den Real-, Gewerbe- und Armenschulen in der ersten Hälfte des 19. Jahrhunderts. In: Robert Alt, Ingrid Hunold, Werner Lemm und Günter Ulbricht (Hg.): Zur Geschichte der Arbeitserziehung in Deutschland. Teil 1: Von den Anfängen bis 1900. Berlin: 86–135.

Antony, Ernst (1954): Die Erziehung zum Beruf. Eine Gemeinschaftsaufgabe. Darmstadt.

Arendt, Hannah; Ludz, Ursula (2001): Menschen in finsteren Zeiten. München, Zürich.

Autorengruppe Bildungsberichterstattung (2008): Bildung in Deutschland 2008. Ein indikatorengestützter Bericht mit einer Analyse zu Übergängen im Anschluss an den Sekundarbereich I. Berlin.

Autorengruppe Bildungsberichterstattung (2010): Bildung in Deutschland. Ein indikatorengestützter Bericht mit einer Analyse zur Zukunft des Bildungswesens im Kontext der demografischen Entwicklung. Bielefeld.

Baethge, Martin (1988): Jugend. Arbeit und Identität. Lebensperspektiven u. Interessenorientierungen von Jugendlichen. Opladen.

Baier, Annette (2001): Vertrauen und seine Grenzen. In: Martin Hartmann und Claus Offe (Hg.): Vertrauen. Die Grundlage des sozialen Zusammenhalts. Frankfurt/Main: 37–84.

Barz, Heiner; Baum, Dajana; Cerci, Meral; Göddertz, Nina; Raidt, Tabea (2010): Kulturelle Bildungsarmut und Wertewandel. In: Gudrun Quenzel und Klaus Hurrelmann (Hg.): Bildungsverlierer. Neue Ungleichheiten. Wiesbaden: 95–122.

Baur, Nina (2008): Die soziale Konstruktion von Männlichkeit. Hegemoniale und marginalisierte Männlichkeiten in Deutschland. Opladen.

Beck, Ulrich (1986): Risikogesellschaft. Auf dem Weg in eine andere Moderne. Frankfurt am Main.

Becker, Rolf (2004): Wandel der Sozialstruktur von Erwerbsverläufen. In: Friederike Behringer (Hg.): Diskontinuierliche Erwerbsbiographien. Zur gesellschaftlichen Konstruktion und Bearbeitung eines normalen Phänomens. Baltmannsweiler: 59–70.

Beck-Gernsheim, Elisabeth (2007): Wir und die Anderen. Kopftuch, Zwangsheirat und andere Missverständnisse. Frankfurt am Main.

Beitz, Else (1994): „Das wird gewaltig ziehen und Früchte tragen!". Industriepädagogik in den Grossbetrieben des 19. Jahrhunderts bis zum Ersten Weltkrieg, dargestellt am Beispiel der Firma Fried. Krupp. Essen.

BIBB (2003): Vertragslösungen – Strukturen und Gründe, Bonn.

Bickmann, Jörg; Enggruber, Ruth (2001): Karriereverläufe von Jugendlichen im Anschluss an das Berufsvorbereitungsjahr. In: Ruth Enggruber (Hg.): Berufliche Bildung benachteiligter Jugendlicher. Empirische Einblicke und sozialpädagogische Ausblicke. Münster: 11–62.

Blankertz, Herwig (1969): Der Beruf heute. (1967). In: Gisela Stütz (Hg.): Das Handwerk als Leitbild der deutschen Berufserziehung. Göttingen: 267–270.

Blaug, M. (1994): Education and the Employment Contract, in: Husén, Thorsten/Postlethwaite, T. Neville (Hg.): The International Encyclopedia of Education, 2. Auflage, Oxford

Bojanowski, Arnulf (Hg. (2005): Diesseits vom Abseits. Studien zur beruflichen Benachteiligtenförderung. Bielefeld.

Bojanowski, Arnulf (Hg. (2008): Überflüssig? Abgehängt? Produktionsschule. Eine Antwort für benachteiligte Jugendliche in den neuen Ländern. Münster.

Bolder, Axel (2004): Abschied von der Normalbiografie. Rückkehr zur Normalität. In: Friederike Behringer (Hg.): Diskontinuierliche Erwerbsbiographien. Zur gesellschaftlichen Konstruktion und Bearbeitung eines normalen Phänomens. Baltmannsweiler: 15–26.

Bourdieu, Pierre; Steinrücke, Margareta (2005): Die verborgenen Mechanismen der Macht. Unveränderter Nachdruck der Erstauflage von 1992. Hamburg.

Bowlby, John (2009): Bindung. (1987). In: Klaus E. Grossmann und Karin Grossmann (Hg.): Bindung und menschliche Entwicklung. 2. Aufl. Stuttgart: 22–29.

Bowlby, John; Hillig, Axel (2008): Bindung als sichere Basis. Grundlagen und Anwendungen der Bindungstheorie. München.

Brater, Michael; Büchele, Ute; Fucke, Erhard; Herz, Gerhard (1988): Berufsbildung und Persönlichkeitsentwicklung. München.

Braun, Frank (2000): Übergangshilfen. Sackgassen, Umleitungen, Überholspuren. In: Axel Pohl und Sabine Schneider (Hg.): Sackgassen, Umleitungen, Überholspuren? Ausgrenzungsrisiken und neue Perspektiven im Übergang in die Arbeit. Tübingen: 35–48.

Bude, Heinz (1998): Die Überflüssigen als transversale Kategorie. In: P. A. Berger und M. Vester (Hg.): Alte Ungleichheit – neue Spaltungen. Opladen: 363–382.

Bundesinstitut für Berufsbildung (2011): Datenreport zum Berufsbildungsbericht 2011. Bonn.

Burkhart, Dagmar (2002): Ehre. Das symbolische Kapital. München.

Burkhart, Dagmar (2006): Eine Geschichte der Ehre. Darmstadt.

Bylinski, Ursula (2001): Die Förderung von Selbstvertrauen als Qualitätsindikator zur Beurteilung von beruflichen Bildungsmaßnahmen. In: Ruth Enggruber (Hg.): Berufliche Bildung benachteiligter Jugendlicher. Münster: 87–161.

Clement, Ute (2010): Gestaltungsoptionen für das berufliche Schulwesen, in: Clement, U./Nowak, J./Scherrer, C./Ruß: (Hg.): Public Governance und schwache Interessen, Wiesbaden: 63–74

Clement, Ute (2009): Visionen für das berufliche Schulwesen: Gestaltungsoptionen und Entscheidungsmomente, in: Heidemann, Winfried/Kuhnhenne, Michaela (Hg.): Zukunft der Berufsausbildung, Düsseldorf: 67–79

Clement, Ute (2008): Selbstverantwortliche Schulen als lernende Organisationen, in: Hessisches Kultusministerium, Institut für Qualitätsentwicklung, Newsletter 8, Modellprojekt Selbstverantwortung Plus, Wiesbaden

Clement, Ute (2006): Berufspädagogische Konsequenzen aus arbeitsorganisatorischen und bildungspolitischen Veränderungen, in: Clement, U./Lacher, M. (Hg.): Produktionssysteme und Kompetenzerwerb. Stuttgart: 193–207

Clement, Ute (2002): Berufspädagogik zwischen Erkenntnis und Erfahrung. Baltmannsweiler.

Dehn, Günther (1989): Der ungelernte Jugendliche. In: Ders.: Großstadtjugend. Beobachtungen und Erfahrungen aus der Welt der großstädtischen Arbeiterjugend, Berlin 1919. In: Martin Kipp und Horst Biermann (Hg.): Quellen und Dokumente zur Beschulung der männlichen Ungelernten 1869–1969. Halbbd. 1.2. Köln: 90–95.

Deppe, Wilfried (1986): Typische Möglichkeiten beruflicher Entwicklungen qualifizierter Industriefacharbeiter in den 50er und 60er Jahren. In: Hanns-Georg Brose (Hg.): Berufsbiographien im Wandel. Opladen: 18–44.

Projektbüro Jugendgruppen und Hauptschülerarbeit (1977): Die Lebenswelt von Hauptschülern. Ergebnisse einer Untersuchung. München.

Dietz, Gerhard-Uhland; Matt, Eduard; Schumann, Karl; Seus, Lydia (1997): Lehre tut viel. Berufsbildung, Lebensplanung und Delinquenz bei Arbeiterjugendlichen. Münster.

Döring, Erich (1989): Die Lage der Jungarbeiter an hessischen Berufsschulen. In: Abel, Heinrich/Döring, Erich: Die Sorgenkinder der Berufsschule, Braunschweig 1961. In: Martin Kipp und Horst Biermann (Hg.): Quellen und Dokumente zur Beschulung der männlichen Ungelernten 1869–1969. Halbbd. 1.2. Köln: 154–156.

Ehrenthal, Bettina; Eberhard, Verena; Ulrich, Joachim Gerd (2005): BIBB-Expertenmonitor. Bonn.

Ehret, Beate; Othold, Fred; Schumann, Karl (2003): Ausbildungsverlauf und Delinquenz. In: Karl Schumann (Hg.): Bremer Längsschnittstudie zum Übergang von der Schule in den Beruf bei ehemaligen Hauptschülern. Weinheim, München: 115–152.

Elschenbroich, Donata (2002): Weltwissen der Siebenjährigen. Frankfurt am Main.

Epping, Rudolf; Hochgürtel, Gerhard; Meuter, Gisela (1980): Jungarbeiter im Betrieb. Fallstudien zu Qualifizierung und Arbeitseinsatz von jugendlichen Ungelernten. Karlsruhe, Bonn.

Erikson, Erik H.; Hügel, Käte (1997]): Identität und Lebenszyklus. Drei Aufsätze. Frankfurt am Main.

Fend, Helmut (1988): Sozialgeschichte des Aufwachsens. Bedingungen des Aufwachsens und Jugendgestalten im zwanzigsten Jahrhundert. Frankfurt am Main.

Fend, Helmut (2009): Arm und reich im frühen Erwachsenenalter. In: Helmut Fend, Fred Berger und Urs Grob (Hg.): Lebensverläufe, Lebensbewältigung, Lebensglück. Ergebnisse der LiFE-Studie. Wiesbaden: 161–192.

Ferchhoff, Wilfried; Neubauer, Georg (1989): Jugend und Postmoderne. Analysen und Reflexionen über die Suche nach neuen Lebensorientierungen. Weinheim.

Förster, Heike (2006): Am Individuum ansetzen. Strategien und Effekte der beruflichen Förderung von benachteiligten Jugendlichen. München.

Friedrich, Monika; Remberg, Annette; Geserick, Christine; Paul, Mechthild (2008): Wenn Teenager Eltern werden … Lebenssituation jugendlicher Schwangerer und Mütter sowie jugendlicher Paare mit Kind ; eine qualitative Studie im Auftrag der BZgA. Köln.

Gericke, Thomas; Lex, Tilly; Schaub, Günther; Schreiber-Kittl, Maria; Schröpfer, Haike (2002): Vorwort. In: Thomas Gericke, Tilly Lex, Günther Schaub, Maria Schreiber-Kittl und Haike Schröpfer (Hg.): Jugendliche fördern und fordern. Strategien und Methoden einer aktivierenden Jugendsozialarbeit. München: 13–23.

Giddens, Anthony (1993): Modernity and self-identity. Self and society in the late modern age. Cambridge.

Girtler, Roland (1994): Ehre bei Vaganten, Ganoven, Häftlingen, Dirnen und Schmugglern. In: Ludgera Vogt und Arnold Zingerle (Hg.): Ehre. Archaische Momente in der Moderne. Frankfurt am Main: 212–230.

Godehart, Wilfried (1972): Die berufliche Situation der Jungarbeiter. Ergebnisse einer Befragung in Jungarbeiterklassen. Bonn-Bad Godesberg.

Goebel, Johannes; Clermont, Christoph (1997): Die Tugend der Orientierungslosigkeit. Frankfurt am Main.

Goffman, Erving (1962): On Cooling the Mark Out. Some Aspects of Adaptation to Failure. Veröffentlicht online unter http://www.tau.ac.il/~algazi/mat/Goffman--Cooling.htm, zuletzt geprüft am 13. 07. 2011

Gottfredson, Linda; Lapan, Richard (1997): Assessing Gender Based Circumscription of Occupational Aspirations. In: *Journal of Career Assessment* 5 (4): 419–444.

Gröpler (1989): Drei Monate unter ‚Ungelernten‘. In: DtBFbsch 22 (1913): S. 432–441. In: Martin Kipp und Horst Biermann (Hg.): Quellen und Dokumente zur Beschulung der männlichen Ungelernten 1869–1969. Halbbd. 1.2. Köln: 68–79.

Gruber, Elke (1997): Bildung zur Brauchbarkeit? Berufliche Bildung zwischen Anpassung und Emanzipation; eine sozialhistorische Studie. 2. Aufl. München.

Gülay, Cem; Kuhn, Helmut (2010): Türken-Sam. Eine deutsche Gangsterkarriere. München.

Harney, Klaus/Storz, Peter (1994): Strukturwandel beruflicher Bildung, in: Müller, D. K. (Hrsg.): Pädagogik. Erziehungswissenschaft. Bildung, Köln, Weimar, Wien: 352–381.

Hartz, Stefanie (2004): Biographizität und Professionalität. Eine Fallstudie zur Bedeutung von Aneignungsprozessen in organisatorischen Modernisierungsstrategien. Wiesbaden.

Havighurst, R. J. (1953): Human development and education. New York.

Heisig, Kirsten (2010): Das Ende der Geduld. Konsequent gegen jugendliche Gewalttäter. Freiburg im Breisgau.

Helsper, Werner; Kramer, Rolf-Torsten; Hummrich, Merle; Busse, Susann (2009): Jugend zwischen Familie und Schule. Eine Studie zu pädagogischen Generationenbeziehungen. Wiesbaden.

Hiller, Gotthilf Gerhard (1999): Karrieremuster junger Männer mit geringem Schulerfolg im Bereich Ausbildung und Beschäftigung in den ersten sechs Jahren nach ihrer Entlassung aus allgemeinbildenden Schulen. In: Thomas Hofsäss (Hg.): Jugend – Arbeit – Bildung. Zum Krisenmanagement mit arbeitslosen Jugendlichen. Berlin: 113–143.

Hillmert, Steffen (2009): Soziale Inklusion und Exklusion: die Rolle von Bildung. In: Paul Windolf und Rudolf Stichweh (Hg.): Inklusion und Exklusion. Wiesbaden: 85–100.

Höfer, Renate (2000): Jugend, Gesundheit und Identität. Studien zum Kohärenzgefühl. Opladen.

Höfer, Renate (2006): Kohärenzgefühl und Identitätsentwicklung. Überlegungen zur Verknüpfung salutogenetischer und identitätstheoretischer Konzepte. In: H. Wydler (Hg.): Salutogenese und Kohärenzgefühl: Grundlagen, Empirie und Praxis eines gesundheitswissenschaftlichen Konzepts: 57–83.

Horkheimer, Max; Adorno, Theodor W. (1969): Dialektik der Aufklärung. Philosophische Fragmente. Frankfurt am Main.

Hornby, Nick (2008): Slam. Köln.

Hubig, Christoph (2004): Benötigen deinstitutionalisierte, postmoderne Gesellschaften Vertrauen? Das Beispiel Toll-Collect. Fernuniversität Hagen.

Hurrelmann, Klaus (1999): Lebensphase Jugend. Eine Einführung in die sozialwissenschaftliche Jugendforschung. 6. Aufl. Weinheim, München.

Joachim Kersten (2008): Die Währung heißt Respekt. In: *Die Tageszeitung*, 06.01.2008.

Jütte, Robert; Savigny, Rainer von (2000): Arme, Bettler, Beutelschneider. Eine Sozialgeschichte der Armut in der Frühen Neuzeit. Weimar.

Kassebaum, Ulf Bernd (2004): Interpersonelles Vertrauen. Entwicklung eines Inventars zur Erfassung spezifischer Aspekte des Konstrukts. Hamburg.

Kautz, Heinrich (1926): Der junge Gelegenheitsarbeiter. In: Ders.: Im Schatten der Industrieschlote. Waldhut/Köln/Straßburg.

Keupp, Heiner (1999): Identitätskonstruktionen. Das Patchwork der Identitäten in der Spätmoderne. Reinbek bei Hamburg.

Keupp, Heiner (2006): Identitätsarbeit durch freiwilliges Engagement. Schlüsselqualifikationen für die Zivilgesellschaft. In: Claus J. Tully (Hg.): Lernen in flexibilisierten Welten. Wie sich das Lernen der Jugend verändert. Weinheim, München: 23–39.

Keupp, Heiner (2010): Eine Gesellschaft der Ichlinge? Zum bürgerschaftlichen Engagement von Heranwachsenden. Onlineausgabe. München.

Kipp, Martin; Miller-Kipp, Gisela (1995): Erkundungen im Halbdunkel. Frankfurt am Main.

Klein, H. E. (2005): Direkte Kosten mangelnder Ausbildungsreife in Deutschland. In: Vierteljahrszeitschrift zur empirischen Wirtschaftsforschung 2005 (4).

Klein, Hans Joachim (1995): Kultur, in: Schäfers, B. (Hrsg.): Grundbegriffe der Soziologie, Opladen: 174–176.

Klein, Gabriele; Friedrich, Malte (2003): Is this real? Die Kultur des HipHop, Frankfurt am Main.

Koch, Martin (2005): Kompetenzen von Nirgendwoher? Zur historischen Dimension von Benachteiligung und Begabung. In: Arnulf Bojanowski (Hg.): Diesseits vom Abseits. Studien zur beruflichen Benachteiligtenförderung. Bielefeld: 111–129.

Koch, Martin; Straßer, Peter (Hg. (2008): In der Tat kompetent. Zum Verständnis von Kompetenz und Tätigkeit in der beruflichen Benachteiligtenförderung. Bielefeld.

Kohli, Martin (2009): Die Institutionalisierung des Lebenslaufs. Historische Befunde und theoretische Argumente. In: Justin Powell/Peter A. Berger/Heike Solga (Hg.): Soziale Ungleichheit. Klassische Texte zur Sozialstrukturanalyse. Frankfurt: 387–409.

Köttig, Michaela; Rosenthal, Gabriele (2006): Können sozial benachteiligte und problembelastete Jugendliche ihre Lebensgeschichte erzählen? Anleitungen zu einer konsequenten und sensiblen narrativen Gesprächsführung. In: Gabriele Rosenthal, Michaela Köttig, Nicole Witte und Anne Blezinger (Hg.): Biographisch-narrative Gespräche mit Jugendlichen. Opladen: 189–221.

Kurtz, Thomas (2005): Die Berufsform der Gesellschaft. Weilerswist.

Lauenburg, Frank (2008): Jugendszenen und Authentizität. Selbstdarstellungen von Mitgliedern aus Jugendszenen und szenebedingte Authentizitätskonflikte, sowie ihre Wirkungen auf das (alltägliche) Szene-Leben. Wien, Zürich, Berlin, Münster: Lit. Online verfügbar unter http://www.worldcat.org/oclc/244046045.

Lauth, Gerhard (2000): Lernbehinderungen. In: Johann Borchert (Hg.): Handbuch der Sonderpädagogischen Psychologie. Göttingen; Bern; Toronto: 20–38.

Lempert, Wolfgang (1979): Zur theoretischen und empirischen Analyse der Beziehungen zwischen Arbeit und Lernen. In: Peter Groskurth (Hg.): Arbeit und Persönlichkeit. Reinbek bei Hamburg: 87–112.

Lempert, Wolfgang (2004): Erfahrungen beruflicher Erziehung und Sozialisation. In: Wolfgang Lempert (Hg.): Berufserziehung als moralischer Diskurs? Perspektiven ihrer kommunikativen Rationalisierung durch professionelle Berufspädagogen. Baltmannsweiler: 16–48.

Lex, Tilly (2001): Benachteiligte im Jugendhilfebetrieb. Arbeitskräfte oder Adressaten von Förderung? Fallstudien zur Herausbildung von produktiven Belegschaften im Jugendhilfebetrieb. München; Leipzig.

Lipsmeier, Antonius (1970): Die Berufsausbildung in der Kritik, in: Die Deutsche Berufs- und Fachschule, 66(1970)4: 345–368

Lipsmeier, Antonius (1989): Ganzheitlichkeit als berufspädagogische Kategorie. Pädagogische und betriebliche Illusionen und Realitäten, in: Zeitschrift für Berufs- und Wirtschaftspädagogik 85(1989)2: 137–151

Luhmann, Niklas (1997): Die Gesellschaft der Gesellschaft. Frankfurt am Main.

Madubuko, Nkechi (2011, 2011): Akkulturationsstress von Migranten. Berufsbiographische Akzeptanzerfahrungen und angewandte Bewältigungsstrategien. Wiesbaden.

Mahlberg-Wilson, Elisabeth; Mehlis, Peter; Quante-Brandt, Eva (2009): Dran bleiben ... Sicherung des Ausbildungserfolgs durch Beratung und Vermittlung bei Konflikten in der dualen Berufsausbildung. Bremen.

Marcia, J. E. (1989): Identity diffusion differentiated. In: M. A. Luszcz und T. Nettelbeck (Hg.): Psychological development across the life-span. North Holland: 289–295.

Marcia, J. E. (1993): Ego identity. A handbook for psychosocial research. New York.

Mariak, Volker; Kluge, Susann (1998): Zur Konstruktion des ordentlichen Menschen. Normierungen in Ausbildung und Beruf. Frankfurt am Main.

Merten, Roland (2010): Jugend und Armut. Herausforderungen angesichts einer vergessenen Generation. In: Jörg Fischer (Hg.): Armut und soziale Ausgrenzung von Kindern und Jugendlichen. Problembestimmungen und Interventionsansätze. Baltmannsweiler: 131–159.

Moestl, Bernhard (2011): Die 13 Siegel der Macht. Von der Kunst der guten Führung. München.

Moestl, Bernhard (2011): Die 13 Siegel der Macht. Von der Kunst der guten Führung. München.

Moser, Sonja (2010): Beteiligt sein. Partizipation aus der Sicht von Jugendlichen. Wiesbaden.

Munaretto, Lino (2010): Warum wir Kinder keinen Bock haben Tyrannen zu werden oder: die Abschaffung der Missverständnisse. 2., erw. Aufl. Berlin.

Münk, Dieter; Rützel, Josef; Schmidt, Christian (Hg. (2008): Labyrinth Übergangssystem. Forschungserträge und Entwicklungsperspektiven der Benachteiligtenförderung zwischen Schule, Ausbildung, Arbeit und Beruf. Bonn.

Neuberger, Oswald: Vertrauen vertrauen? Misstrauen als Sozialkapital. In: Götz, Klaus (Hg.) Vertrauen in Organisationen: 11–55.

Omer, Haim; Schlippe, Arist von (2004): Autorität durch Beziehung. Die Praxis des gewaltlosen Widerstands in der Erziehung. Göttingen.

Omer, Haim; Schlippe, Arist von (2010): Stärke statt Macht. Neue Autorität in Familie, Schule und Gemeinde. Göttingen.

Oswald, Margit E. (2010): Vertrauen in Organisationen. In: Martin Schweer (Hg.): Vertrauensforschung 2010. A State of the Art. Frankfurt am Main, Berlin, Bern u. a. k (Psychologie und Gesellschaft, 9): 63–82.

Pantelmann, Heike (2003): Erziehung zum nationalsozialistischen Arbeiter. Eine Diskursanalyse. München; Mering.

Pfeiffer, Friedhelm; Seiberlich, Ruben (2009): A Socio-economic Analysis of Youth Disconnectedness. Mannheim.

Pfeiffer, Friedrich; Selberlich, Ruben (2010): A socio-economic Analysis of Youth Disconnectedness. Köln (Discussion Paper, 09-070). Online verfügbar unter ftp://ftp. zew.de/pub/zew-docs/dp/dp09070.pdf.

Quante-Brandt, Eva; Rosenberger, Silvia; Breden, Manfred (2006): Ausbildungsrealität – Anspruch und Wirklichkeit. Studie zum Wandel von Wahrnehmungen und Einstellungen Auszubildender im Ausbildungsverlauf. Bremen.

Quenzel, Gudrun (2010): Das Konzept der Entwicklungsaufgaben zur Erklärung von Bildungsmisserfolg. In: Gudrun Quenzel und Klaus Hurrelmann (Hg.): Bildungsverlierer. Wiesbaden: 124–136.

Reichenau, Eduard (1989): Bedürfnis des Fortbildungs-Unterrichts im Anschluß an die Volksschule. In: Ders.: Fortbildungs-Unterricht im Anschluß an die Volksschule als Mittel der Volkserziehung, Berlin 1869. In: Martin Kipp und Horst Biermann (Hg.): Quellen und Dokumente zur Beschulung der männlichen Ungelernten 1869–1969. Halbbd. 1.2. Köln: 163–164.

Reißig, Birgit (2010): Biographien jenseits von Erwerbsarbeit. Prozesse sozialer Exklusion und ihre Bewältigung. Wiesbaden.

Riedel, Johannes (1958): Arbeitspädagogik im Betrieb. Essen.

Röhrs, Hans-Joachim; Stratmann, Karlwilhelm (1977): Die Jungarbeiterfrage als berufspädagogisches Problem. In: Klaus Schweikert (Hg.): Jugendliche ohne Berufsausbildung, ihre Herkunft, ihre Zukunft. 3. Aufl. Hannover: 309–408.

Rohs, Matthias; Käpplinger, Bernd (Hg.)(2004): Lernberatung in der beruflich-betrieblichen Weiterbildung, Münster; New York; München; Berlin.

Schittenhelm, Karin (2005): Soziale Lagen im Übergang. Junge Migrantinnen und Einheimische zwischen Schule und Berufsausbildung. Berlin.

Schlüter, Anne (1987): Neue Hüte – alte Hüte? Gewerbliche Berufsbildung für Mädchen zu Beginn des 20. Jh. Zur Geschichte ihrer Institutionalisierung. Düsseldorf.

Schröer, Wolfgang; Böhnisch, Lothar (2006): Die Entgrenzung der Jugend und die sozialbiografische Bedeutung des Junge-Erwachsenen-Alters. In: Claus J. Tully (Hg.): Lernen in flexibilisierten Welten. Weinheim, München: S. 41–58.

Schröter, Diana (2010): Betriebliche Berufsausbildung zur Förderung benachteiligter Jugendlicher. Eine qualitativ empirische Studie unter besonderer Berücksichtigung von zwei Förderprojekten in Baden-Württemberg. Göttingen.

Schweikert, Klaus (1977): Sozioökonomische Analyse des Problems der Jugendlichen ohne Berufsausbildung. In: Klaus Schweikert (Hg.): Jugendliche ohne Berufsausbildung, ihre Herkunft, ihre Zukunft. 3. Aufl. Hannover: 43–94.

SILLA (2011): Träumer Jetlag (CD: Instinkt).

Solga, Heike (2005): Ohne Abschluss in die Bildungsgesellschaft. Opladen.

Speitkamp, Winfried (2010): Ohrfeige, Duell und Ehrenmord. Eine Geschichte der Ehre. Stuttgart.

Stauber, Barbara; Walther, Andreas (1995): Nur Flausen im Kopf? Berufs- und Lebensentscheidungen von Mädchen und Jungen als Frage regionaler Optionen. Bielefeld.

Stauber, Barbara; Walther, Andreas (2000): Selektion und Cooling-Out durch das Benachteiligungsprinzip. Biografische Risiken durch institutionelle Strukturen und ihre ideologischen Grundlagen. In: Axel Pohl und Sabine Schneider (Hg.): Sackgassen, Umleitungen, Überholspuren? Tübingen: 17–34.

Steins, Gisela; Welling, Verena (2010): Sanktionen in der Schule. Grundlagen und Anwendung. Wiesbaden.

Stocké, Volker (2010): Der Beitrag der Theorie rationaler Entscheidung zur Erklärung von Bildungsungleichheit. In: Gudrun Quenzel und Klaus Hurrelmann (Hg.): Bildungsverlierer. Neue Ungleichheiten. Wiesbaden: 74–93.

Straßer, Peter (2005): Wege zum Verstehen. Reflektiertes Lehren und Lernen in der beruflichen Benachteiligtenförderung. In: Arnulf Bojanowski (Hg.): Diesseits vom Abseits. Bielefeld: 85–110.

Stratmann, Karlwilhelm (1967): Die Krise der Berufserziehung im 18. Jahrhundert als Ursprungsfeld pädagogischen Denkens. Ratingen.

Stratmann, Karlwilhelm (1992): Zeit der Gärung und Zersetzung. Arbeiterjugend im Kaiserreich zwischen Schule und Beruf. Weinheim.

Stratmann, Karlwilhelm; Pätzold, Günter; Wahle, Manfred (2003): Die gewerbliche Lehrlingserziehung in Deutschland. Modernisierungsgeschichte der betrieblichen Berufsbildung. Frankfurt/Main.

Taylor, Charles; Gutmann, Amy; Habermas, Jürgen (2009): Multikulturalismus und die Politik der Anerkennung. 1. Aufl. Frankfurt. Online verfügbar unter http://www.worldcat.org/oclc/437032639.

Thomae, Karl (1989): Die Ungelernten. In: Ders.: Die Arbeit der Fortbildungsschule an der männlichen Jugend. Hamburg, 1917. In: Martin Kipp und Horst Biermann (Hg.): Quellen und Dokumente zur Beschulung der männlichen Ungelernten 1869–1969. Halbbd. 1.2. Köln: 85–89.

Unger, Tim (2010): Berufliche Identität im Lebenslauf. In: Karin Büchter (Hg.): Enzyklopädie Erziehungswissenschaften. Fachgebiet Berufs- und Wirtschaftspädagogik. Weinheim, München.

Vogt, Ludgera (1997): Zur Logik der Ehre in der Gegenwartsgesellschaft. Frankfurt am Main.

Vogt, Ludgera; Zingerle, Arnold (1994): Zur Aktualität des Themas Ehre und zu seinem Stellenwert in der Theorie. In: Ludgera Vogt und Arnold Zingerle (Hg.): Ehre. Archaische Momente in der Moderne. 1. Aufl. Frankfurt am Main: 9–35.

Volpert, Walter (1979): Der Zusammenhang zwischen Arbeit und Persönlichkeit aus handlungstheoretischer Sicht. In: Peter Groskurth (Hg.): Arbeit und Persönlichkeit. Reinbek bei Hamburg: 21–46.

Wagner, Sandra J. (2005): Jugendliche ohne Berufsausbildung. Eine Längsschnittstudie zum Einfluss von Schule, Herkunft und Geschlecht auf ihre Bildungschancen. Aachen.

Wernet, Wilhelm (1969): Das Erziehungs- und Bildungssystem des Handwerks. 1958. In: Gisela Stütz (Hg.): Das Handwerk als Leitbild der deutschen Berufserziehung. Göttingen: 158–168.

Wiemann, Günter (1975): Berufspädagogische Maßnahmen zur Lösung des Jungarbeiterproblems. In: Wiemann, Günter (Hg.): Ansätze zur Lösung des Jungarbeiterproblems. München: 122–146.

Winterhoff, Michael; Thielen, Isabel (2010): Persönlichkeiten statt Tyrannen oder: Wie junge Menschen in Leben und Beruf ankommen. Gütersloh.

Wippermann, Carsten (Hg. (2008, [2008]): Wie ticken Jugendliche? Sinus-Milieustudie U27. Düsseldorf, Aachen.

Wittmann, Evelyn (2009): Wer kontrolliert die Kontrolleure? Eine institutionenökonomische Analyse zur Schulinspektion. In: Zeitschrift für Berufs- und Wirtschaftspädagogik 105 (1): 70–91.

Woodhall, M. (1994): Human Capital Concepts, in: Husén, Thorsten/Postlethwaite, T. Neville (Hg.): The International Encyclopedia of Education, 2. Auflage. Oxford

Wustmann, Corina (2010): Erkenntnisse aus der Resilienzforschung. In: Jörg Fischer (Hg.): Armut und soziale Ausgrenzung von Kindern und Jugendlichen. Baltmannsweiler: 73–81.

Zielke, Dietmar; Lemke, Ilse (1991): Die betriebliche Berufsausbildung benachteiligter Jugendlicher. Befunde zur Ausbildungspraxis in Handwerks- und Industriebetrieben. Berlin, Bonn